EstiloMadonna
Carol Clerk

Tradução:
Neusa Paranhos

Publicado originalmente em inglês sob o título *Madonna Style*, por Omnibus Press.
© 2007, Omnibus Press.
Pesquisa de imagens, por Nikki Lloyd, Carol Clerk e Sarah Bacon.
Direitos de edição e tradução para o Brasil
Tradução autorizada do inglês.

© 2011, Madras Editora Ltda.

Editor:
Wagner Veneziani Costa

Produção e Capa:
Equipe Técnica Madras

Tradução:
Neusa Paranhos

Revisão da Tradução:
Alexandre Trigo

Revisão:
Arlete Genari
Neuza Rosa

Dados Internacionais de Catalogação na Publicação (CIP)
(Câmara Brasileira do Livro, SP, Brasil)

Clerk, Carol
Estilo Madonna/Carol Clerk; tradução Neusa Paranhos. – São Paulo: Madras, 2011.
Título original: Madonna style.
Bibliografia.
ISBN 978-85-370-0698-6

1. Cantoras – Estados Unidos – Biografia
2. Madonna 3. Madonna – Fotografias 4. Madonna – Vestuário I. Título.

11-06798   CDD-782.42166092

Índices para catálogo sistemático:
1. Cantoras norte-americanas: Biografia
782.42166092

É proibida a reprodução total ou parcial desta obra, de qualquer forma ou por qualquer meio eletrônico, mecânico, inclusive por meio de processos xerográficos, incluindo ainda o uso da internet, sem a permissão expressa da Madras Editora, na pessoa de seu editor (Lei nº 9.610, de 19.2.98).

Todos os direitos desta edição, em língua portuguesa, reservados pela

MADRAS EDITORA LTDA.
Rua Paulo Gonçalves, 88 – Santana
CEP: 02403-020 – São Paulo/SP
Caixa Postal: 12183 – CEP: 02013-970
Tel.: (11) 2281-5555– Fax: (11) 2959-3090
www.madras.com.br

Estilo Madonna 7

Conteúdo

13
1: AS RAÍZES
1958-1985

73
2: A REALIZAÇÃO
1985-1993

149
3: A RESSURREIÇÃO
1993-2006

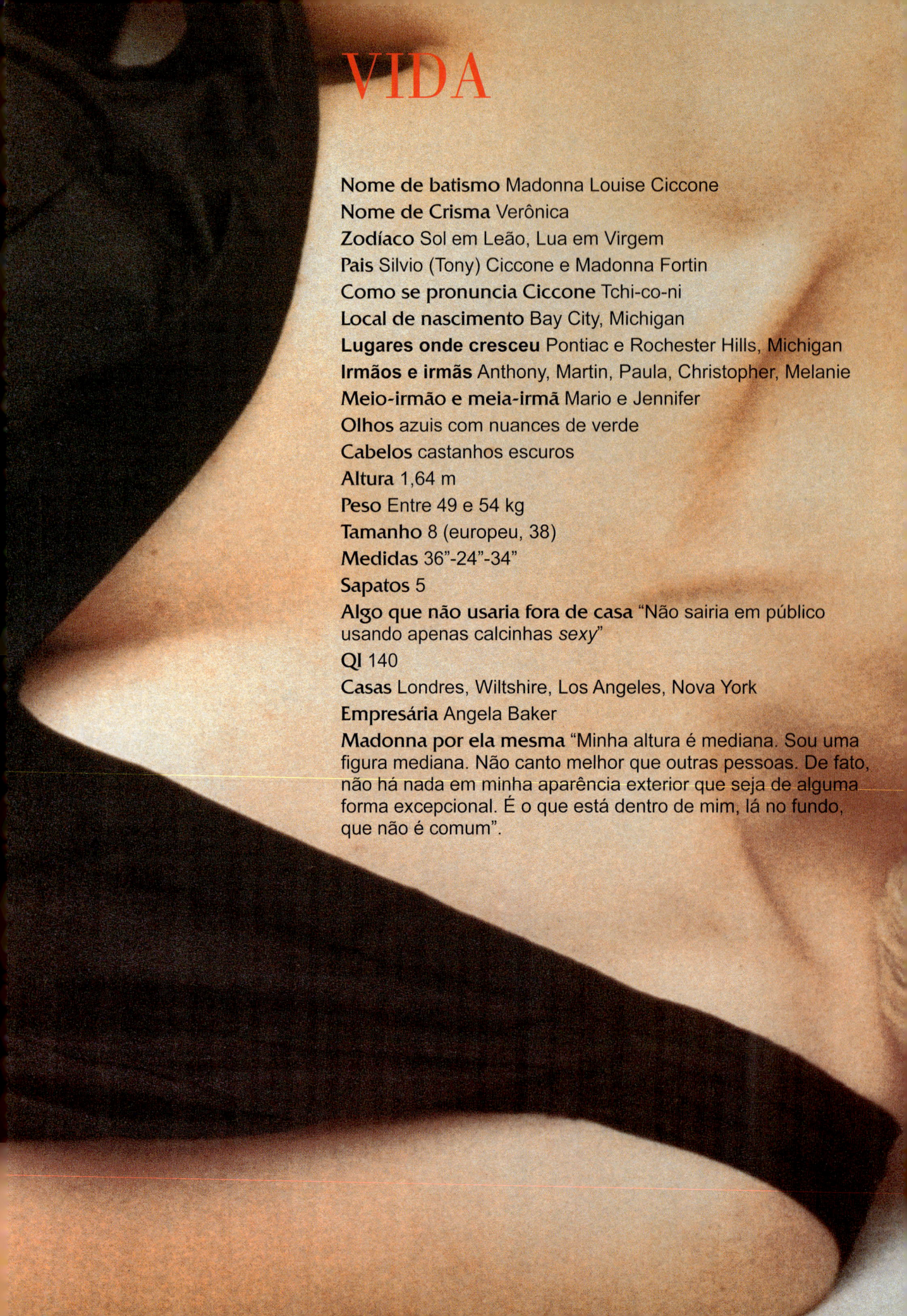

VIDA

Nome de batismo Madonna Louise Ciccone
Nome de Crisma Verônica
Zodíaco Sol em Leão, Lua em Virgem
Pais Silvio (Tony) Ciccone e Madonna Fortin
Como se pronuncia Ciccone Tchi-co-ni
Local de nascimento Bay City, Michigan
Lugares onde cresceu Pontiac e Rochester Hills, Michigan
Irmãos e irmãs Anthony, Martin, Paula, Christopher, Melanie
Meio-irmão e meia-irmã Mario e Jennifer
Olhos azuis com nuances de verde
Cabelos castanhos escuros
Altura 1,64 m
Peso Entre 49 e 54 kg
Tamanho 8 (europeu, 38)
Medidas 36"-24"-34"
Sapatos 5
Algo que não usaria fora de casa "Não sairia em público usando apenas calcinhas *sexy*"
QI 140
Casas Londres, Wiltshire, Los Angeles, Nova York
Empresária Angela Baker
Madonna por ela mesma "Minha altura é mediana. Sou uma figura mediana. Não canto melhor que outras pessoas. De fato, não há nada em minha aparência exterior que seja de alguma forma excepcional. É o que está dentro de mim, lá no fundo, que não é comum".

Créditos de Imagem

Foram realizados todos os esforços para encontrar os detentores dos direitos autorais de cada uma das fotografias utilizadas neste livro. Porém, no caso de uma ou duas imagens, nossas pesquisas foram infrutíferas. Esperamos que os autores entrem em contato o mais breve possível.

Capa: Frank Micelotta/Getty Images para MTV
AA/Redferns
Richie Aaron/Redferns
All Action
Chris Ashford/Camera Press
John Bellissimo/Retna
Big Pictures
Peter Brooker/Rex Features
Camera Press
Capital Pictures
Cortesia de Polly Gordon
Steve Dutton/Rex Features
DK Images
Cortesia de Chris Finch
David Fisher/Rex Features
Cortesia de Angie Hung
Israel Sun/Rex Features
Cortesia de Emma Johnston
Kevin Kane/Wirelmage.com
Kobal Collection
L.A. Times/Retna
Gary Lewis/Camera Press
Michel Linssen/Redferns
London Features International
Angela Lubrano/LIVE
Peter MacDiarmid/Rex Features
Kevin Mazur/Wirelmage.com
Ian McKell/Retna
Cortesia de Penny McKinley
MB Pictures/Rex Features
Mirrorpix
Tom Morillo/Keller/Camera Press
Cortesia de Toby Morse
New Eyes/Redferns
PA Photos
Pictorial Press
Popperfoto
Neal Preston/Corbis
Relay Photos
Rex Features
Ebet Roberts/Redferns
Ronald Grant Archive
Sipa Press/Rex Features
D. Sillitoe/Camera Press
Sotheby's
Dennis Stone/Rex Features
Kelly A. Swift/Retna
Jeff Vespa/WieImage.com
Nikos Vinieratos/Rex Features
Jurgen Vollmer/Redferns
Jerry Watson/Camera Press
Cortesia de Mike Watt
Les Wilson/Rex Features
T. Wood/Camera Press
Richard Young/Rex Features
Zandarin and Allen

Agradecimentos

Nossos maiores agradecimentos a Scott Mackenzie e Kerry Lake pela pesquisa, a Diana Perkins pela ajuda e pelo apoio na linha de frente, a Emma Johnston por sua coleção Madonna, a Kristy Barker por seu cuidado e consideração, a James Blandford pelo conhecimento de especialista, a Chris Charlesworth pela oportunidade, a Stephanie Jones pela "leitura de entretenimento" e, por último, mas definitivamente não menos importante, a Nigel e Eve O'Brien por seu amor, compreensão e encorajamento.

Bibliografia

Madonna: An Intimate Biography, por J Randy Taraborrelli (Sidgwick & Jackson)
Madonna: Blonde Ambition, por Mark Bego (Plexus)
Madonna: The Style Book, por Debbi Volter (Omnibus Press)
I Dream Of Madonna: Women's Dreams Of The Goddess Of Pop, compilado por Kay Turner (Thames And Hudson)
Madonna In Her Own Words, compilado por Mick St Michael (Omnibus Press)
Sexing The Groove: Popular Music And Gender, editado por Sheila Whiteley (Routledge)
Frock Rock: Women Performing Popular Music, por Mavis Bayton (Oxford)
Vários websites foram de extrema ajuda, particularmente www.madonna.com e www.madonnalicious

Introdução

Ela foi a primeira artista mulher a levar o verdadeiro "poder feminino" à cultura predominante, e o fez magnificamente.

Abrindo caminho pelo mundo, prometendo desde o começo "Estou no comando das minhas fantasias... estou no comando da minha carreira e da minha vida", Madonna tanto deu exemplos e desafiou convenções quanto certamente cativou o público com sua combinação contemporânea de dança e pop.

Uma genuína mega estrela de sua própria classe, Madonna revolucionou o mundo do entretenimento com sua habilidade de ser todas as coisas para todas as pessoas em suas cruzadas contínuas como "mãe da reinvenção".

Que ela tenha transcendido as fronteiras tradicionais do sexo, idade e cultura tão triunfantemente deve-se muito ao seu estilo pessoal inimitável.

Madonna – cantora, dançarina, artista, atriz, música, compositora, seja o que for – é mestre polivalente, mas ela mesma é muitas vezes maior que a soma de todas as suas facetas artísticas. Isso tem a ver com a maneira com que combina, apresenta e se eleva acima de seus talentos; e a forma como faz isso é verdadeiramente extraordinária.

Estilo Madonna examina a fundo a evolução da diva como artista visual em todos os aspectos de sua vida e de sua arte. Parte do começo turbulento em forma de explosão street-punk e segue pela mistura controversa de imagens eróticas e religiosas, pelo pioneirismo na utilização de vídeo e internet, até as produções coloridas e sofisticadas que são seu forte na atualidade.

As mudanças da imagem pública de Madonna se originam diretamente de suas experiências pessoais. *Estilo Madonna* explora a infância e a adolescência, pontos centrais de suas criações mais memoráveis, delineando seus desafios ao Catolicismo, sua história sexual e a idealização da maternidade.

Mas estilo não se reporta apenas à moda. Também tem a ver com identidade, atitude, personalidade e estilo de vida. *Estilo Madonna* estuda desde suas origens às qualidades e escolhas que são partes inseparáveis da lenda.

Madonna tornou-se um modelo essencial, um exemplo imponente de potencial feminino. As roupas detonadas que usava no começo da carreira deram lugar a riquezas incalculáveis, a uma vida familiar feliz e respeitável, a uma carreira fabulosa controlada por ela própria e uma influência permanente, capaz de transformar uma simples camiseta em uma sensação da moda em todo o mundo.

1: AS RAÍZES 1958-1985

"Quando eu era pequena, minha avó costumava me implorar para não andar com os meninos, amar Jesus e ser uma boa menina. Cresci com duas imagens de mulher: a virgem e a puta."

Boa menina, má menina, virgem, puta... caracterizações simplistas que podem servir como sustentáculo para a larga e complexa disseminação de imagens de Madonna, mas simbolizam uma infância colorida por extremos.

Uma situação qualquer podia produzir uma resposta hostil da jovem rebelde, enquanto outra podia ser respondida com uma inesperada aquiescência ou concordância. Outras ainda poderiam também provocar reações duplas e opostas.

As circunstâncias da infância de Madonna e sua personalidade imprevisível e frequentemente contraditória já nessa fase da vida ecoaram em

Madonna nasceu. À menina seguiram-se os irmãos Paula, Christopher e Melanie.

Bastou aprender a andar e falar e Madonna decidiu se tornar a filha talentosa de seus pais. Queria mais que a parte que lhe cabia de atenção, competindo para tanto e frequentemente sendo bem-sucedida. Adulta, faria a mesma coisa para um público bem maior.

Madonna cantava e dançava sobre a mesa como sua heroína Shirley Temple, improvisando uma parada em seu show, quando deixava entrever a calcinha. Machucava-se deliberadamente, em busca de atenção. Aprontava peraltices simplesmente porque estaria em destaque na hora de ser punida. Inventava histórias sobre seus irmãos. Era barulhenta. Mas sua tática favorita era mais manipulativa: flertava e flertava mais, os olhos

"*Cresci com* duas imagens *de mulher:* a *virgem* e a puta."

seu trabalho através dos anos. Combinado ao seu interesse posterior em distorcer o aceito, o sacro e o indefinível, deram vida e profundidade ao seu papel artístico.

Também é óbvio que vários eventos-chave e influências em seus anos de formação equiparam a jovem dançarina ambiciosa com muitas das qualidades de que ela necessitava para conquistar o mundo e vencer.

Madonna Louise Ciccone veio ao mundo em 16 de agosto de 1958, em Bay City, Michigan, durante uma visita da família a essa cidade. Os Ciccone viviam em Detroit, onde o pai de descendência italiana, Silvio (Tony), trabalhava como engenheiro da Chrysler. Ele e sua esposa franco-canadense, Madonna Fortin Ciccone, já tinham dois filhos, Anthony e Martin, quando

Madonna sempre inspirou-se no *glamour* de Hollywood, reencarnando o espírito de Monroe em fotos como esta, tirada em 1987 por Herb Rizzs e usada para o poster da turnê Who's That Girl.

infantis pestanejando dentre a cabeleira negra e rebelde.

"Eu sabia que ser uma garota charmosa poderia me proporcionar várias coisas e tirei vantagem disso de todas as formas que pude", ela confessou em uma entrevista em 1989. "Quando eu era criança, fui sempre precoce e paqueradora".

Seu irmão Christopher confirma que Nonnie, seu carinhoso apelido familiar, realmente se tornou a favorita de seus pais, especialmente de sua mãe, e era uma criança mimada. Ela era "agressiva e queria tudo do seu jeito", recorda. "Mas tinha bom coração. Gostava de tomar conta de todos e era muito mandona".

A pequena Nonnie foi rapidamente aprendendo outras culturas. Enquanto se exasperava por não conseguir copiar os complicados penteados de suas amiguinhas negras, entretinha-se com a música soul que elas ouviam em seus rádios e vitrolas, deixando-as relutantemente para ir para casa, à noite, enquanto a meninada dançava os sons da Motown nos jardins de suas casas.

Estilo Madonna

Madonna cresceu em uma atmosfera rigidamente católica, e as roupas como aquelas usadas em sua crisma (à esquerda) podem explicar sua predileção mais tarde por vestidos de noiva. Aos 19 anos a estrela já estava aprendendo a brincar com as câmeras (abaixo), embora ela ainda não tivesse utilizado maquiagem para ressaltar seus traços impressionantes.

Tony Ciccone regia sua família com ênfase na educação e na disciplina, incutindo em Madonna uma ética do trabalho e determinação que seria crucial para seu inacreditável sucesso – não importa o quanto detestasse as regras de seu pai à época. "Caso meu pai não tivesse sido tão rigoroso, eu não seria quem sou hoje em dia", Madonna reconheceu uma vez.

Nessa família altamente voltada para a devoção religiosa, idas regulares à igreja eram um dever, e a exposição precoce de Madonna ao Catolicismo deixou duradouras – e conflituosas – impressões, as quais muitas delas explorou controversamente em músicas e vídeos, em meio a acusações de blasfêmia.

Criancinha, já tinha abraçado de coração as paixões e os problemas do Cristianismo nos termos mais básicos, visualizando a si mesma sendo puxada de um lado para outro, ora por Deus, ora por satã. Somente mais tarde questionaria e rejeitaria esses aspectos destrutivos e opressivos da fé que, por outro lado, ainda a atrai.

"Acredito que religião e erotismo são coisas absolutamente relacionadas", ela explicou ao escritor Norman Mailer em agosto de 1994. "Acredito que em mim a sexualidade e o erotismo foram despertados durante as idas à igreja... é muito sensual e tem a ver com o que você não deve fazer. Tudo o que é proibido e tudo o que se esconde por trás de coisas pesadas – o confessionário, pesados reposteiros verdes e vitrais, os rituais, a genuflexão, há algo muito erótico sobre tudo isso. Afinal de contas, é muito sadomasoquista, o Catolicismo."

"Acho que talvez eu não tenha rejeitado a essência do Catolicismo, mas sim a teoria ministrada por ele", ela disse a *Vanity Fair* em 1985. "Acredito em Deus. O Catolicismo proporciona uma força interna, quer você continue na fé mais tarde ou não. É a espinha dorsal."

> *"Eu tenho* os olhos *do meu* pai, *mas tenho* o sorriso *da minha* Mãe."

Mas fosse qual fosse a força interna e a espinha dorsal proporcionadas à pequena Madonna, fossem quais fossem as conotações eróticas e os arrepios experimentados quando, declaradamente, surpreendeu um casal em flagrante em um vestíbulo da igreja, ela era atormentada na mesma medida pela culpa e pelo medo.

Inevitavelmente, quando Madonna iniciou sua educação aos 5 anos, foi em uma escola católica, a primeira de três. Inicialmente estava profundamente impressionada com as freiras que administravam o estabelecimento, a ponto de decidir que se tornaria uma delas um dia. "Amava as freiras quando estava crescendo", a aluna mais

No fim do primeiro ano na universidade, Madonna decidiu mudar-se para Nova York atrás de fama e fortuna. Os amigos não se surpreenderam – já conheciam bem sua sede e gana de atenção, embora fosse considerada inteligente e boa estudante.

tarde diria. "Achava que eram lindas. Eu as via como puras, disciplinadas, acima da média. Nunca usavam nenhuma maquiagem e tinham aqueles rostos muito serenos. Freiras são *sexy*".

Não havia nada *sexy* ou sereno sobre as freiras quando rotineiramente distribuíam bofetadas e beliscões em nome da disciplina da classe, mas Madonna continuou a idealizar seu mistério devocional.

Esquivando-se do diabo a cada chance, ela também se tornou fascinada pelas lendas bíblicas e, em 1966, escolheu Verônica como seu nome de crisma, inspirada por Santa Verônica: "Eu a escolhi porque ela enxugou o rosto de Jesus, o que achava muito romântico".

Em contraste com a austeridade da escola e um calendário pessoal que girava em torno da igreja, das tarefas escolares e do trabalho doméstico, havia momentos de felicidade e frivolidade na família de Madonna.

Sempre houve lugar para música entre os Ciccone, e o pai incentivou as crianças a aprenderem um instrumento, no caso de Madonna, o piano. Brigou com o instrumento durante um ano até finalmente convencer Tony a permitir trocá-lo por aulas de dança.

Foi a mãe de Madonna que despertou na filha o amor pela dança, dando o exemplo enquanto sacudia pela casa ao som de Chubby Checker. Nonnie embarcava no clima com grande alegria e interesse, reparava bem nos passos e praticava sozinha por horas até se oferecer para ensinar as amiguinhas.

Tinha "seis anos e meio ou sete" quando a mãe adorada morreu de câncer no seio, fato tão devastador em sua vida que ela convive com as sequelas da grande perda – que tanto a abatem quanto fortalecem – até hoje. Ela diz: "Aquele período, quando entendi que minha mãe não cumpria mais seu papel – e percebi que a estava perdendo –, tem muito a ver com meu ímpeto pela vida. Deixou-me com uma necessidade imensa de preencher um tipo de vazio".

E, elaborando: "De repente me tornaria a melhor estudante, que tirava as melhores notas; eu me tornaria a melhor cantora, a melhor dançarina do mundo. Todos iriam me amar".

Conclui: "Se não fosse por esse vazio, eu não teria sido tão determinada. Sua morte tem muito a ver comigo, dizendo – depois que superei a dor no coração – que a falta da minha mãe vai me tornar mais forte. Vou ter que tomar conta de mim mesma".

Em uma entrevista de 1989, ela comentou o fato de que sua mãe tentou devotadamente sorrir e suportar a doença de forma a não assustar as crianças. "Não acho que ela tenha jamais se permitido chafurdar na tragédia de sua situação. Então, a esse respeito, acho que ela me deu uma lição inacreditável".

Caso tenha havido algum outro "benefício" adquirido pela morte de sua mãe, talvez tenha sido este: "Não ter mãe, ao mesmo tempo em que me trouxe muito sofrimento, também me libertou de várias formas, na medida em que me fez pensar em quais seriam minhas possibilidades no mundo. Talvez tenha me libertado em termos de que tipo de mãe eu seria".

Madonna também insiste, sombriamente, que "Uma vez que você tem seus sentimentos muito feridos quando é criança, nada mais irá te machucar novamente".

Ainda, embaixo da aparência externa de fortaleza e por trás da brutal determinação que lhe sustentou a busca pela fama está uma mulher que ainda sente falta da mãe e menciona sua morte de forma criativa, notavelmente no videoclipe de "Oh Father". "O que alimenta minha ambição é o desejo de ser ouvida", ela uma vez admitiu. "E talvez a vontade de encontrar minha mãe, suponho", disse à revista *Time* em 1985: "Ela era linda, eu me pareço com ela. Tenho os olhos do meu pai, mas o sorriso e muito da estrutura facial são da minha mãe".

As crianças da família Ciccone foram enviadas para viver com vários parentes depois da morte de Madonna-mãe, permitindo que Tony continuasse a trabalhar. Voltaram ao lar paterno depois que ele contratou a primeira de uma sucessão de empregadas. Madonna tomou para si muito da responsabilidade de cuidar de seus irmãos e irmãs; e embora achasse isso muitas vezes cansativo e limitador, a atividade em si lhe dava prazer – um tema – a criação de filhos – que sempre aparece ocasionalmente em seus videoclipes e o qual abraçou completamente, como mãe, com a transformação de "Ray Of Light".

Madonna gostou de sua posição como matriarca da família. Ao mesmo tempo, passou a demandar muita atenção do pai, correndo para sua cama a fim de se aconchegar a ele no meio da noite, quando acordava triste com saudades da mãe.

Consequentemente foi um choque para ela e seus irmãos quando, três anos depois, Tony se apaixonou por uma de suas empregadas domésticas – Joan Gustafson – e se casou com ela.

"Foi difícil aceitá-la como autoridade e a nova figura feminina número um da vida de meu pai", admite Madonna, que disse à *The Face* em 1985 que Joan era "muito dedicada, severa, verdadeiramente disciplinadora".

Não há dúvidas de que Madonna, tendo a partir daí "perdido" seu pai, se ressentia de Joan – e Tony – e se sentiu ultrajada com a ideia de ter uma substituta de sua mãe em casa. Certamente houve um choque de personalidades, e Madonna se tornou mais abertamente rebelde, controversa, franca e propensa a crises de humor.

Ela alega que sua madrasta vestia as irmãs com roupas iguais – embora Joan diga que não é verdade. Seja qual for o motivo, Madonna começou a tentar estabelecer sua individualidade, a criar um visual próprio, vestindo-se com roupas multicoloridas, rasgando-as para personalizá-las, decorando seus cabelos com fitas e laços feitos em casa. Isso pode muito bem ter sido seu primeiro manifesto de moda.

Estilo Madonna

Cuidado com o vão!

De acordo com um velho ditado, bons cantores costumam ter um vão entre os dois dentes da frente:

Certamente. Madonna é prova viva dessa teoria, exibindo um belo espaço entre seus dois incisivos superiores.

É interessante que, buscando aperfeiçoar-se, ela não optou por nenhuma cirurgia estética odontológica, mas escolheu fazer da graciosa imperfeição um charme a mais. Para imitadores nos shows de TV, é parte essencial dela, assim como a peruca de Marilyn Monroe ou o sutiã de bojo cônico. Então "fabricam" o vão fatal com uma pincelada de tinta preta. Houve uma única vez quando Madonna abriu mão dessa característica pessoal por uma questão de autenticidade: quando encarnou Eva Perón em *Evita*. Para tanto, usava uma prótese especial que preenchia a falha.

Para o público, o alegre sorriso vazado de **Elton John** faz parte de seus shows.

O sorriso preguiçoso de **Ray Davies** é tão memorável como seus vocais de adenoides nos Kinks.

A cantora irlandesa **Dana** ganhou o Concurso de Canções Eurovision de 1970 com "All Kinds Of Everything" com uma voz tão doce e saudável como seu sorriso.

O baixista **Flea**, do Red Hot Chili Peppers, pode não cantar muito, mas é abençoado com a voz certa para falar alto.

O sorriso solar de **Ray Dorset** resumia o fator simpatia do primeiro grande sucesso de Mungo Jerry, em 1970, "In The Summertime".

Jay Kay cantou, dançou e ganhou muitíssimo dinheiro com Jamiroquai.

Dando pinta

Talvez o detalhe da aparência de Madonna mais discutido seja sua famosa pinta

Algumas pessoas afirmam que ela existe de verdade sob a narina direita da estrela, aparecendo às vezes sob a outra porque a fotografia foi invertida; e às vezes ainda desaparecendo sob a maquiagem – ela aparentemente desapareceu durante a fase Earth Mother. Outros alegam que a bela pinta começou simplesmente como um charminho inspirado por Marilyn Monroe, que Madonna traz de volta quando e onde ela quer.

De volta aos anos de 1980, quando a controvérsia da pinta estava em seu auge, Wayne Hussey, cantor da banda gótica Mission disse empolgado: "Gosto da ideia de que Madonna apareça com uma pinta em um lugar diferente a cada foto. Amo. Comecei a fazer isso também. Estou usando uma bem ao lado do meu mamilo agora mesmo". Madonna ficou conhecida por fazer bonitas pintas em outras partes de seu rosto: sob o olho esquerdo como Maria Antonieta na atuação de Vogue para a MTV; sob seu olho direito no tapete do Festival de Cinema de Cannes.

Marilyn Monroe, a pinta mais famosa de todas.

A bela pinta de **Cindy Crawford** tornou-se marca registrada da super top model.

A modelo **Niki Taylor** faz a diferença com uma pinta em seu lábio superior.

Janet Jackson deixa a natureza falar por si – ao contrário de seu irmão famoso – com uma pinta sob sua narina esquerda.

Peggy Lee foi outra loira com uma pinta extra de *glamour*.

Anna Nicole-Smith iludiu o velho milionário J. Howard Marshall II com sua voluptuosidade loira – e uma pequena pinta em sua bochecha esquerda.

A estrela de *Twin Peaks*, **Sherilyn Fenn**, aproveita ao máximo a bela marca ao lado de seu olho esquerdo.

Vãos famosos (sentido horário página anterior) Ray Davies, Flea, Jay Kay, Ray Dorset, Dana, Elton John.
Pintas famosas (sentido horário) Niki Taylor, Peggy Lee, Sherylin Fenn, Anna Nicole-Smith, Janet Jackson, Cindy Crawford, Marilyn Monroe.

Nesta antiga foto da família Ciccone, o pai Tony e a madrasta Joan posam com os meio-irmãos da estrela, Jennifer e Mario. Madonna achou extremamente difícil se adaptar a uma nova figura materna, e muitos acreditam que sua carreira foi construída na tentativa dela de obter a aprovação paterna.

Tony e Joan tiveram dois filhos, Jennifer e Mario, nascidos em 1968 e 1969, e quando Madonna estava com cerca de 10 anos, a família em expansão mudou-se para Rochester Hills, em Michigan.

Sua raiva em relação a Tony continuava pior que nunca, embora, ao mesmo tempo, ela quisesse desesperadamente sua aprovação. Essas emoções conflituosas eram demonstradas por meio do comportamento que, cada vez mais, tornava-se afrontoso, tentando, aparentemente, tanto chocar como testar a capacidade de amor do pai.

Ela sempre o admirou. A estrela disse à revista *Time* em 1985: "Meu pai era muito forte. Não concordava com alguns de seus valores, mas ele tinha integridade; e se nos dizia para não fazer alguma coisa, também não fazia... Isso é a representação de uma pessoa forte para mim. Ele era meu modelo de vida".

Por volta dos 11 anos, Madonna escandalizou o pai dançando em um show de talentos na escola usando apenas um biquíne, o corpo decorado com floreios de pintura psicodélica verde e os longos cabelos castanhos ondulados voando selvagens quando ela girava. A lenda conta que o fundo musical foi The Who. Madonna tinha alargado seus horizontes musicais, embora ainda gostasse da doce música soul e dos grupos vocais femininos de sua infância. Sua coleção de compactos, que incluía o pop romântico "Young Girl", de Gary Puckett And The Union Gap; "The Letter", dos Boxtops; e o clássico de Nancy Sinatra "These Boots Are Made For Walking", acabou de vez com os modos de menina certinha.

Alguns grupos britânicos também atraíam seu interesse. Ela recorda-se frequentemente de que, quando as aulas de dança que dava às suas amigas se estenderam aos meninos, o som que tocava na vitrola seria "Honky Tonk Women", dos Rolling Stones – "Era muito *sexy*, direto, tipo batendo os pés e rebolando os quadris."

Apesar de ter ficado de castigo duas semanas por conta, Madonna se sentiu encorajada pelo episódio do biquíne. Aos 12 anos, com o despertar dos hormônios em alvoroço, desenvolveu uma sexualidade ingênua, porém agressiva, dirigida ao sexo oposto. Saía de casa vestida convencionalmente para satisfazer aos pais, mas uma vez longe de seu raio de visão dobrava a saia na cintura para encurtá-la, permitia *flashes* acidentais de suas calcinhas, deslizava em meias finas, despia pesados casacos para revelar roupas justas que enfatizavam suas formas, já tomando corpo; dançava furiosamente nos bailes depois das aulas e escapava para o cinema com os meninos.

Muitas de suas contemporâneas ficavam horrorizadas, mas Madonna estava exatamente onde queria: na liderança, provocando, sendo notada. Ela também queria, é claro, ser desejada, mas não estava a ponto de se tornar "a vítima"

"Eu precisava ser boa em alguma coisa... Eu *queria* ser *alguém.*"

das paixões que havia deliberadamente despertado nos garotos da escola. Não desejava, portanto, fazer sexo, embora tenha dito que se permitiu algumas carícias sexuais com o colega de classe Colin McGregor. Ele disse ao *News Of The World* em 1987 que desapareciam para sessões de "amassos" entre as árvores atrás da escola. Ela também trocava algumas carícias desajeitadas com amigas que ficavam para dormir em sua casa.

Logo, Madonna estava usando jeans agarrados e fumando escondida. Tinha declarado guerra contra o pai, mas era na maior parte uma guerra de apenas um lado: ela levou adiante campanhas que ele nunca viu. Cada vez mais sentia sua vida em família opressiva, com suas responsabilidades e restrições: "Sentia que estava gastando minha adolescência cuidando de bebês. Foi quando comecei a pensar seriamente em como gostaria de cair fora".

Em maio de 2001, ela disse à revista *GQ*: "Meu pai tinha todas aquelas regras. 'Você não pode usar maquiagem, não pode cortar o cabelo, não pode, não pode'. Então fui ao extremo... E continuei porque estava me rebelando".

Proibida de sair com garotos ou ir ao cinema, Madonna, de qualquer forma, seguiu adiante, e teria participado de farras adolescentes que incluíam furtos em lojas. Aos 16 anos, tinha o cabelo curto e castanho-escuro e usava lápis generosamente para realçar os olhos e as sobrancelhas.

À medida que sua rebelião crescia durante os primeiros anos da adolescência, Madonna também entrava em conflito com o Catolicismo, o qual durante os anos pré-pubescentes tinha aceitado para o bem ou para o mal. Da mesma forma, a idealização romântica em relação às freiras foi evanescendo ao longo de anos de castigos e punições em sala de aula. "Estava sempre encrencada por falar fora de hora na escola", ela contou à *Time*. "Taparam minha boca com fita adesiva, lavaram com sabão. Fizeram de tudo."

As freiras perceberam a sexualidade emergente de Madonna desde o começo e tentaram reprimi-la, assim como seu pai, pegando no pé da futura estrela por conta da exibição dissimulada de calcinhas. Não amedrontada, desenvolveu a primeira paixão por um garoto chamado Ronny Howard. "Ele era tão bonito, escrevi seu nome nos meus tênis e por todo o *playground*, costumava despir a parte de cima do meu uniforme e correr atrás dele por toda parte"!

O próximo foi um garoto chamado Tommy, também agraciado com perseguições sem a parte de cima do uniforme, sua marca registrada. Dessa vez foi premiada com o primeiro beijo, roubado no convento. Foi "inacreditável", ela confessou ao *USA Weekend* em 1990.

A descoberta dos garotos por Madonna a levou a sérias altercações com as freiras e marcou o começo de outra grande desilusão. "Foi ao mesmo tempo em que comecei a me rebelar contra a religião, a estar consciente do que considerava serem as injustiças da minha criação religiosa", ela recorda.

Sublinhando tudo isso estava a grande decepção de Madonna: não entendia como um Deus de amor poderia ter levado tão cruelmente sua mãe, uma católica fervorosa. A partir dessa fase, sondando mais atentamente a religião que abraçara, podia enxergar hipocrisia, misoginia e uma autoridade tirana que causava danos às vidas de quem tocava, mesmo que, como era o caso dela própria, trouxesse também força e coragem.

Enquanto Madonna lutava com seus sentimentos opostos, agarrou-se firmemente a alguns aspectos de sua religião. Permaneceu fascinada pela dramaticidade e pelos rituais, pelas imagens, sons e atmosferas do interior das igrejas, enquanto desenvolveu por meio do Catolicismo uma apreciação pela unidade familiar e pelo poder da oração.

Essa relação de amor e ódio com a igreja, o diálogo consigo própria na jornada pelo preenchimento espiritual, iriam mais tarde tornar-se alguns dos elementos mais convincentes e teatralmente escandalosos do seu trabalho.

Mas naquela época, como jovem adolescente, zangada com a igreja, com as freiras e com seus pais, Madonna expressava seus conflitos internos da única forma que sabia: "Queria fazer tudo que me diziam para não fazer", ela disse à *The Face* em 1985.

Perversamente, então, ela aparentou ser, de várias formas, uma aluna modelo logo após ingressar no Rochester Adams High. Trabalhava diligentemente, tornou-se líder de torcida, fez aulas de ginástica, de dança para aprender jazz e sapateado e envolveu-se com o grupo de teatro. Aí começou a aprender a arte de representar e adorou. Ex-alunos e professores lembram-se de Madonna como uma presença hipnotizante no palco e alguém que estava claramente fadada à glória. Eles se recordam também como se deliciava com os aplausos, às vezes em lágrimas.

Raramente deixava passar a chance de um holofote, particularmente se seu pai estava no público. Com a oportunidade de dançar em várias produções, seu comportamento era tão atrevido de forma desinibida como se estivesse em um dos antigos bailinhos depois das aulas, enquanto ele se desesperava na plateia com a atitude ousada da filha.

Não era apenas Tony Ciccone que estava chocado pelo comportamento ousado de Madonna. Muitos de seus colegas também estavam: tipicamente, não tinha intenção de *pertencer*. Como líder de torcida, exibia as axilas sem depilação como emblema de sua individualidade e usava meia-calça cor de carne para que, quando levantasse a saia, levantasse também as sobrancelhas de quem estivesse olhando a distância.

Novamente, seu comportamento sexual começou a aborrecer as outras garotas tanto quanto atraía os garotos, particularmente quando correu o boato de que ela tinha perdido sua virgindade aos 15 anos com seu namorado, um colega de classe mais velho – um evento que mais tarde descreveria, divertida, como um "passo na carreira".

O sortudo foi um tal de Russel Long, mas a experiência talvez nem tenha sido muito memorável. "Ainda me sentia virgem", ela confessou. "Não perdi minha virgindade até que soube o que estava fazendo".

"Ela não via problema em as pessoas saberem que tínhamos feito sexo", disse Russel anos depois. "Muitas garotas daquela idade teriam se sentido envergonhadas, ou ao menos não teriam querido que os outros soubessem. Mas não Madonna. Ela estava orgulhosa com o feito".

Em 1985 ela disse à *Time:* "Lembro-me de gostar do meu corpo enquanto estava crescendo e não me envergonhar disso. Lembro de gostar de meninos e não me sentir inibida. Nunca fiz joguinhos. Se eu gostava de um menino, confrontava-o. Passei por esse período da vida quando as garotas achavam que eu era muito solta e todos os meninos que chamavam de ninfomaníaca. Eu estava namorando os garotos como todas as outras. O primeiro deles com quem me deitei tinha sido meu namorado por um bom tempo e eu estava apaixonada por ele. Então não entendia de onde vinha todo esse falatório".

"Ouvia palavras como 'vagabunda' e ainda ouço. Elas como que se repetem. Já era chamada desses nomes enquanto ainda era virgem".

Das memórias de Russell daquelas noites com Madonna no banco traseiro de seu "Carro da Paixão" – um Cadillac – há longas conversas sobre a morte de sua mãe e sua família.

Às vezes tomavam um rumo aterrorizante para Russel aos 17 anos. "Na época em que ela estava no colegial, estava rebelada contra (o pai) de todas as formas. Parecia estar tão zangada com ele, embora não entendesse por quê. Ela dizia: 'O que você acha que ele faria se soubesse que estamos fazendo sexo? Acha que isso o deixaria maluco'? Eu respondia que sim, e ela voltava ao assunto dizendo que talvez dissesse a ele. 'Madonna, não! Ele me mataria'".

"Se soubesse que algum ato seu poderia chocá-lo de alguma forma, ela queria fazer. Mais que isso, se soubesse que poderia perturbá-lo ao extremo, ela queria".

Não há histórias sobre Madonna contando a Tony tais histórias nada bem-vindas. De todas as suas tentativas de afrontar seu pai, a "outra" Madonna queria nada mais que seu amor e aprovação, o que se adequava melhor a seu desejo expresso de "mostrar a todos eles".

"Eu não era rebelde de um jeito convencional", ela mais tarde lembraria com memória seletiva. "Eu queria ser boa em alguma coisa... queria ser alguém".

"Na verdade eu não era a encrenqueira da família", ela confirmou mais tarde a Norman Mailer. "Eu tinha uma irmã mais nova que era uma moleca, e meus dois irmãos mais velhos estavam sempre se metendo em brigas. Fui por outro caminho... Era obcecada pela ideia de impressionar e manipular meu pai, mas de um modo muito feminino. Era obcecada em tirar A no colégio".

Apesar de seus sucessos acadêmicos e seu sucesso no grupo de teatro, Madonna diz ter tido poucas memórias felizes nos tempos de colégio: "Eu não cabia em tudo aquilo e foi quando comecei com a dança. Eu me desliguei de tudo aquilo e escapei".

Um Umbigo Muito Famoso

O Que Madonna Diz Sobre Eles...

Madonna para a revista *Time* em 1985: "Na foto na capa interna do meu primeiro álbum apareço fazendo pose de Betty Boop com o umbigo à mostra. Então, quando saíram na imprensa as primeiras críticas, as pessoas ficavam falando do meu umbigo bonito. Comecei a pensar sobre isso e cheguei à conclusão de que, bem, ok, também gosto do meu umbigo".

"Há outros lugares menos óbvios do meu corpo que são *sexy* – o abdome é meio que inocente. Tenho um abdome de criancinha. É arredondado e a pele é macia e gostosa. Eu gosto..."

Ela também disse: "Se uma centena de umbigos fossem perfilados contra uma parede, poderia definitivamente dizer qual é o meu. Tenho o umbigo mais perfeito. Quando enfio os dedos dentro dele, sinto um nervo no centro do meu corpo subindo pela espinha".

Estilo Madonna 25

Em 1983, o umbigo de Madonna era uma das poucas partes de sua anatomia não adornada e era frequentemente visto em suas *performances* ao vivo. Em abril de 1994, a estrela finalmente personalizou seu abdome, mostrando seu novo *piercing* de umbigo na estreia do filme Com Mérito, em que flertou com o estilo indiano chique bem antes de Ray Of Light, de 1998. Ela desmaiou quando o *piercing* foi feito.

Estilo Madonna

Fazendo uma pose em um estúdio de dança em 1983. A professora de dança Pearl Lang diz que, "Sabia que ela teria problemas sendo dançarina em qualquer trupe porque era muito individualista".

> *"Ele* costumava gritar para a gente que a dança *sempre tinha que vir* primeiro."

Como Madonna dizia para si mesma, seus professores no Rochester High lembram-se de uma industriosa e bem-comportada aluna, dando duro nos livros para conseguir boas notas.

Enquanto sua rebelião pessoal tinha importância para a jovem Madonna, era normalmente conduzida longe dos olhares das autoridades; e seus golpes contra o império, consideráveis como devem ter parecido para ela, eram provavelmente desdenhados como comportamento típico de adolescente e rapidamente esquecidos.

Alan Lentz, musicista, disse em um suplemento do *Sunday Mirror* em 2001: "Do que eu me lembro, ela floresceu no ambiente daqui. Era uma atriz notável e foi um prazer ensiná-la. As coisas de gueto e a imagem de criança atrevida e selvagem eram na verdade um choque e tanto. Estavam longe da aluna que conhecemos na escola".

Mary-Ellen Beloat, uma antiga colega de classe e da turma de líderes de torcida, não se recorda de Madonna ser particularmente ousada na escola, embora tivesse alguns traços incomuns. "Ela costumava dizer sempre 'eu te amo' para mim e para outros amigos", disse Mary-Ellen no suplemento de Sunday Mirror. "Isso sempre pareceu um pouco demais."

Na décima série, ano em que perdeu sua virgindade, algo muito mais importante aconteceu para Madonna. Começou a frequentar aulas de dança à noite com Mary-Ellen – e o instrutor, Christopher Flynn, tornaria-se a pessoa mais influente dos primeiros anos de sua carreira.

"Essas aulas podiam ser na verdade muito duras", diz hoje Mary-Ellen. "Eram duas horas por noite e nós dançávamos até nossos pés sangrarem. Se alguém fizesse alguma coisa errada, Christopher Flynn o acertava com o bastão que usava para apontar as coisas. Ou ele colocava um lápis entre o alto da garganta e o queixo da pessoa para fazê-la manter o pescoço ereto durante a dança.

"Ele costumava gritar para a gente que a dança sempre tinha que vir primeiro – antes de qualquer coisa – ou não conseguiríamos dançar em Nova York, que era nossa meta maior."

Madonna aceitou o desafio. Inspirada por estar entre estudantes clássicas, séria e entusiasmada pelo incentivo recebido de Flynn, ela usou a grande capacidade para trabalhar duro e ter autodisciplina que havia ganhado desde a morte de sua mãe, das lições da igreja e da constante tentativa de impressionar seu pai. Ela deixou de ser líder de torcida para se concentrar em suas aulas de dança e começou uma dieta saudável para manter-se em forma.

Madonna disse à *Vanity Fair* em 1986 que com Christopher Flynn e as aulas de dança achou seu nicho. "Ele me deu um senso de cultura e estilo. Foi o primeiro homossexual que conheci. Ele abriu a porta. Disse a mim mesma 'Ah, meu Deus, achei'."

Para sua grande tristeza, Christopher Flynn morreria mais tarde de aids, ela disse à *Time*: "Ele me salvou da minha confusão do Ensino Médio... Só tinha estudado jazz até então, então tive de trabalhar duas vezes mais que todos, e Christopher Flynn estava muito impressionado comigo. Ele viu meu corpo mudar e o quanto trabalhei duro. Eu realmente o amava. Ele foi a primeira do que eu achava que fosse uma pessoa artística. Educou-me, me levou a museus e me falou sobre arte. Foi meu mentor, meu pai, meu amante imaginário, meu irmão, tudo, porque ele me entendeu".

Christopher disse:

"Ela era apenas uma criança, mas tinha queimando por dentro um desejo de aprender, aquela garota. Tinha muita sede e, realmente, era insaciável".

Primeiro a reconhecer o verdadeiro potencial de Madonna, deu a ela confiança, direção e ambição – e levou sua protegida menor de idade a clubes do mundo. Lá ela se misturou a círculos de gente mais velha, mais sofisticada, de mais cultura, admirada pelo orgulho dos homens com sua aparência, absorveu a atmosfera de homossexualidade assumida e deliciou multidões de admiradores com seus movimentos de dança desafiadores.

Como resultado do ingresso de Madonna no mundo da dança e na noite gay, seu comportamento começou a mudar, de acordo com seus professores e colegas de classe. Na escola já pertencia aos círculos marginais, reiterando o arquétipo *outsider*; e a partir dessa fase, foi fundo nesse esquema. Tinha passado a viver em um mundo diferente, cheio de experiências que não poderia compartilhar. Estava mais feliz, mais focada que nunca.

Sua professora de francês, Carol Lintz, estava impressionada pelo progresso de Madonna na dança, dizendo: "Algo aconteceu a ela nessa fase que fez com que não pensasse mais em dança como uma atividade meramente social, mas sim artística. Lá estava ela no meio do salão em uma dessas danças de adolescentes sozinha, dançando... comecei a ver técnica. Comecei a ver habilidades e carisma de artista. Foi uma evolução fascinante.

"Quando ela se formou, recebeu o prêmio Thespian por seu trabalho em várias peças escolares que havia feito... e ela era sempre com o papel principal... Mas nunca pensei nela como atriz. Pensava nela como dançarina."

Tendo se destacado no Ensino Médio, Madonna se formou cedo, aos 17 anos. A chave de seu próximo movimento era Flynn, que havia sido contratado pela Universidade de Michigan como professor de dança e queria levar Madonna consigo. Nancy Mitchell forneceu uma referência para apoiar seu pedido de bolsa de estudos no qual descreveu a aluna como "extremamente talentosa, dedicada, motivada, com uma personalidade brilhante".

Madonna não tinha ainda decidido pelo que ela queria ser famosa além dos seus sonhos de infância de estrelato no cinema, mas entendeu que a dança era o primeiro passo de encontro ao que quer que fosse. Ganhou a bolsa de estudos, tornou seu pai um homem orgulhoso e, no outono de 1976, mudou-se para Ann Arbor a fim de começar vida nova como estudante de dança. Ela compartilhou a moradia nos salões da residência com a companheira estudante de dança Whitley Setrakian.

De acordo com Whitley, Madonna nunca trouxe homens para casa à noite. E também nunca demonstrou nenhum interesse em cantar. Juntas, sobreviveram com dólares extras que ganharam trabalhando em uma sorveteria – e, segundo Whitley, surrupiando coisas de lojas. Isso foi durante a era em que Madonna alega ter pela primeira vez vasculhado latas de lixo em busca de alimento descartado por outros.

Os cortes de cabelo comportados do tempo de escola da pequena Nonnie tinham se tornado coisa do passado: usava ainda cabelos negros curtos e espetados, o delineador tornando os olhos mais e mais dramáticos, suas sobrancelhas haviam sido depiladas em forma de arcos e o batom era uma maneira de arte em si. Ela também havia escolhido uma forma igualmente *punk* de personalizar suas roupas de dança. Assim como havia cortado suas roupas quando criança para diferenciar-se de suas irmãs, ela passou a rasgar suas meias e colantes, unindo os rasgos com alfinetes de segurança para distinguir-se visualmente dos seus contemporâneos. "Adorava fazer coisas para chocar", explicou mais tarde.

Durante sua carreira na universidade, ela dançava todos os dias, praticando e aperfeiçoando suas figuras clássicas, e dançando a maioria das noites também quando ia às boates, surpreendendo a clientela com suas exibições abertamente sexuais. Em um desses lugares, o Blue Frogge, gostava de conversar com um baterista local chamado Steve Bray – futuro colaborador. Mais tarde ele diria: "Minha primeira impressão era que eu tinha encontrado uma força da Natureza, algo que não era completamente humano", e o par envolveu-se em um breve romance.

Nessa época, Madonna obedicia rigorosamente seus horários de prática de dança quando começou a olhar além do *campus*. Ela e outros estudantes participavam de um festival de dança em Durham, na Carolina do Norte, e Madonna decidiu, em conluio com Christopher Flynn, que havia mais vida além de Michigan e ela pretendia encontrá-la. Iria para Nova York.

Acreditando que tinha atingido na dança o máximo para o seu nível e estava pronta para novos desafios, economizou as gorjetas de seu

Enquanto 1983 chegava ao fim, Madonna estava ainda experimentando com imagens, o que é demonstrado por essas fotos raríssimas da estrela desprovida de joias de grife e optando em vez disso por um simples colar de pérolas e brinco. Não é preciso dizer que essa estranha mistura de modéstia e *glamour* não durou muito.

"Minha primeira impressão era que eu tinha encontrado uma força da Natureza, algo que não era completamente humano."
Steve Bray

As aulas de dança ainda estavam em evidência quando Joe Bangay tirou esta fotografia (acima) da cantora durante uma viagem a Londres em 1983. Este foi um breve período no qual o estilo de Madonna parecia quase contido, mesmo que seu comportamento fosse tudo, menos reprimido. Esta foto raramente vista de 1983 (página seguinte), de Joe Morillo, mostra Madonna experimentando o visual glamoroso do começo dos anos 1980. Ela se harmonizava com o poder de uma *lingerie* reduzida.

segundo trabalho como garçonete para comprar uma passagem só de ida. "Christopher Flynn me encorajou a ir", ela diria mais tarde. "Foi ele quem me disse que eu conseguiria se eu quisesse. Ele fez com que eu me esforçasse".

No entanto, em uma entrevista na *i-D* em 1984, ela insistiu: "Quando fiz 17 anos, mudei para Nova York porque meu pai não deixava que eu saísse com meninos. Não via gente nua quando era criança. Aos 17 anos nunca tinha visto um pênis! Fiquei chocada quando vi o meu primeiro. Achei realmente muito feio".

Isso não foi apenas um caso de memória seletiva; trata-se de um caso flagrante de reconstrução da história – um dos truques favoritos de Madonna.

Obviamente, ela tinha visto um pênis antes dos 17 anos. E tinha quase 20 anos quando partiu para Nova York, tinha tido uma vida independente em Ann Arbor durante um ano e meio antes disso. E sua decisão de se mudar não tinha nada a ver com a visão de seu pai sobre sair com garotos e tudo a ver com sua própria ambição.

Tony Ciccone, por sua vez, estava furioso com os planos da filha de deixar a universidade, instistindo que ela terminasse seus estudos antes de se lançar em busca de fama.

A resposta de Madonna, em julho de 1978, foi pegar um avião.

> *"Comecei a usar faixas porque uma vez, quando tinha o cabelo comprido...*

Nova York foi a cidade onde o plano de Madonna finalmente deslanchou, onde ela percebeu a melhor forma de unir seus talentos à sua ambição. Mudando seu foco para a música – um território inexplorado até então – poderia esperar resultados mais rápidos e de maior impacto. Por meio de uma combinação de circunstâncias, *design* e influência social, ela também começou a desenvolver um visual que iria rapidamente varrer o mundo como uma explosão em um brechó.

Tudo o que e todos aqueles de que Madonna necessitava estavam à mão: ela só precisava encontrá-los. Antes que o fizesse, porém, teve que suportar o pior período de vacas magras de sua vida. Chegou a Nova York com 35 dólares, algumas meias de dança, uma foto de sua mãe como amuleto de sorte e no começo "contou com a bondade de estranhos."

Nos primeiros meses itinerantes, ela arrastou a si mesma e a seus poucos pertences de uma espelunca a outra, ficando com quem lhe oferecesse guarita, praticamente contando as moedas conseguidas em uma sucessão de subempregos em restaurantes de *fast-food* e "emprestadas" de novas amizades que ela conquistou.

Novamente, Madonna contou, foi obrigada a vasculhar latas de lixo atrás de comida. "Se eu conseguia um dólar, comprava pipoca, iogurte e amendoim", ela lembra. "Pipoca é barata e mata a fome."

Madonna nunca se preocupou indevidamente com seu padrão de vida. Ela prosperou na luta árdua e, desde então, observa: "A vida era mais simples quando eu não tinha dinheiro, quando eu mal conseguia sobreviver". Mas seu estilo de vida trouxe problemas: "Eu respirava fundo, apertava os dentes, continha as lágrimas e pensava 'Vou conseguir' – não havia outro jeito porque eu não tinha ninguém a quem recorrer".

Na verdade, havia a quem recorrer: sua família. Tony Ciccone visitou Madonna na época em que ela estava morando sozinha em um prédio infestado de baratas e bêbados e implorou à filha em vão para que retornasse a Michigan.

Em 1990, ela lembrou na revista *Madonna*: "Eu ia ao Lincoln Center, sentava ao lado da fonte e chorava. Escrevia no meu diário e rezava para ter ao menos um amigo".

Seu irmão Martin acredita que esse cenário tocante não passa de mais uma das criações

> *... não estava achando nada para segurá-lo, então peguei uma meia fina velha, amarrei ao redor da cabeça e gostei do resultado."*

românticas da estrela. "Ah, pelo amor de Deus", ele diz no livro de Randy Taraborrelli *Madonna: An Intimate Biography*. "Ela nunca sentou ao lado de uma fonte e chorou. Nem escreveu em nenhum diário sobre dor e solidão. Tinha montes de amigos... Mas depois minha irmã tornaria essa história parte de sua lenda glamorosa. Isso é o que ela faz melhor, cria lendas."

O sonho de adolescência de Madonna era entrar para a companhia de dança multicultural de Alvin Ailey. Na verdade, ganhou uma bolsa da ala Junior da companhia, onde por poucos

Ainda desesperadamente à procura de uma imagem, Madonna posa aos 25 anos para Joe Bangay nas ruas de Londres. Usando uma camisa abotoada até o colarinho, apenas a maquiagem trai a rainha glamorosa que estava por surgir.

meses dançou com outros tão ambiciosos e em busca de vencer como ela própria. Também fez um teste na aclamada companhia de dança Pearl Lang, onde apareceu no seu visual *punk*, ainda levantando a bandeira da independência entre colantes.

Ela disse à revista *Time:* "Sempre personalizei (minhas roupas de dança). Eu rasgava tudo e me certificava de que os buracos estavam de bom tamanho – havia um padrão para os rasgões. Comecei a usar faixas porque uma vez, quando tinha o cabelo comprido, não estava achando nada para segurá-lo, então peguei uma meia fina velha, amarrei ao redor da cabeça e gostei do resultado".

"Ela apareceu usando essa camiseta toda rasgada nas costas", Pearl lembraria mais tarde. "E segurava tudo usando um alfinete de segurança enorme, devia ter uns 30 centímetros". Semanas depois, Madonna e Pearl separaram-se após uma briga feroz sobre uma rotina de dança. Lang mais tarde comentaria: "Nada a incomodava, ela se determinava a fazer alguma coisa e nada poderia impedir o seu caminho".

Para resolver seus problemas com dinheiro, Madonna pousou nua como modelo-vivo em aulas de arte, e então para pintores e fotógrafos também. "Pagavam dez dólares por hora", ela lembra. "Pagavam 1,50 dólar no Burger King."

"Na época eu era dançarina", ela explicou em outra entrevista. "Estava em boa forma e um pouco abaixo do peso, então estava com os músculos definidos e dava para ver meu esqueleto. Era uma das modelos favoritas porque era fácil me desenhar."

Em outra ocasião ainda, ela declarou: "Considero o nu um trabalho de arte".

Uma sessão de fotos típica aconteceu no final de 1978 no estúdio de Bill Stone, que mais tarde afirmaria: "Vi que ela era especial". Ele só não percebeu o quanto ela era especial. Anos depois as fotos de Bill ainda estariam sendo vendidas pelo mundo. Até recentemente, em 2001, fotos dessa sessão ainda estavam aparecendo em *Penthouse*.

As fotos de Stone mostram uma Madonna magra, com seios modestos. Seus cabelos espessos, castanhos, ondulados, quase crespos, estão à altura dos ombros, com franja. Suas sobrancelhas estão moldadas e realçadas com lápis e, apesar de sua maquiagem ser visível, particularmente o lápis de olho, ela é suave.

Anos depois Madonna diria a respeito de suas sessões de nu: "Obviamente eu teria preferido que elas não tivessem sido publicadas. Mas acho que, quando viram, as pessoas disseram: 'E daí'? É problema dos outros se as tornaram obscenas. Nunca foi minha intenção. No começo elas eram muito ofensivas para mim. Agora olho para elas e me sinto tola por ter me aborrecido por conta delas, mas eu queria manter a privacidade de algumas coisas da minha vida. No fim das contas, não é nada tão terrível assim, mas se você não está preparado para isso, as coisas acabam parecendo péssimas e você se sente exposto".

Alegremente desinformada sobre a controvérsia, Madonna começou a sair com um artista chamado Norris Burroughs. Ela chamou sua atenção em uma festa onde, caracteristicamente, estava saracoteando no meio da pista ao som do hino YMCA, do Village People, usando calças com estampa de pele de leopardo. Essa imagem está impressa na memória dele indelevelmente como a visão de Madonna usando um de seus próprios jeans, vários tamanhos maior.

"Ela mal podia esperar para usar meus jeans", ele recorda. "Ela tinha suéteres e camisas com buracos por onde enfiava os dedos fazendo pose. Ela sempre pareceu *cool*. Ela sempre foi *cool*".

Na primavera de 1979, Norris deu uma festa que marcou o fim da linha com sua deusa *cool* de jeans. Naquela noite, Madonna conheceu os irmãos Dan e Ed Gilroy, que tinham uma banda chamada The Breakfast Club e se apaixonou por Dan. Ele lembra que ela estava vestida com uma roupa "que se parecia com uma fantasia de palhaço."

Ela se mudou para a casa dos irmãos em uma sinagoga desocupada no Queens, aprendeu a tocar vários instrumentos e se juntou à banda, alternando várias vezes entre a bateria, a guitarra e os vocais. O velho namorado de Michigan de Madonna, Steve Bray, viu a banda em Nova York. E conta: "Com o Breakfast Club, ela encontrou seu meio de musa, achou a melhor veste para sua pose de roqueira. Ela tocava guitarra e liderava a banda... Dançava sobre as mesas e quebrava coisas à sua volta. Derramava champanhe sobre si. Ela era uma criança fabulosa e selvagem".

Mordida pelo germe da música e aparentemente acomodada em uma relação estável com

Antes

Cabelo
A desarrumação cuidadosamente cultivada – seu primeiro estilo de cabelo – é um emaranhado selvagem, penteado para trás, em loiro em tom de bronze e castanho-avermelhado, amarrado com uma faixa verde – marca da estrela.

Olhos
O iluminador brilha sob a sobrancelha cheia e escurecida, enquanto camadas de sombra esfumaçada cor de ameixa e vermelha, kohl e rímel ao redor dos olhos dão dramaticidade.

Pinta
O charmoso sinal de Madonna é acentuado com lápis de sobrancelha marrom-escuro – ou, se você acredita nas teorias dos conspiradores – foi simplesmente pintada no buço da estrela.

Unhas
Somadas ao visual multicolorido estão as unhas amarelo-esverdeadas, cuidadosamente pintadas para contrastar com o usual esmalte lascado que a estrela gostava de ostentar na época.

Lábios
Modelando a boca em forma de arco de Cupido, o sólido tom rosa-avermelhado é mais escuro que os seus favoritos, mas está a um passo do posterior, o ousado escarlate.

Pulseiras
O lampejo e o brilho, a desordem alegre e barata das pulseiras tipificam a persona limítrofe de Madonna, completada com o brinco de crucifixo. Dá para garantir que o pulso esquerdo da estrela está adornado com aqueles famosos braceletes de borracha preta.

Criando o visual

Depois

Cabelo
O estilo "Pop Colour" de Daniel Galvin. Liso, comprido e repicado, é colorido em sessões verticais em vários tons de loiro e castanho-claro, secagem lisa, e tratado com creme especial para manter a separação dos fios e a textura.

Olhos
O iluminador em tom de lavanda pálida aparece abaixo das sobrancelhas aformatadas, com a forte sombra violeta sobre as pálpebras e acima. Rímel, lápis de traço fino e cílios postiços definem a forma dos olhos.

Pinta
Coberta por corretivo, base e uma camada fina de pó... ou nunca esteve lá? Seja como for, a bela aparece quase sempre sem a pinta hoje em dia.

Lábios
Enfatizando seus sofisticados cosméticos faciais em tons pastéis de rosa, ela ostenta uma cor de Barbie, com muito gloss, que segue a linha natural dos lábios.

Joias
A riqueza dos diamantes, presumivelmente reais, é suavizada pela personalização divertida de Madonna, ecoando suas camisetas personalizadas. Ela pode ser uma estrela, mas ainda sabe se divertir, porque é como qualquer um – mesmo!

No final de 1983, a imagem estava completa. Sutiã rendado sob top "arrastão". Montes de pulseiras e o crucifixo aninhado entre os seios famosos. Madonna tinha encontrado os pontos marcantes de uma tendência que faria história.

Dan Gilroy, Madonna de repente levantou voo novamente, desta vez para Paris.

Ela havia respondido um anúncio procurando garotas para excursionar pelo mundo com o astro francês da música disco, Patrick Hernandez. Apesar do fato de que seu conhecimento de música disco não ia além de dançar I Will Survive em clubes de Nova York, ela fez testes e foi convidada pelos produtores Jean Claude Pellerin e Jean Van Lieu para ir a Paris, onde a fariam famosa por si mesma.

No evento, deram a ela tudo, exceto a fama que a tinha levado a Paris. Madonna viajou pela Europa e Tunísia com a trupe de Hernandez, mas quando perguntou quais planos haviam sido feitos para ela individualmente, simplesmente recebeu dinheiro. O resultado foi uma típica rebelião de Madonna. Comprou roupas que refletissem seu estado de espírito: jaqueta de couro, jeans e botas, tudo preto. Usava alfinetes de segurança como brincos. Fez amizade com gente do submundo e rodava pela cidade em uma moto. Resumindo: "Fiz de tudo para ser má".

Depois de seis meses de frustração, ela voltou a Nova York, feliz de ser novamente senhora de seu próprio destino. Trabalhou mais algumas vezes como modelo nu e devotou-se ao The Breakfast Club com o entusiasmo de sempre, praticando bateria e guitarra por horas, aprendendo piano, escrevendo músicas, cantando, ensaiando e promovendo a banda para quem conseguisse.

> "Ela *sempre* pareceu *coll*. Ela *sempre* FOI *coll*.
>
> Norris Burroughs

Por essa época ela também teve sua primeira experiência de fazer um filme, tendo respondido a outro anúncio. O cineasta independente Stephen Lewicki estava a ponto de levar seu projeto *Um Certo Sacrifício*, e estava em busca de atores e atrizes para papéis que incluíam uma dominatrix. Ele tinha pouco dinheiro, certamente não o suficiente para pagar o elenco, mas Madonna estava mais do que disposta a dar para o projeto o melhor de si.

Sua carta se destacava da de todas as outras. Nela contou a Stephen sobre sua vida em detalhes íntimos e a enviou anexada a três fotos. Uma, em que aparecia passando batom com o dedo, convenceu Stephen. Madonna se tornou Bruna, a dominatrix, filmando suas cenas com um intervalo de dois anos, em decorrência dos períodos de vacas magras de Lewicki.

Ele disse a Mark Bego em 1985: "Ela era exatamente o que eu estava procurando, tinha essa sexualidade feminina obscena – e ao mesmo tempo vulnerável".

O filme de uma hora, com cenas de sexo grupal, estupro, desmembramento e sacrifício humano, não foi nem de longe o campeão de bilheteria hollywoodiano com que Madonna Ciccone sonhava desde os tempos de colegial e não era uma estreia muito auspiciosa. Mas um de seus colegas de cena comentaria mais tarde: "Ela estava atuando como se tivesse um maquiador, um figurinista e toda uma equipe, e não havia equipe nenhuma".

Tem-se argumentado, porém, que sua representação foi menos autoconsciente do que seria o caso na maioria de seus papéis em filmes. Junto com Madonna em algumas cenas estava Angie Smits, que havia sido recrutada pelo The Breakfast Club como baixista. Embora ambas fossem boas amigas desde o começo, a atitude de Madonna para com Angie tornou-se fria quando ela começou a chamar mais atenção nos shows com sua beleza loira, roupas *sexy* e atitude provocante no palco. Madonna passava a maior parte dos shows atrás da bateria, apenas aventurando-se à frente para cantar algumas poucas músicas por noite.

Mas a carreira da banda não estava vingando tão rapidamente como Madonna tinha desejado. Era uma luta para conseguir marcar apresentações e o pagamento também era ruim; então, nos seus modos decididos, ela deixou o grupo e Dan Gilroy, seu namorado, de coração partido. Já tinha decidido. Ia ser cantora e, definitivamente, seria a chefe.

Sabidamente, Madonna disse uma vez: "Às vezes me sinto culpada porque sinto que viajo através das pessoas. É uma verdade que serve para muitas pessoas ambiciosas. Você tira o que pode e então continua seu caminho". A próxima seria Camila Barbone, sua primeira empresária.

Madonna tinha formado uma banda com seu velho amigo e baterista Steve Bray, tocando rock sob influência de grupos ingleses como The Pretenders e The Police. A cor de seu cabelo curto mudava com seu humor, de reflexos de tons avermelhados a castanhos, e não era incomum vê-la no palco usando pijamas masculinos.

Eles adotaram vários nomes – The Millionaires, Modern Dance e Emmy, embora não tenha sido Madonna, como cantora, que os havia sugerido. Ela e Bray se mudaram para um prédio de escritórios e salas de ensaio chamado The Music Building, e a cada noite tinham que dormir onde conseguissem espaço no chão.

Camille Barbone, trabalhando lá com a companhia de música Gotham, encontrava Madonna regularmente, que a persuadiu a assistir a uma apresentação do Emmy. Certa de que tinha visto uma estrela a caminho, Camille se ofereceu para empresariá-la, mudando-a para um apartamento e pagando por tudo o que Madonna queria, de comida a aulas de representação, aluguel de estúdios e vários músicos com quem gravar.

Em troca, Madonna foi instada a observar certas condições, entre elas, não fazer sexo com nenhum dos músicos. Se o fizesse, ele seria demitido.

Audaciosamente, Madonna dormiu com seu baterista Bob Riley, que foi devidamente posto na rua, possibilitando que ele fosse substituído por Steve Bray. O suposto acidente tem sido sempre usado como um dos primeiros exemplos do comportamento impiedoso (com respeito ao pobre Riley) e disposição para usar o sexo para obter o que queria (Bray na banda).

Estilo Madonna

O Que Madonna Diz Sobre Eles... Música

A música de Madonna mudou e amadureceu assim como ela própria, mas seu gosto musical sempre transitou pelos mesmos parâmetros: uma fusão de batidas dance e pop, com insistentes grooves de Nova York e hip hop até o trip hop europeu e o techno.

Desde o começo, sua apreciação e entendimento de diferentes tipos de música possibilitou tal mistura.

Os primeiros sons que fizeram mexer os pés da pequena Nonnie foram os das músicas da época: a sensacional música soul amplificada por companhias como a Tamla Motown e Stax. E embora a estrela se saísse bem com **Stevie Wonder, Marvin Gay, Frankie Lymon, Sam Cook** e **Sly & Family Stone**, ela gostava especialmente das vocalistas femininas – **Diana Ross and The Supremes, The Shirelles, The Ronettes** e **Martha Reeves and The Vandellas**. "Elas são a quintessência das músicas pop", acredita.

Do outro lado do Atlântico, cantoras pop como **Lulu** e **Marianne Faithfull** marcaram Madonna.

Porém, seus primeiros discos tinham um sabor diferente. Havia *Young Girl*, de **Gary Puckett & The Union Gap**; *The Letter*, dos **The Boxtops**; e *Incense & Peppermint*, do **Strawberry Alarm Clock**. Curiosamente, ela conta ter ficado intrigada pela versão original de *American Pie*, de **Don McLean**, uma música que mais tarde ela recolocaria nas paradas de sucesso.

Ela diz: "Foi uma música importante para o meu crescimento. Lembro-me claramente de memorizar cada palavra dela, mesmo que não soubesse que a letra era sobre o Buddy Holly. Eu era jovem e não estava nem aí".

Seguindo em frente por meio da ginga nua e crua dos **Stones**, Madonna desenvolveu interesse pela música clássica que era trilha sonora de suas aulas de dança, achando finalmente seu lugar ao som das discotecas gays que frequentou com seu instrutor e mentor Christopher Flynn.

Em 1976 e 1977, Madonna foi atingida por ícones punk como **Sid Vicious** – uma influência que era aparente no visual, se não na música, quando o mundo ouviu Madonna pela primeira vez. Em Nova York, ela flertou com o new wave, absorvendo a energia criativa de **Blondie, The Pretenders** e **The Police**.

Ela disse: "Meus modelos eram gente como **Debbie Harry** e **Chrissie Hynde**: fortes, mulheres independentes que escreviam sua própria música e evoluíram por si mesmas, essencialmente, sem terem sido produzidas por meio do marketing. Elas não eram a grande ideia de um executivo de gravadora... Debbie Harry me deu coragem".

O amplo gosto musical de Madonna pôde acomodar inúmeros estilos de cantores e cantoras, como **Ella Fitzgerald, Patsy Cline, Joni Mitchell, Chaka Khan, Harry Belafonte, Johnny Mathis, Joe Cooker, Tom Waits, Prince, Elton John, David Bowie** e **Simon & Garfunkel**, a quem *Oh Father* foi um tributo musical.

Primariamente, sua inspiração vinha dos sons da cultura dos clubes urbanos e dos produtores de vanguarda, mesmo assim já se derretia por grandes damas como **Barbra Streisand**, que estabeleceu sua carreira como cantora e atriz.

Hoje, enquanto relaxa ao som de **Mozart**, **Vivaldi**, **Chopin** e **Brahms** em suas casas fabulosas, a garota que uma vez já invejou o cabelo de Tammy Wynette mantém-se de olho na competição e não se incomoda em dar sua opinião. Aqui estão alguns de seus comentários, muito feitos na revista *Spin*.

Eminem "Gosto do Eminem porque gosto de sua atitude. Acho que ele está expressando sua revolta, que é muito dirigida ao que hoje é chamado de *boy band*. É bom ver alguém que não está tentando ser educado e se comportar do jeito que as pessoas querem que se comporte. Ele tem muito espírito e energia."

Björk "Ela é inacreditavelmente corajosa e tem uma qualidade maliciosa. Eu a considero bastante impositora e ousada."

Alanis Morissete (Uma artista da Maverick): "Ela me lembra de quando comecei: ligeiramente inábil, mas muito centrada e determinada... Tudo é possível, e o céu é o limite."

Everything But The Girl "Há uma qualidade plangente na voz de Tracey Thorn que realmente me atinge. E aquela canção, *Missing*, sei que eles tocavam muito, muito bem, e eu já me recuperei dela, mas é uma canção maravilhosa."

Richard Ashcroft "Eu estava gostando do The Verve até que *Bitter Sweet Symphony* começou a tocar no rádio a cada dois segundos."

Air "O álbum deles é virulento. Eu sempre me deixo levar por músicas com um tom agridoce, algo atormentado por uma melodia visceral."

Tricky "Você já ouviu o remix do MC Stereo de *Makes Me Wanna Die*? É uma bomba. Toco no meu carro tão alto que tudo fica vibrando, a ponto de as portas arquearem."

Goldie "Tentei tê-lo trabalhando em uma das faixas de Ray Of Light. Nellee Hooper tocou uma porção de demos para ele, que se apaixonou por *To Have And Not To Hold*. Mandamos as fitas master e ele quis trabalhar nelas sozinho, e então nunca mais tivemos notícias dele. Bem... acho que talvez estivesse muito ocupado."

Fiona Apple "Adoro o jeito como ela canta. Sou atraída pelo *dark*, e ela é bem *dark*."

The Spice Girls "Gosto delas. Sei que não deveria. Toda vez que alguém fala mal delas digo 'Espera aí, eu também já fui uma Spice Girl'." (Madonna jantou com Posh e Mel C.)

Courtney Love "Courtney é uma pessoa miserável. Quando a encontrei, quando estava tentando contratá-la, ficou o tempo todo falando mal do marido. Dizia: 'O Hole é tão melhor que o Nirvana e não tem tanto sucesso'. Ela adora ouvir a si mesma falar. Ela sequer acredita em metade das coisas que diz. É inacreditavelmente competitiva com qualquer pessoa de sucesso, de quem fala mal."

PJ Harvey "Acho suas letras brilhantes. Ela é realmente atormentada, e eu gosto de pessoas atormentadas."

Stevie Wonder "Quem escreve como ele hoje em dia? É triste. Não consigo pensar em ninguém tão profundo e rico como Stevie Wonder. Em vez disso, temos uma versão estereotipada da vida: ser poderoso, rico e ter belas mulheres. Não acho que essas pessoas estejam interessadas em conduzir a música a um outro nível. Trata-se de intenção. Para que elas estão no negócio?"

David Bowie "David Bowie foi uma grande influência para mim porque um de seus shows foi o primeiro a que assisti (Cobo Arena, Detroit, 29 de fevereiro de 1976). Lembro de vê-lo e pensar que não sabia de que sexo ele era, e que não me importava. Porque uma hora ele estava usando macacão colante – o estilo de Ziggy Stardust – e de repente era o Thin White Duke, de terno branco trespassado, e havia algo de andrógino sobre ele. A androginia, seja a de David Bowie ou de Helmut Berger, influenciou mais que tudo o meu trabalho."

Influências (sentido horário, a partir da última à esquerda) The Ronettes, debbie Harry, Simon & Garfunkel, Chrissie Hynde, Marianne Faithfull. Nesta página (de cima para baixo) The Spice Girls, Alanis Morissette, Stevie Wonder, Goldie.

Mesmo depois de garantir um contrato de gravação, Madonna continuou a apresentar-se em boates em 1983 (acima), aproveitando a oportunidade para experimentar uma variedade de imagens diferentes, incluindo este visual "perigosa vestida em couro", que foi logo descartado. Uma Madonna triunfante (na próxima página) no MTV Awards de 1984. Depois de apresentar Like A Virgin vestida de noiva no alto de um enorme bolo de casamento, podia ter certeza de que ninguém mais a esqueceria.

Madonna também reconheceu a bissexualidade de Camille e flertou de forma ousada com ela para conseguir mais favores, recuando quando parecia que a Camille iria ver se o flerte era verdade. Lesbianismo se tornaria um tema controverso e recorrente no trabalho de Madonna, e sua presença – real ou sugerida – em sua vida privada provaria ser uma arma efetiva, uma fonte certa de controvérsia em seu arsenal de relações públicas.

Camille, caída por Madonna, deu a ela dinheiro, ajuda profissional e uma amizade verdadeira a qual nunca foi recíproca. A dupla se separou após amargas brigas, com Madonna dizendo ser por causa de diferenças musicais, por querer se aventurar pelo funk, sons dançáveis, enquanto Camille queria conduzi-la ao rock.

De volta a ter que lutar pela vida, Madonna achou trabalho fazendo backing vocal em gravações de vários artistas, mas, novamente, estava sem ter onde morar. Seu próximo movimento – crucial – porém, foi resolver esse problema, o que fez em East Village, onde encontrou inspiração para o visual "colcha de retalhos" com que logo enfeitiçaria o mundo da música. Era um lugar confuso, mas criativo, pulsando com a cultura porto-riquenha e cheio de arte hip hop e grafite, que capturou a fantasia de Madonna tanto quanto os garotos de pele azeitada.

Acompanhada dos amigos new wave que ela havia conquistado no Village, estava frequentemente decorando muros e vagões de metrô com sua lata de spray. Ela iria fazer reconhecer esta fase no videoclipe de *Borderline*, que inclui dança break entre cenas em que Madonna demonstra seus talentos de pichadora e mostra sua assinatura de grafiteira – Boy Toy – nas costas de uma jaqueta jeans.

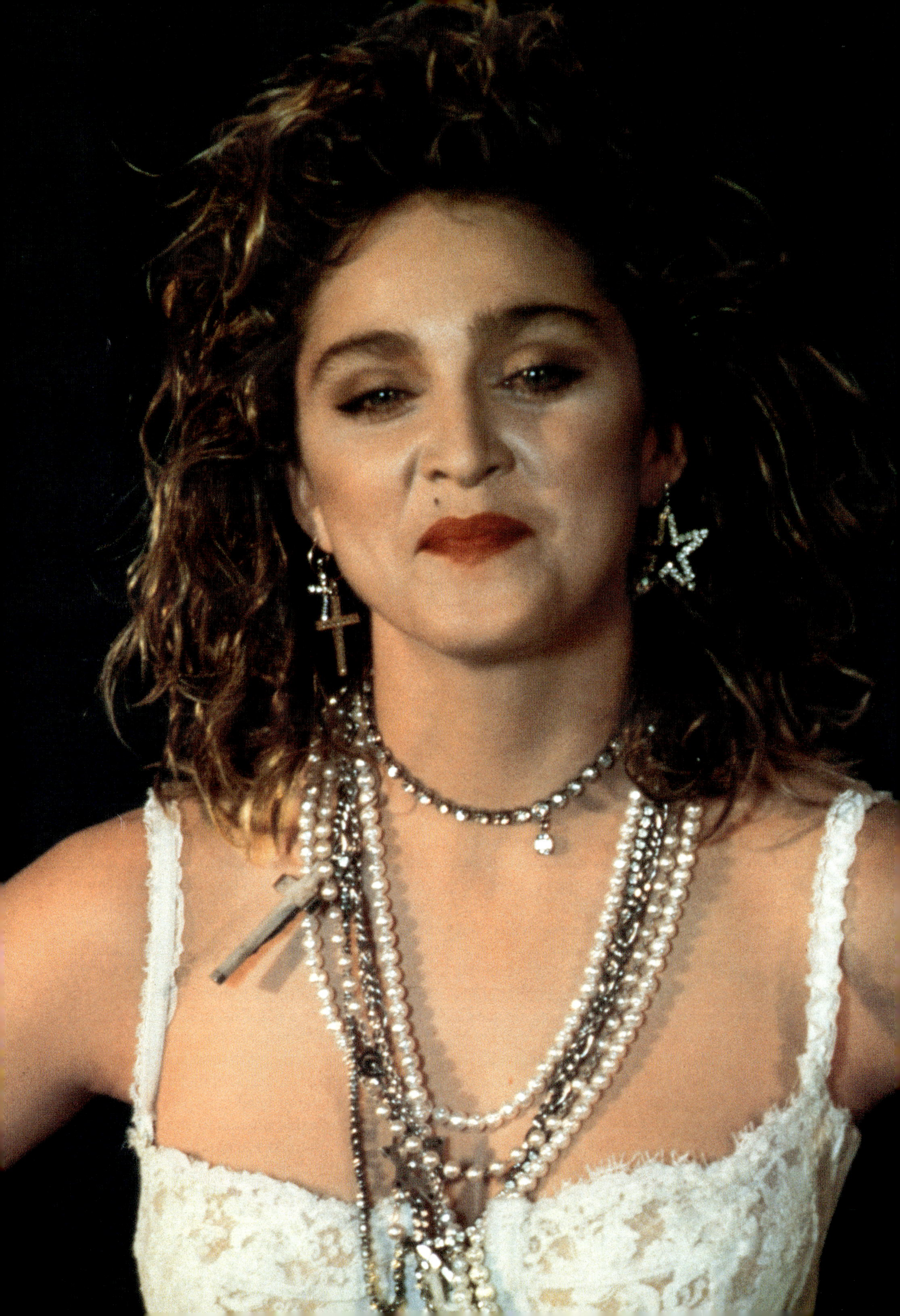

"Ela tinha seu próprio estilo – sempre com o umbiguinho à mostra, o top arrastão e as meias."

Usando roupas que logo abririam caminho nas passarelas europeias, Madonna treina a coreografia de Holiday, na foto da página seguinte, de 1983.

Como qualquer grafiteiro de respeito, Madonna precisava de uma assinatura. Boy Toy era um apelido provocativo, que poderia sugerir promiscuidade descarada e submissa, mas pretendia algo bem diferente – como ela mesma colocou, eu "brincava com garotos".[1] Mas tarde, a etiqueta Boy Toy, imortalizada no seu cinto, tornaria-se um componente famoso de sua personagem desclassificada e selvagem.

Tudo isso começou a se formar no East Village. Comprando em lojas de segunda mão, não só porque as roupas caíam bem, mas por conta de seus ganhos limitados, ela juntava isto e aquilo, vestindo roupas a esmo, misturando e combinando cores e tecidos tão doidamente como empilhava acessórios no corpo: cintos, chapéus, luvas sem dedos, echarpes e meias, frequentemente amarrados na cabeça, pulseiras e enfeites em abundância – tudo pontuado com muita nudez na região do diafragma.

Ela disse à *Vanity Fair:* "Quando eu finalmente comecei a me tornar uma imagem fotográfica, era uma combinação da dance music, de garota de rua, de new wave e do estilo porto-riquenho". Anos depois, ela admitiu que tinha saudades da simples emoção de vestir-se e andar pelas ruas de Nova York apreciando "o efeito que eu provocava nas pessoas".

Assim, vestida "de provocação", como nos velhos tempos de escola, ela e seus amigos – as "Webo Girls" – saíam para dançar, e Madonna sempre levava uma fita.

Ela havia estado no estúdio várias vezes, uma delas durante o tempo com Camille para gravar os legendários "Gotham Tapes" e, em outra ocasião, para fazer backing vocal para o cantor alemão Otto von Wernherr, uma sessão lançada e promovida subsequentemente de forma exploradora como um projeto de Madonna.

Mais importante foi a fita demo, gravada com Steve Bray, apresentando algumas músicas que eles haviam escrito juntos. Ela levava cópias de uma faixa chamada *Everybody* a essas noites em que saía com as amigas e convenientemente começou um romance com Mark Kamins, um DJ influente no clube da moda Danceteria e um possível futuro produtor.

Depois de persuadir Kamins a tocar a demo, ela foi para a pista de dança dando o melhor de si. A música, de ritmo contagiante, envolveu a todos. Kamins disse à *Face* em 1985: "Madonna era especial. Ela tinha seu próprio estilo – sempre com o umbiguinho à mostra, o top arrastão e as meias".

Ele ficou tão impressionado que arranjou uma reunião com Mike Rosenblatt, o A&R da Sire Record da Warner Brothers. Fosse qual fosse sua opinião sobre a fita, Rosenblatt ficou impressionado com Madonna. Ele falou sobre ela ao seu chefe Seymour Stein, que estava àquela época no hospital com problemas no coração.

Stein convidou Madonna para sua cama e a contratou, atingido por sua mistura singular de entusiasmo e ambição. Foi contratada para gravar dois singles de 12 polegadas. *Everybody* produzida por Mark Kamins, lançada em 1982, fez sucesso nos clubes e nas paradas dance – sem

---

1. N.T.: Do inglês, *I toyed with boys*, que deriva de Boy Toy, o apelido de Madonna do mundo da arte grafite.

Estilo Madonna 45

nenhuma das estações de rádio saberem se Madonna era negra ou branca.

Com esse sucesso inicial, foi um choque para Kamins ser descartado no próximo single, especialmente porque Madonna, segundo ele, tinha prometido que se a ajudasse a conseguir um contrato de gravação, produziria seu primeiro álbum. Parece que ela tinha também prometido a produção a Steve Bray. No fim das contas, ela acabou deixando de lado seus dois ex-amantes, trocados pelo produtor mais famoso da Warners, Reggie Lucas, que trabalhou no segundo single *Burning Up* – outro sucesso bem cotado no mundo da música dance.

Nesse ínterim, tinha encontrado sua próxima conquista – o DJ e remixador cotadíssimo Jellybean Benitez – em um clube chamado Funhouse. Com Jellybean como namorado e o divulgador de dance music da Warner Bobby Shaw como seu aliado, Madonna estava no lugar ideal para fazer contatos de alto nível e aprender sobre a indústria, o que fez – avidamente.

Ela era tipicamente audaciosa quando chegou o momento de achar um novo empresário. "Pensei: 'Quem é a pessoa mais bem-sucedida na indústria da música e quem é seu empresário? Eu o quero'".

O que ela queria, como sempre, conseguia, com um teste bem-sucedido com Freddy De Mann, que tinha acabado de romper com Michael Jackson.

A Sire fez um bom trabalho com *Burning Up* mandando Madonna a uma série de assistentes de publicidade de clubes onde ela dublou os singles. A gravadora também financiou um videoclipe e empregou uma estilista e *designer* de joias chamada Maripol, que havia ajudado nas sessões de fotos para o álbum. Ela se tornaria uma das conselheiras favoritas de Madonna, além de amiga íntima.

O vai e vem de pessoas na carreira de Madonna continuava conforme a necessidade. Ela não estava feliz com a produção de Reggie Lucas em seu álbum de estreia, simplesmente intitulado *Madonna* – porque ele, no mínimo, tinha passado por cima de suas ideias. Por conseguinte, ela recrutou Jellybean para fazer a remixagem de algumas das faixas, com um entendimento contemporâneo e uma pitada de magia.

Foi Jellybean que achou *Holiday* quando precisaram de material extra de última hora. A canção, lançada como primeiro single do álbum de 1983, pôs o fenômeno Madonna em movimento à medida que subia na parada Top Twenty da *Billboard.*

A seguir, em 1984, foi a vez da composição de Reggie Lucas, *Borderline*, que deu ao eletrogroove de Nova York uma irresistível melodia Top Ten. O videoclipe da canção espalhou-se pelo mundo por meio da MTV e inaugurou a era da Madonnamania.

O videoclipe foi um fator crucial na escala de seu sucesso, já que a aparência e a *performance* eram tão parte de Madonna quanto as músicas e o canto; e o desenvolvimento de seu visual de novela televisiva seria vital para sua longevidade como artista do show business.

Borderline foi uma oportunidade para Madonna mostrar-se usando inúmeros trajes, envolvida em um enredo em que se divide entre os favores de um fotógrafo requintado e o namoradinho, um sujeito das ruas.

Com brincos de crucifixo entre mechas de cabelo loiro-descolorido, braceletes e aparições discretas do umbigo, Madonna salta de uma cena para outra, colorida ou em branco e preto; vestida com couro desafiador, rendas, jeans, arrastão e babados. Suas combinações não poderiam ser mais loucas: miniblusas, camisetas, meias no tornozelo com salto alto, além de acessórios como cintos, chapéus e as indefectíveis luvas. Notavelmente, sugere sua paixão pelo *glamour* com um par de vestidos espetaculares.

Continuando com o disco funk *Lucky Star*, um arrasador Top Five, Madonna mostrou sua "baderneira chique" no mesmo estilo extravagante, com poucos detalhes extra: a barriguinha mais à mostra, óculos Rayban, suas calças pescador favoritas combinadas com saia, fofas botinhas de cano curto e um grande brinco no formato de estrela balançando conforme a dança, crucifixos e cinto de corrente prateada. Ressaltado por suas roupas pretas, o resplandecente batom vermelho torna-se um foco, uma fascinação. Muitos anos depois, a companhia de cosméticos Laura Mercier emprestaria o nome da estrela para nomear uma sombra.

Havia pouca sutileza na maquiagem de Madonna em seu começo de carreira, com os olhos realçados por cores dramáticas, kohl e rímel.

Com toda a sua produção, os videoclipes de *Borderline* e *Lucky Star* eram simples ilustrações de canções acompanhadas de vigorosos shows de dança, que não obstante apresentaram Madonna como uma beldade que nada tinha a ver com a garota "que mora ao lado". Ela era esperta e audaciosa, atrevida e *sexy*, durona e engraçada, além de demonstrar confiança. Era uma garota por cima e seu visual logo encontraria lugar nas passarelas parisienses, cortesia de estilistas como Christian Lacroix e Karl Lagerfeld.

Apresentações muito mais sofisticadas e audaciosas se seguiriam em forma de videoclipes e no palco. E quanto mais se sabia sobre Madonna e seus métodos, mais sua lenda crescia.

O mundo estava arrebatado. Milhares de adolescentes improvisaram suas próprias versões *vagabond chic* rasgando suas camisetas tão decididamente como a própria estrela já havia feito, provocando sonhos embriagados em milhares de garotos.

Madonna venderia milhões.

Estilo Madonna

O Que Eles Dizem Sobre Madonna...

Amigos

Madonna tem um círculo fechado de amigos que respondem mais à sua personalidade do que à sua celebridade. Ela diz: "Quando comecei a pensar seriamente na maternidade e em tomar conta de uma criança, gente que eu considerava divertida e interessante deixou de ser divertida e interessante. Fiz uma grande limpeza emocional e fiquei com um número bem menor de amigos que são verdadeiramente especiais e significam muito para mim. Nosso relacionamento cresceu. É difícil ser amiga de gente frívola quando se tem uma grande responsabilidade".

Chris Ciccone (à esquerda), seu irmão, está sempre ao seu lado, como um executivo que supervisiona muitos dos seus projetos de filmes e vídeos e também como companheiro. Como muito de seus amigos mais chegados, ele é gay.

Juliette Hohnen é a amiga com quem Madonna passou mais tempo enquanto esperava o nascimento de Lourdes.

Ingrid Casares (à direita) foi apresentada a Madonna por Sandra Bernhard, então namorada de Ingrid. As duas se tornaram amigas chegadas rapidamente, causando o fim da amizade entre Madonna e Sandra. E Ingrid coestrelaria o controverso livro de fotos *Sex*. O relacionamento de Madonna com a mulher de negócios Ingrid, que é dona de clubes noturnos, continua mais firme que nunca.

Rupert Everett, o ator bissexual, conheceu Madonna por meio de Sean Penn. Ele mais tarde coestrelaria com ela em *Sobrou Pra Você* e apareceria no videoclipe de *American Pie*.

Sting e Trudie Styler são amigos leais e hospitaleiros de Madonna, em cuja casa ela conheceu Guy Ritchie. Trudie – que investiu em *Jogos, Trapaças e Dois Canos Fumegantes*, filme de Ritchie – também leva o crédito de ter apresentado Madonna à yoga. Sting (à esquerda), uma das primeiras influências de Madonna, sabidamente disse sobre sua fã: "Ela é audaciosa, provocativa e inescrutável. Ao longo dos anos fomos todos testemunhas de sua evolução, de uma garota esperta das ruas à noiva virgem, de deusa do sexo à iogue. Sua mente é tão celebrada quanto seu corpo, é tão temida quanto desejada, lidera enquanto outros seguem... uma mulher que é toda mulher, e todas as mulheres".

Gwyneth Paltrow (à direita), atriz ganhadora do Oscar, é tão alta quanto Madonna tem baixa estatura. Elas fazem uma estranha dupla na aula de ioga, em almoços regados a fofocas e nas noites agitadas, antes de Gwyneth e seu marido Chris Martin se tornarem pais. A amizade começou em 1996 quando Madonna ficou ao seu lado contra fotógrafos intrusivos na imprensa. Madonna disse à época: "Ela está experimentando os altos e baixos de ser famosa pela primeira vez. É algo pesado. Tomara eu tivesse tido alguém a quem recorrer quando passei por isso na vida".

Guy Oseary foi parceiro de Madonna na Maverick Records.

kd Lang, a cantora lésbica, é amiga tanto de Madonna quanto de Ingrid.

Donatella Versace (à esquerda) tornou-se amiga de Madonna por meio do patrocínio da estrela envolvendo os negócios da família.

Rosie O'Donnell, anfitriã de talk-show, co-estrelou com Madonna em *Uma Equipe Muito Especial*, desde então se tornaram boas amigas. Como Madonna, Rosie perdeu a mãe muito cedo. Rosie teve Lourdes por perto brincando com seus próprios filhos e confessou: "Ela saiu daqui uma criança totalmente diferente, mimada, comedora de doces, louca pela MTV".

Stella McCartney (à direita), filha do Beatle Paul, é outra estilista muito admirada por Madonna. Ela fez seu vestido de casamento e foi dama de honra.

Sharleen Spiteri, a cantora do Texas, foi parceira de Madonna quando se apresentaram juntas na Brixton Academy. Ela diz: "Sou agora próxima o suficiente de Madonna para chamá-la de Madge – mas não faço isso".

Jean Paul Gaultier (à esquerda), o audacioso estilista, ajudou Madonna a dar passos corajosos em direção à moda do cone.

Michael Portillo é talvez o nome mais estranho no caderninho preto de Madonna. Ele é amigo do pai e da madrasta de Guy, John e Shireen, que o encontraram como trabalhadores do partido nos distritos eleitorais de Portillo em Kensington e Chelsea.

Alek Keshishian, o cineasta, esteve "na cama com Madonna" apenas como amigo.

Debi Mazur (à direita), a atriz de *Os Bons Companheiros*, conhece Madonna há tempos – desde a época de vacas magras em Nova York. Debi diz: "Costumávamos andar juntas e ir ao Roxy dançar e em shows de arte. Naquele tempo tínhamos uma queda por rapazes latinos".

Anna Friel, a atriz que fez seu nome com um beijo lésbico em Brookside, série televisiva inglesa, entrou para o círculo de Madonna em 2001 nos Estados Unidos. Ela diz: "Andamos juntas por um tempo. Uma grande mulher, muito forte. Realmente a respeito".

Ali G – não logo depois da punani!

Niki Harris trabalhou com Madonna por anos como cantor de apoio e dançarino, além de ser seu amigo.

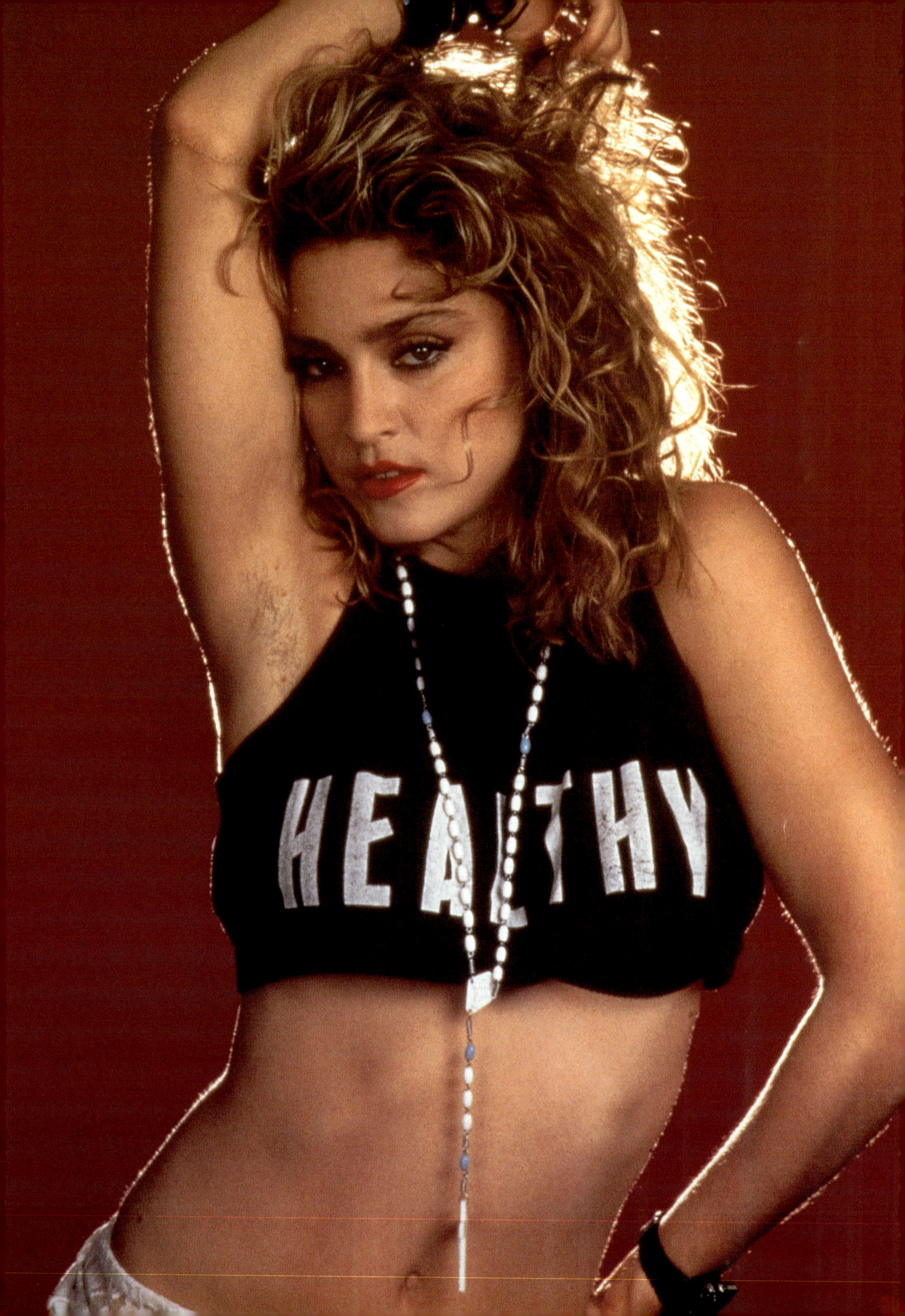
HEALTHY

Estilo **Madonna** 51

> "todos interpretaram como 'Não quero mais ser virgem. Transe comigo até não poder mais!' E isso Não tinha nada a ver com o que eu estava cantando".

Ela reclamaria, em retrospecto, de que as músicas eram muito fracas e precisavam de mais variedade.

Enquanto o público estava adorando as músicas altamente dançáveis, a autenticidade de seu forte acento nova-iorquino, a artista em si perdia-se em divagações sobre por que não tinha "escapado do molde da música disco".

Já a um passo à frente de si mesma, mal podia esperar para lançar seu segundo álbum e, desta vez, não seria pressionada pelo estúdio. Encontrou quem pensasse como ela em Nile Rodgers, da Chic, cuja hábil produção havia transformado a música disco em algo maior que mero ritmo de danceteria. David Bowie, Duran Duran, Diana Ross e Sister Sledge estavam entre os que haviam desfrutado de sucesso artístico e comercial com ajuda dele.

Apesar de entabularem inúmeras discussões no estúdio, Rodgers e Madonna dividiam uma visão muito clara sobre o que queriam em *Like A Virgin*. Rodgers mais tarde diria: "Era a união perfeita, soube no primeiro dia no

"Pode chamar o que eu uso de roupa esportiva para gostosas", disse Madonna em 1985, referindo-se aos seus tops rendados. Esta foto em particular faz parte de uma série tirada para a capa da *Penthouse*, quando os primeiros nus de Madonna foram publicados em setembro de 1985.

estúdio. Entre nós, cara, as coisas eram sexuais, apaixonadas, criativas...".

Enquanto admite que Madonna pudesse ser temperamental, ele acrescenta: "Todos me disseram que ela era uma ogra terrível, mas a achei ótima".

Assim como Madonna, o álbum era uma mistura de covers e canções que a própria Madonna tinha ajudado a compor. Rodgers introduziu um toque humano por meio do uso de um baterista real – Tony Thompson da Chic – em lugar de uma máquina e enriqueceu o álbum com sensibilidade pop, humor *sexy* e uma linha de frente musical dinâmica.

Alguns críticos o consideraram um golpe de ambição comercial, mas o álbum e seu primeiro single, a faixa título, alcançaram o Número Um logo após o lançamento em novembro de 1984. E a dramatização de Madonna da composição de Tom Kelly e Billy Steinberg, *Like A Virgin*, causou tempestades de indignação em todo o mundo na mesma medida em que a sua reputação se tornava polêmica.

Não era culpa de Madonna se tantas pessoas ouviam superficialmente a letra, imaginando que se tratava de uma inocente iniciação sexual. Enquanto algumas pessoas bradavam contra o escândalo, outras gargalhavam da ideia de uma Madonna virginal. Incrivelmente, ela achou que tinha que explicar: "Quando fiz a canção, para mim, estava cantando sobre como algo me fez sentir uma vez – nova e fresca – e todos interpretaram como 'Não quero mais ser virgem. Transe comigo até não poder mais!' E isso não tinha nada a ver com o que eu estava cantando".

O videoclipe, entretanto, era pura Madonna, interpretando versões modernas de "a virgem", na cama com um homem vestida de noiva, e "a puta", folgando desinibida em uma gôndola em Veneza, cabelos selvagens, coberta de correntes, rebites e um grande crucifixo, mostrando, como sempre, o abdômen nu. Com o herói da história retratado como um leão, vivido tanto por um leão de verdade como por um ator com máscara de leão, e com os momentos finais mostrando Madonna em um elegante vestido preto e chapéu, seus dias de estrela de videoclipe alegre e barata tinham ficado para trás. Ela navegava na rota de espetáculos mais sérios.

O simbolismo do vestido de noiva é bem direto no clipe, mas Madonna ainda não tinha acabado. Ela levaria as coisas mais além pervertendo a conotação de castidade do traje tradicional.

Ela já o tinha feito uma vez, em frente às câmeras de todo o mundo em seu primeiro MTV Awards em setembro de 1984, antes do álbum e do single serem lançados. Estreando *Like A Virgin* em uma roupa idealizada por Maripol (que também vestiu Madonna na capa do álbum), ela apareceu no topo de um enorme bolo de casamento vestida de branco, a pureza de seu casamento perfeitamente comprometida pelo famoso cinto de fivela Boy Toy e o estridente bater de joias – e com a estrela debatendo-se no chão do palco, enquanto um cameraman filmava *flashes* de suas partes íntimas.

Levando o conceito para a estrada na primavera de 1985 na "The Virgin Tour", com os Beastie Boys prontos para estourar como banda de apoio, ela se trocava todas as noites e voltava ao palco para o *gran finale* em um brilhante traje de noiva com *Like A Virgin* e *Material Girl*.

Havia aplausos torrenciais quando ela voltava ao palco, trazendo um buquê de noiva, vestida em saia esvoaçante com cauda, top e jaqueta curtos exibindo o abdome, estola, as costumeiras calças de ciclista, tiara branca e luvas três quartos rendadas. Um crucifixo reluzindo à cintura, outro pendurado no pescoço e balões flutuando sobre o público enquanto ela rastejava e rolava pelo palco.

Durante *Material Girl*, ela se despia para seu sutiã tomara-que-caia e uma saia justa branca, atirando no público montes de notas de dinheiro com a figura de Madonna estampada, declarando "Não preciso de dinheiro, preciso de amor"!

Quando o *streaptease* pegava fogo, no auge do show, era impedida por um ator extra posando como seu pai e marchava para os bastidores; em Detroit, o próprio Tony Ciccone fez as honras. Ela disse a um repórter da *Time* durante a turnê: "Acho que agora ele já tem alguma noção do meu sucesso. Isso não aconteceu até meu primeiro álbum ser lançado e meu pai começar a ouvir minhas músicas no rádio. Só então ele parou de me fazer perguntas. Meu pai e eu ainda somos muito próximos".

Outros dois trajes apareceram durante "The Virgin Tour", nenhum tão memorável. Madonna aparece em uma grande fanfarra usando um top azul, curto e transparente, o costumeiro sutiã preto, uma saia roxa, *legging*, jaqueta com padrões brilhantes, crucifixos tanto na jaqueta quanto em brincos e no pescoço, capturando a luz enquanto ela dançava.

Estilo **Madonna**

LIKE A
LIKE A
LIKE A

VIRGIN

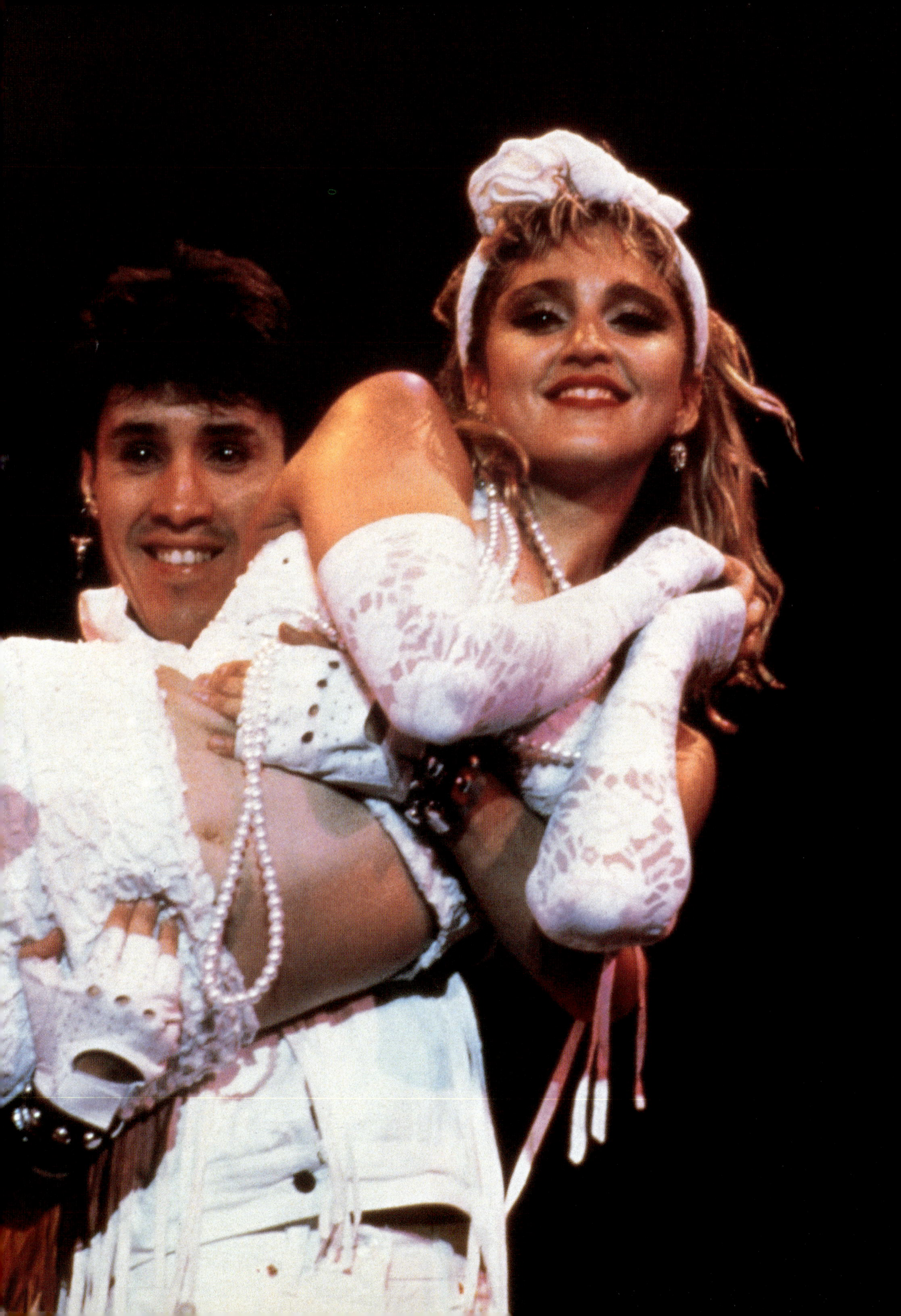

56 Estilo Madonna

"Vocês se casam comigo"?, Madonna pergunta ao adorável público vestida em traje completo de noiva para cantar o primeiro bis, *Like A Virgin*, antes de jogar o buquê para a multidão. Apesar de o público responder "sim", Madonna já estava comprometida com Sean Penn com quem se casaria meses depois. Quando os ingressos da "The Virgin Tour" de Madonna foram postos à venda, todos os 17.622 assentos de seus três shows no Radio City foram esgotados em 34 minutos, criando um novo recorde de venda de ingressos. Ela repetiria o feito 16 anos depois, quando as datas da turnê Drowned World foram anunciadas.

VIRGIN

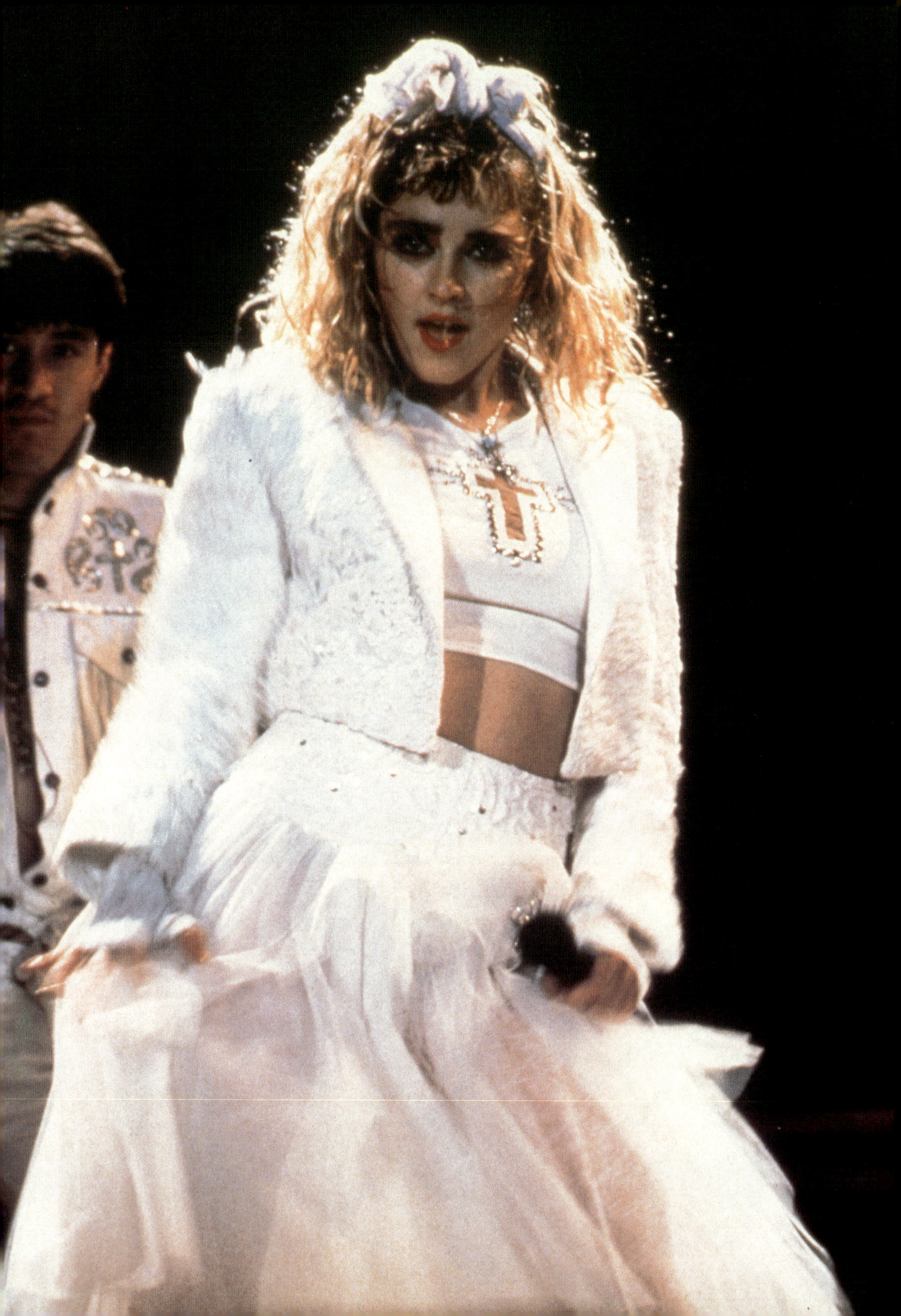

Estilo Madonna

O Que Vale A Pena...

Madonna disse recentemente que "Às vezes me esqueço de que tenho dinheiro" e se tornou "puritana" quanto aos seus gastos – talvez alinhada com sua entrada nas rodas inglesas de classe alta, em que demonstrações de riqueza são vistas com desaprovação.

A fortuna pessoal de Madonna é inestimada, embora ela frequentemente é descrita como a mulher mais rica dos Estados Unidos e os números mais recentes colocam seus ganhos combinados aos de Ritchie, em 248 milhões de libras.

Qualquer coisa feita com Madonna ou seu nome gera milhões. O fotógrafo sortudo que encontrou Madonna de *topless* em uma praia com Ritchie está recebendo um pagamento de 100 mil libras.

Em março de 2001, o comediante irlandês Graham Norton gastou 10 mil libras em uma foto tirada por Herb Ritts dos olhos de Madonna, a qual a estrela tirou de sua parede e doou para um leilão de celebridades em prol da instituição de caridade Crusaid, que ajuda vítimas da aids. Norton disse: "Vou pendurar sobre a minha cama, assim ela poderá me espiar".

Vários meses depois, arrematadores gastaram somas ainda maiores de dinheiro para possuir alguns dos trajes lendários da estrela. Em um leilão *online* realizado conjuntamente pela Sotheby's e a loja nova-iorquina Gotta Have It!, o sutiã de contas Dolce & Gabbana que ela usou em "The Girlie Show" alcançou 23.850 dólares, enquanto o bustiê com borlas da turnê "Who's That Girl" ficou em 20.550 dólares, o mesmo preço pago meses antes por um sutiã cônico de cetim preto usado na turnê "Blond Ambition".

Também sob o martelo: as luvas pretas e douradas (5 mil dólares) de "Who's That Girl" e os preciosos óculos "Dame Edna" (4.200 dólares), o *tailleur* anos de 1940 de John Galliano usado no videoclipe de *Take a Bow* (13.800 dólares), um vestido rendado de Gaultier (11.212 dólares) e um par de sapatos de *Evita* (3.565 dólares).

A letra de *Like a Prayer* escrita à mão rendeu 20 mil dólares, um MTV Award por *Express Yourself* foi vendido por 11.500 dólares, e o disco de platina por *Like A Virgin* custou a alguém 5.175 dólares. Um kit contendo uma fita demo de quatro faixas, CV e carta de rejeição da gravadora Millennium chegou a 6.037 dólares.

O Que Eles Dizem Sobre Madonna...

Perto do seu Coração

Defensora da camisinha, a mais antiga e conhecida campanha de Madonna é de prevenção à aids, sexo seguro e responsabilidade sexual, embora ela tenha também protestado vigorosamente contra a destruição das florestas tropicais e a fome mundial. Ela se manifestou pelos direitos individuais, escolhas e autoexpressões e promoveu igualdade para gays e mulheres. Também chamou a atenção do povo para votar.

Em 11 de setembro de 2001, quando dois voos de passageiros se chocaram contra as torres gêmeas do World Trade Center, Madonna estava fazendo a parte americana da turnê *Drowned World*. Ela imediatamente endereçou os ganhos do show de 13 de setembro no Staples Centre de Los Angeles às crianças tornadas órfãs pelos ataques terroristas.

Durante esse show, ela usou uma saia com as listras e estrelas da bandeira americana, e dirigiu uma prece silenciosa às vítimas da catástrofe.

Havia especulações de que Madonna iria parar de fazer turnês depois de *Drowned World*, com a perda geral de confiança dos viajantes na segurança dos voos, mas, é claro, ela continuou.

Madonna envolve-se frequentemente em trabalho de caridade. Tendo perdido vários amigos chegados, incluindo Martin Burgoyne e o professor de balé Christopher Flynn para a doença devastadora, tem como causa favorita a pesquisa da *aids*. Aqui (à esquerda) ela toma parte no evento beneficente de Los Angeles Danceathon.

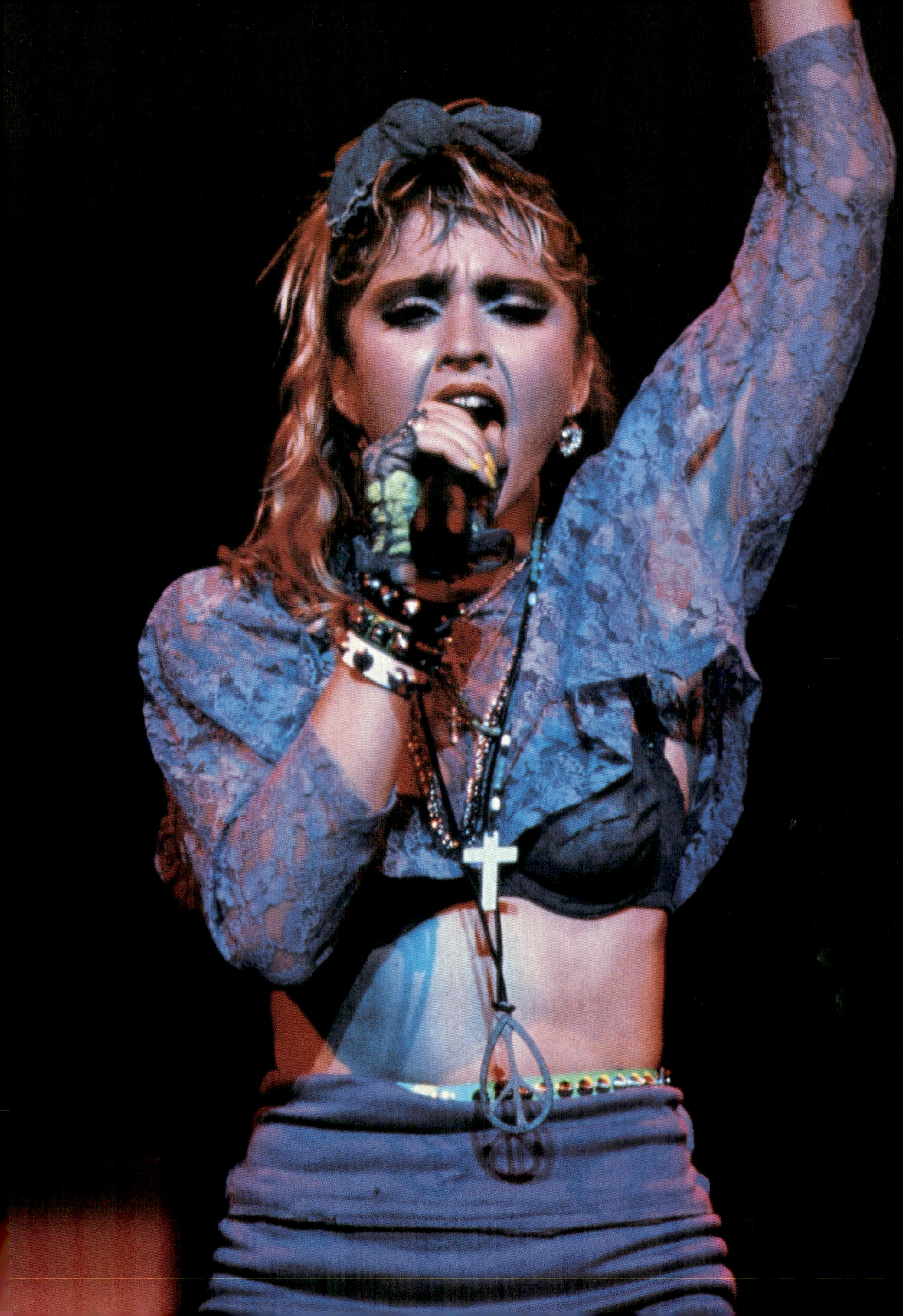

"*Crucifixos* são *sexy* *porque* há um homem nu *neles.*"

Chacoalhando um pandeiro, com seus dois dançarinos, durante *Into The Groove*, com o trio usando chapéus brancos combinados em *Everybody*, ela trocou de roupa para *Gambler, Lucky Star, Crazy For You* e *Over And Over*. De repente estava toda de preto – seu micro top franjado usado com saia expunha o conhecido umbigo e crucifixos de tamanhos entre médio e enorme.

Em breve Madonna lançaria sua própria marca de roupas Wazoo, vendendo fivelas de cinto Boy Toy, minitops, camisetas, braceletes emborrachados e todos os penduricalhos de cigana caótica em lojas de departamento por todos os Estados Unidos. Jovens fãs gastavam qualquer quantidade de tempo e dinheiro para se parecer com sua heroína. Frederick's of Hollywood, uma loja de *lingerie* badalada, daria depois crédito a Madonna e seu conceito desinibido de "roupa de baixo como roupa de cima" obtendo 40% de aumento nas vendas.

Nesse momento, a fama pela qual Madonna tinha trabalhado tanto estava tornando impossível para ela levar uma vida normal. Ela não podia mais andar pelas ruas de Nova York, fazer compras ou sair para dançar nos clubes noturnos com amigos, ou sentar para jantar em um restaurante. Em todo lugar haveria o *flash* das câmeras e pessoas pedindo autógrafo. Ela sequer podia reclamar: tinha desejado tudo isso.

Ela tinha também se tornado objeto de ódio em certos meios, inclusive entre figuras de peso ofendidas por seus crucifixos "sacrílegos" e contas de rosário usados em um conjunto nada santo. Ela enfurecia essas autoridades ainda mais com seus ditos irreverentes, incluindo a gracinha notória dita para a *Penthouse* em 1985: "Crucifixos são *sexy* porque há um homem nu neles". Amenizando o que havia dito, ela contou ao escritor que os crucifixos em sua infância eram "uma

O visual de Madonna em "Virgin Tour" era deliberadamente provocativo, consistindo de sutiãs rendados usados sob tops diminutos frequentemente suspensos para proporcionar breves *flashes* dos peitos da Material Girl (página anterior). Em Gambler (abaixo), ela vestia um top preto sobreposto com colete, enquanto girava fazendo a dança do poste e rastejava por entre as pernas de seu guitarrista. A face do rock'n'roll nunca mais seria a mesma.

lembrança de que Jesus Cristo morreu na cruz por nós".

Poderia ser argumentado que o crucifixo, para Madonna, representava ambas as suas visões conflituosas sobre o Cristianismo – à parte o fato de ser um dispositivo brilhante e um trampolim para a publicidade.

Enquanto isso, a reputação de Madonna sobre ser cruel começou a crescer. Ela mais tarde comentaria: "Às vezes você tem que ser uma megera se quiser que as coisas sejam feitas..." e acrescentou: "Sou dura, ambiciosa e sei exatamente o que eu quero... se isso me torna uma megera, então tudo bem".

Acusada de ser "vagabunda" e "desprezível", Madonna observou que a sexualizada "fama de mau" dos astros de rock nunca se depara com tanta desaprovação. Em outra instância de desigualdade entre gêneros, ela se queixou de que teve de trabalhar duro até ser levada a sério pelos executivos da Warner, que não conseguiam aceitar que a loira desobediente e devastadora também tivesse um cérebro afiado e fosse terrivelmente ambiciosa.

Mas um insulto lhe caía pior do que qualquer outro. A polêmica ao redor de Madonna muitas vezes contribuía para obscurecer seus esforços mais sérios, e ela ficava furiosa ao ser categorizada como fogo de palha na mídia e entre alguns profissionais de seu selo. Anos mais tarde, ela ainda remoeria a afronta: "Todos concordavam que eu era *sexy*, mas ninguém achava que eu tinha algum talento, o que me irritava demais".

No fluxo de seu novo *status* de estrela, Madonna deixou Jellybean Benitez, entre contos de infidelidade por parte de Madonna. Jellybean descreveu a maior parte de seus problemas como uma "questão de ego, cara" e incompatibilidade de agendas, com ambas as carreiras em ascensão. Mais tarde, Madonna já voando mais alto, para o alto e avante, ele disse sobre a separação: "Fomos mudando como qualquer pessoa".

Jellybean foi outro dos chamados "namorados de carreira" de Madonna, mas ele, como os outros antes dele, não mostrou malícia em relação à sua antiga amada. Percebendo que a carreira de Madonna vinha antes de tudo para ela, parecia concordar com a teoria da estrela de que "Todos os homens em quem me apoiei para alcançar o topo... cada um deles me aceitaria de volta porque todos ainda me amam e eu os amo também". E elabora: "Se alguém realmente se interessar em saber... Nunca trepei com ninguém pra conseguir alguma coisa... Todos acham que sou ninfomaníaca, mas prefiro ler um livro".

Em 1984, Madonna aceitou um papel no filme *Procura-se Susan Desesperadamente*. Susan Seidelman tinha tido um instinto visceral ao contratá-la, mas contrariamente à publicidade sobre a amizade entre Madonna e Rosanna Arquette, a estrela do filme, houve tensão entre as duas conforme a fama de Madonna explodia durante as filmagens. Uma charmosa comédia do tipo "troca de papéis" ambientada em Nova York fazia rir com as confusões da dona de casa entediada vivida por Arquette, que bate a cabeça e acorda acreditando que é a sabida e itinerante Susan das ruas.

Rapidamente lançado em 1985 para capitalizar o enorme sucesso de Madonna, com *Into The Groove* na trilha sonora, realizou um dos grandes sonhos de Nonnie: tornar-se uma estrela de cinema. Ela foi durante toda a filmagem pontual e disciplinada no set. E o sucesso no papel é geralmente atribuído ao fato de, em lugar de interpretar, ter agido como ela mesma: uma brilhante e corajosa trapaceira rock'n'roll. Em uma cena, seu namorado Jimmy acerta no alvo com a fala: "Ela brinca com as pessoas".

Madonna sugeriu que enquanto ela própria era focada em sua carreira, sua personagem era alguém desenraizado, sem conexões com nada nem ninguém, mas acrescentou: "Dividi muito com Susan. Ela é um espírito livre, diz e faz o que quer. Faz da trapaça uma arte e não deixa ninguém saber quando está sendo trapaceado por ela".

Muitas das roupas usadas no filme eram dela própria. Madonna era imediatamente identificada com seu umbigo à mostra, os lenços amarrados ao redor da cabeça, as calças de ciclista, os tops transparentes usados sobre o indefectível sutiã preto, além dos usuais crucifixos, colares, brincos e pulseiras, incluindo os braceletes emborrachados feitos com partes de máquinas de escrever.

Ela consultou o departamento de figurinos, rejeitando suas ideias sobre roupas vintage. Finalmente acabaram concordando com as combinações: "Eu juntava peças, como se uma roupa fosse ser minha camisa, a saia deles, minhas meias, os sapatos deles".

O relacionamento entre Susana Arquette e Madonna foi reportadamente tenso durante as filmagens. Arquette ficou ressentida quando uma das novas demos de Madonna – um corte chamado Into The Groove – foi integrada à trilha do filme. "Disse a eles que se Susan se tornasse um videoclipe de duas horas promovendo Madonna, bem, eu não ia fazer parte dele", disse Arquette mais tarde.

SUSAN

Estilo Madonna 65

A imagem de Susan, em *Procura-se Susan Desesperadamente*, foi criada pela própria Madonna, que usou suas roupas e joias para o figurino de sua personagem. Em uma cena ela ainda usa uma jaqueta brasonada com MC – tidas como as iniciais de Magic Club, do filme. Mas muitos não deixaram passar o fato de que essas também eram as iniciais de Madonna.

Estilo Madonna

O Sonho Hollywood

O Que Madonna Diz Sobre Eles...

Ela emprestou de Dietrich, roubou de Minnelli e revisitou quase tudo o que Monroe tinha a oferecer.

De tempos em tempos ela presta homenagem às suas favoritas de Hollywood que amou desde garotinha – Brigitte Bardot, Grace Kelly e Ann-Margret – e a outros grandes nomes que a inspiraram ao longo de sua carreira: Greta Garbo, Bette Davis, Judy Holliday, Carole Lombard, Lana Turner, Deborah Kerr, Veronica Lake, Sophia Loren e Elizabeth Taylor, de quem se tornou amiga.

Mais recentemente, admirou o trabalho de Jessica Lange, Charlotte Rampling e Susan Sarandon (e em dança/coreografia, Martha Graham – "ela é sempre a predadora que alveja os homens") e teceu elogios para os diretores Bob Fosse, Martin Scorcese, Jamie Foley, Francis Ford Coppola, Roman Polanski e Mike Nichols.

Declarou que seus filmes favoritos são *Um Lugar Ao Sol*, *O Sol É Para Todos*, *O Paciente Inglês*, *Vidas Amargas*, *O Último Tango Em Paris*, *Casablanca*, *O Porteiro da Noite* e *A Força do Amor*.

Nos tempos de estudante, Madonna apreciou "o refinado programa de filmes" a que esteve exposta, incluindo o cinema francês de Jean-Luc Godard e trabalhos italianos de Pasolini, Visconti, DeSica, Fellini e Antonioni. Ela disse: "Com Pasolini há um êxtase religioso mesclado a êxtase sexual, e quando penso nos filmes de Visconti, sempre me sinto sexualmente confusa com respeito a eles".

O cinema, obviamente, trouxe influência sob todos os aspectos de seu trabalho, até mesmo nas canções. Ela disse que *Frozen* foi inspirada pelo filme *O Céu Que Nos Protege*, acrescentando que amou "toda aquela vibração de orquestra marroquina super-romântica com um homem carregando a mulher amada pelo deserto. Queria algo com um sentimento tribal, algo realmente exuberante e romântico".

Mas sempre há Marilyn. *"Marilyn Monroe foi meu primeiro ídolo do cinema"*, ela diz. *"Quando a vi e à Brigitte Bardot, quis pintar meu cabelo de loiro e usar sutiã de bojo pontudo..."*

E ela certamente conseguiu.

Aqui um pouco mais do que Madonna diz sobre a atriz que inspirou diretamente sua imagem.

Heroínas hollywoodianas (em sentido horário na página anterior) Liza Minelli, Elizabeth Taylor, Brigitte Bardot, Marlene Dietrich.

"Adoro me vestir como Marilyn Monroe. O estilo dos anos de 1950 é sob medida para um corpo voluptuoso."

"Adoraria ser uma figura memorável na história da indústria do entretenimento de uma forma tragicômica. Gostaria de deixar a impressão que Marilyn Monroe deixou, ser capaz de suscitar tantos sentimentos diferentes nas pessoas."

"Marilyn foi construída de algo não humano, e me identifico com isso. Sua sexualidade era algo que obcecava a todos, e também tenho a ver com isso. E havia certas coisas sobre sua vulnerabilidade sobre as quais me sinto curiosa e atraída...

... ela tem uma qualidade bela, frágil e infantil".

MATER

O visual de Madonna no videoclipe de *Material Girl* foi uma cópia direta de Os Homens Preferem As Loiras, com Marilyn Monroe (à direita). No set de gravação ela conheceu Sean Penn e, estranhamente, dizem que seu primeiro encontro foi uma visita ao túmulo de Monroe. Embora Madonna revisite e se envaideça das cenas inspiradas por sua musa, entre as tomadas a Marilyn ela aparece encarnando ela mesma, vestida com seu cinto Boy Toy e *lingerie* rendada.

Um *affaire* muito mais glamoroso foi o videoclipe de *Material Girl*, gravado no começo de 1985. Nele, Madonna aparece vestida como Marilyn Monroe, feito a garotinha apaixonada pelas estrelas de cinema que um dia havia sido, emocionando-se com velhos filmes em suas poucas horas permitidas de televisão. Novamente com a diretora Mary Lambert, a mesma de *Borderline* e *Like A Virgin*, Madonna reviveu a cena do clássico Os Homens Preferem As Loiras, no qual Marilyn Monroe abre seu caminho dançando *Diamonds Are A Girl's Best Friend*.

Com um elo lírico óbvio − e Madonna proclamando que deveria ser entendido ironicamente (um argumento nada convincente, em retrospectiva, embora ela termine com o "cara pobre" no videoclipe) − a estrela levou os aspectos visuais ao extremo, aparecendo em uma recriação do glamoroso vestido de baile rosa, com uma enorme cauda, luvas longas para noite, uma linda estola branca, joias de diamantes, cabelos encaracolados em tom loiro-mel, a maquiagem perfeitamente copiada... e um *flash* de um brinco de crucifixo na cena final, para que não nos esquecêssemos...

Assistindo à sua *performance* do set de gravação do videoclipe estava um homem interessado em conhecê-la: o Brat Pack encrenqueiro Sean Penn.

Nessa época, dizia-se que Madonna andara tendo breves romances com Prince e um músico chamado Tommy Quinn. Mas se sentiu tocada por algo de aventureiro impetuoso de Penn e começou um romance "montanha-russa" com o intenso e volátil ator.

Depois ela refletiria: "O que senti por ele naquele dia não sei dizer... só sei que o quis".

AL GIRL

As Celebridades

O Que Eles Dizem Sobre Madonna...

Mel C "Madonna praticava o Girl Power muito tempo antes de as Spice Girls estarem por aí. Decididamente, eu era uma das aspirantes. Usava o laço na cabeça, luvas sem dedo, meias estranhas com botas de cano curto e ainda tenho uma porção de crucifixos... *Express Yourself* é uma das coreografias que eu sei e amava dançar porque ela mostrava o sutiã e agarrava a própria virilha... ela dominava os rapazes. Seus videoclipes eram sempre perversos...

A primeira vez que a encontrei foi em Nova York, em 1998. Ela me convidou para jantar... Estava bem nervosa com a ideia de conhecê-la, mas ela tinha um jeito que me fez sentir muito à vontade em sua presença."

Kylie Minogue (à direita) "Gostaria de saber quanto custaria – um anúncio com os seios de Madonna? Seria caríssimo, fiquei realmente surpresa, chocada. É como ser abençoada pelo Papa...

A habilidade que ela tem de se manter ao logo do tempo e a força de suas convicções é algo incomum na música pop, na qual tudo é tão transitório. Ela mistura coisas que sabemos e entendemos e fabrica uma nova embalagem. Ninguém consegue fazer isso como ela. Ludibriados, ficamos pensando... Uau, isso é totalmente novo."

H, ex da banda Steps "Não pude acreditar que ela estava na mesma apresentação que nós no "Top Of The Pops". Ela esbarrou em mim no corredor e disse 'Oi'. Acho que há tempos não ficava tão emocionado como fiquei. Eu não conseguia falar!"

Faye, ex da banda Steps, no show da *Drowned World* em Londres: "Fazemos shows em lugares grandes e eles são bastante elaborados, mas então você vê uma coisa como essa e fica pensando, hummm. Tenho que tirar o chapéu para essa mulher. Este é o melhor show que já vi em toda a minha vida.

Ela está pondo menos ênfase em seu rosto desta vez. No passado, seu rosto e sua maquiagem eram sua identificação, sua marca. Agora parece que a imagem geral que se vê no palco é mais importante... É como se ela não precisasse mais daquela máscara...

Quando eu estava crescendo, Madonna era uma imagem clara de mulher forte. Agora ainda é alguém que as pessoas têm como ideal..."

Don McLean (acima), compositor e cantor original de *American Pie*: "Escutei a versão dela e achei sensual e mística. Também acho que ela estava escolhendo versos autobiográficos que refletem a história de sua carreira e personalidade... Recebi vários presentes de Deus, mas esta é a primeira vez que recebi um presente de uma deusa."

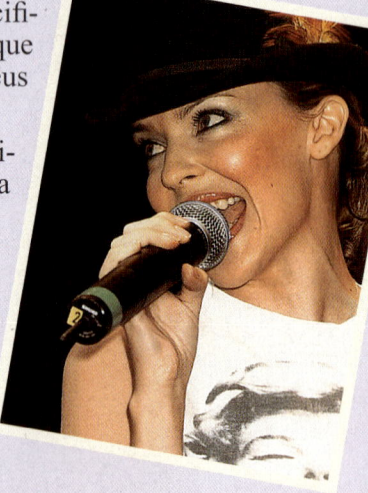

Britney Spears (à direita) "Sou fã de Madonna desde que eu era garotinha. Ela é a pessoa que tenho como modelo. É muito independente e não liga para o que os outros pensam, o que é algo poderoso para os adolescentes e as mulheres em geral... Gostaria muito, muito mesmo, de ser uma lenda como Madonna. Madonna sabe o que fazer a seguir e quando está cantando e dançando o público fica extasiado com ela... Sua coreografia definitivamente abriu as portas para as garotas irem em frente."

Bob Guccione, editor de *Penthouse*: "Um grande número de nus de Madonna apareceram de uma vez e fomos a primeira escolha de publicação. Vieram de diferentes fontes: professores e estudantes de fotografia, amadores e profissionais."

Cerys Mathews, ex da banda Catatonia "Tenho respeito por ela, suas composições mais recentes vêm do coração. Não gostava da voz de Madonna, mas ultimamente ela tem soado como quem tem alma".

Luciano Pavarotti (à direita) "É meu desejo (cantar com Madonna). Madonna tem uma ideia muito clara a respeito. Ela me prometeu vir se pudermos cantar juntos *Caro Mio Bene*."

Caprice, modelo, celebridade e estrela pop falida: *"Como artista você tem que evoluir – veja só Madonna".*

Usher "Posso dizer honestamente que uso a carreira dela como mapa para a minha. Admiro muito o fato de ela atuar, dançar, compor, produzir, possuir sua própria gravadora e ter uma grande carreira. E ela se tornou uma pessoa linda."

Kim Gordon do Sonic Youth "Madonna é tão forte, bonita e manipulativa. Tudo isso significa que ela compõe belas canções."

Martin Amis, escritor: *"Ela é um fenômeno pós-moderno autossuficiente... uma obra-prima de ilusão controlada".*

Debbie Harry "Ela deve ser uma pessoa agressiva por ter conseguido o que conseguiu. Suas letras não são 'Bata mais, eu gosto'. Estão mais para 'Vem pra cá, baby'. Ela é muito oportuna, pontual."

Lily Allen "Madonna é a pessoa mais superestimada da história do pop... Ela deve ter significado alguma coisa no passado, mas não conheço muita gente da minha idade que seja ligada nela."

Chrissie Hynde "Sean Penn me pediu para nunca assistir a *Surpresa de Shanghai*. Ele disse: 'Se você é minha amiga, não assista'. Então eu atendi ao seu pedido."

George Michael (à esquerda) *"Em muitos aspectos ela é uma artista pop perfeita."*

Lil'Bow Wow "Eu a acompanhei no Grammy neste ano (2001). Ela me ligou e perguntou se eu queria ir com ela. Quando alguém recebe um telefonema como esse, não precisa pensar duas vezes."

Gem Archer do Oasis, no show da *Drowned World* em Londres: "Eu não vim para ver quatro sujeitos pelados pendurados em cordas amarradas no teto."

Beverly Sisters "Quando éramos as Beverly Sisters, fomos expulsas pelos caciques da televisão por usarmos roupas ousadas há mais de trinta anos. Então, pode dizer à Madonna e ao restante deles que não descobriram o umbigo!"

J, ex da banda 5ive *"Ela não tem mais preocupações financeiras. Então, simplesmente aproveita o fato de estar viva."*

Jacqueline Stallone, mãe de Sylvester: "Madonna e Sean Penn tinham um jeito de quem estava precisando de um banho antipulgas quando os vi em um restaurante. As roupas dela eram surradas e ela estava sem maquiagem."

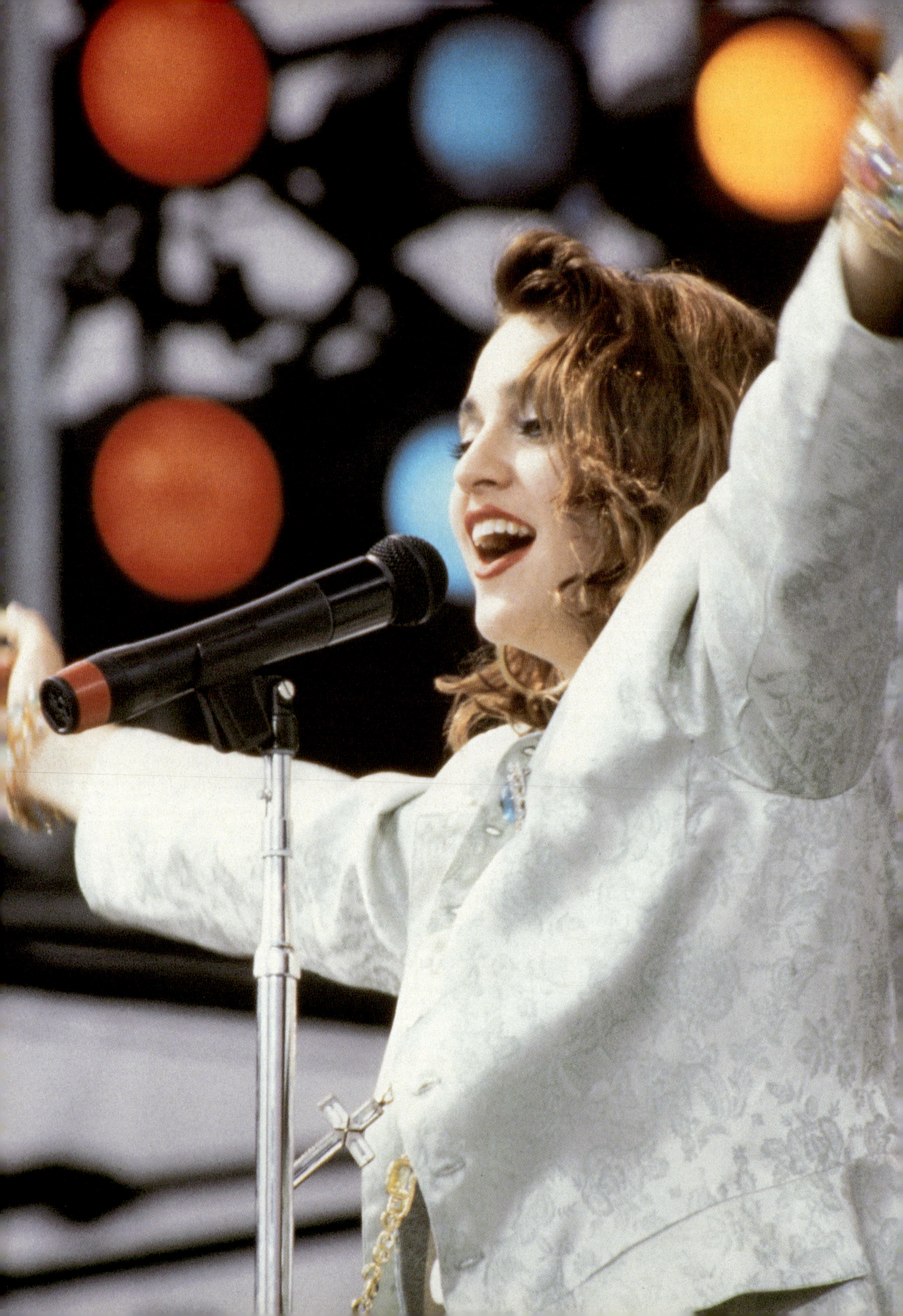

2: A REALIZAÇÃO
1985-1993

Era tempo de dizer adeus à primeira fase de sua carreira e à imagem vulgar que ela tinha vendido ao mundo.

Madonna estava a ponto de descobrir o poder das fantasias em oposição às roupas e começou a dominar a arte da reinvenção que, combinada à aptidão natural pela surpresa e ousadia, determinação férrea e a velha ética de trabalho, daria o tom de sua carreira no fim do milênio.

No final da triunfante turnê *Virgin*, Madonna teve que lidar com outra barreira de publicidade. Filmando em Nashville, Tennessee, Sean Penn cometeu sua primeira agressão contra fotógrafos quando Madonna foi visitá-lo. Receberia por isso uma sentença de suspensão por 90 dias e uma multa de 100 dólares pela contravenção.

Mal Madonna anunciou o noivado deles em Los Angeles, em junho de 1985, e a *Playboy* e a *Penthouse* irromperam nas bancas com dezenas de fotos de Madonna nua, compradas de fotógrafos para quem ela havia posado nos velhos tempos em Nova York: Bob Stone, Martin Schreiber e Lee Friedlander.

Seu embaraço resultou dessa exploração e de sua própria impotência frente à situação e não das imagens em si. Sem constrangimento, Madonna mais tarde posaria nua com um lençol – e muito mais estilo – para *Vanity Fair*, e levaria as coisas bem mais longe que a simples nudez em seu livro *Sex*.

Ainda chamuscada pela batalha dos nus publicados, uma Madonna mal-humorada apareceu no palco da Filadélfia do gigantesco concerto beneficente *Live Aid* em 13 de julho – posteriormente seria dito que ela foi a única artista a se comportar como uma prima-dona no evento. No palco, ela brincou com o público: "Não vou tirar merda nenhuma hoje!", em referência ao escândalo dos nus publicados. Ela mais tarde recordaria: "Decidi ser uma guerreira e funcionou. Foi a primeira vez que entendi a extensão do meu poder".

E efetivamente, a Madonna de cabelos castanhos parecia talvez um pouco vestida demais, com uma jaqueta de brocado sob um casaco longo, um top florido e uma calça solta com estampa de rosas. Como nunca, suas joias chamavam atenção: uma confusão de colares, incluindo um com o símbolo da Campanha para o Desarmamento Nuclear além dos obrigatórios crucifixos sobre o abdome nu e um grande broche dramaticamente espetado na lapela.

> Levando ao palco da Filadélfia do Live Aid, em julho de 1985, apenas uns poucos dias depois de seus primeiros nus serem publicados na Playboy e na Penthouse, uma nova Madonna morena que desafiou as expectativas aparecendo toda agasalhada ao sol de verão. "Não vou tirar merda nenhuma hoje", ela disse ao público. "Podem me culpar por isso daqui a dez anos."

"Não vou *tirar* merda nenhuma *hoje!*"

Em meio a outra controvérsia – o lançamento do filme de Stephen Lewicki, *Um Certo Sacrifício* – e seu perfil profissional em alta, ela se casou com Sean Penn em 16 de agosto, seu aniversário, em meio a cenas inéditas de determinação por parte da mídia. Apesar das elaboradas tentativas do casal para manter os detalhes em segredo, helicópteros sobrevoaram o enlace matrimonial enquanto Sean Penn os alvejava com uma pistola, e fotógrafos eram expulsos de seus esconderijos nos jardins da mansão em Malibu do amigo Kurt Unger, onde o casamento tomou lugar em uma falésia.

As famílias, os amigos e membros da elite de Hollywood tiveram seus adornos soprados pelas hélices dos helicópteros enquanto Madonna fazia seus votos em um vestido de contos de fada, um tomara que caia de corte baixo assinado por Marlene Stewart. A saia, feita de camadas de tule e uma faixa de seda rosa, foi decorada com joias e flores artificiais. Para completar os esforços de Marlene no sentido de "um quê de anos de 1950, algo que Grace Kelly teria usado", Madonna finalizou o traje com um véu acoplado a um chapéu coco preto.

Os "Penns envenenados" como eles logo se tornaram conhecidos, coestrelaram no filme universalmente criticado, *Surpresa de Shanghai*, produzido pela produtora Handmade de George Harrison e que seria descrito como "um dos piores filmes já feitos". Foi um papel para o qual Madonna atenuou sua aparência, inspirada novamente por Monroe, com seu cabelo loiro-dourado ondeando até os ombros, vestidos no estilo dos anos de 1930 e as joias exageradas guardadas no armário.

Não foi coincidência que o negócio de varejo de Maripol tenha ido à falência logo depois.

Madonna usou esse look no videoclipe de *Live To Tell*, acenando para a chegada do novo álbum, *True Blue*, composto quase todo por ela e parceiros musicais e, com a confiança crescente, também o coproduziu com seu ex-namorado Stephen Bray e o tecladista Pat Leonard.

Mostrando claramente que ela via a si mesma mais como uma criação tecnicolor do que uma cantora pop, Madonna explicou: "Geralmente na música pop as pessoas têm uma imagem. Você é classificado. Tenho sorte o suficiente para ser capaz de mudar e ainda ser aceita. Se você pensar sobre isso, é o que se faz no cinema; interpreta-se um papel, muda-se o personagem, visuais e atitudes. Acho que faço a mesma coisa para divertir a mim mesma".

E então ela cortou o cabelo. Apareceu loira, com fios bem curtos e repicados com franja para o videoclipe de *Papa Don't Preach*, lançado em junho de 1986 com o álbum. Madonna parecia jovem, quase um garotinho, natural, sem a velha maquiagem teatral. Em vez disso, olhos levemente sombreados e um tom sutil nos lábios.

Ela disse à *Vanity Fair:* "Obviamente, se você gasta alguns anos usando roupas e mais roupas, além de toneladas de joias, e isso lhe leva a estar sempre preocupada em se vestir e seu cabelo vai ficando longo e esquisito, então cresce a vontade de se despojar de tudo e cortar o cabelo para se aliviar um pouco".

Apresentada por Beth Midler como "uma mulher que se ergue içando a si própria pelas alças do sutiã e que ficou conhecida por deixá-lo cair de vez em quando". Mais tarde Madonna admitiria "antes de subir ao palco, pensei 'eu não consigo fazer isso'. Mas apesar de inseguranças pessoais, Madonna fez um ótimo show. "Foi a primeira vez que realmente entendi meu poder".

LIVE AID

> "Ajo *por* instinto, *como um* animal... *Essa* imagem *tinha que ser cuidadosamente* limpa."

E ela acrescentou: "Ajo por instinto, como um animal... Essa imagem tinha que ser cuidadosamente limpa".

O videoclipe mostra Madonna usando jaqueta de couro combinada com jeans de diversas formas, um top listrado, uma camiseta e uma saia rodada no estilo dos anos 1950, embora na dança ela prometa algo um pouco mais picante para o futuro. Com cabelos curtos e encaracolados, lábios vermelhos e os olhos brilhantes, delineados e coloridos, ela se movimenta tentadoramente em calças de pescador pretas hiperjustas, um cinto largo e um bustiê. Não sabíamos então, mas foi o começo da moda dos espartilhos e grandes sutiãs!

A camiseta com a legenda "italianos fazem melhor" tornou-se um item de Madonna instantaneamente reconhecido, ressuscitado por Dolce & Gabbana em 2000 em uma coleção inspirada pela figura de Madonna ao longo dos tempos. Seu gosto por mensagens estampadas nas roupas segue uma linha direta desde os tempos da arte grafite e o *slogan* "Boy Toy" até a moda das camisetas personalizadas que ela reativou em 2000.

Com "italianos fazem melhor" ela estava celebrando tanto sua própria identidade quanto a queda por um certo tipo de homem, tendo frequentemente feito declarações como "Gosto de pele, lábios e homens latinos... Acho que muito do meu sangue quente e temperamento apaixonado é italiano. Gosto de homens taciturnos, de temperamento rude. Homens italianos gostam de dominar e às vezes gosto de fazer a submissa".

Estilo Madonna

O uso da expressão "de fazer a submissa" explica muita coisa e é típica. Como uma canção de sucesso, *Papa Don't Preach* provocou agitação com sua história sobre uma garota grávida que opta por ter o bebê. Embora Madonna não tenha escrito a música, ela a via como um simples conto sobre "uma garota que está tomando uma decisão em sua vida.".

Cansada da joalheira e da maquiagem pesadas, Madonna idealizou o videoclipe de *Papa Don't Preach*, lançado em junho de 1986, revelando uma nova imagem elegante, que lhe emprestava ares jovialmente masculinizados (abaixo). Falando ao *New York Times*, ela descreveu seu novo visual como "muito inocente e feminino e despojado. Me faz sentir bem". O videoclipe controverso também pagou tributo às suas raízes italianas (próxima página) por meio da camiseta atrevida que, justificadamente, vendeu muito bem na Itália.

PAPA

DON'T

Madonna fez o papel da doidinha, mas descolada Nikki Finn em Who's That Girl, adotando uma imagem meio Betty Boop, meio Marilyn Monroe (à direita). O filme foi criticado, a própria Madonna disse em fevereiro de 2000: "Acho ele todo bem ruim". Para a capa de *La Isla Bonita* (à direita, na próxima página), Madonna flertou com uma imagem hispânica, completada com o bolero de toureiro. As fotos seriam usadas na turnê de promoção do álbum *Who's That Girl* e para o álbum remix de *You Can Dance*, lançado em novembro de 1987.

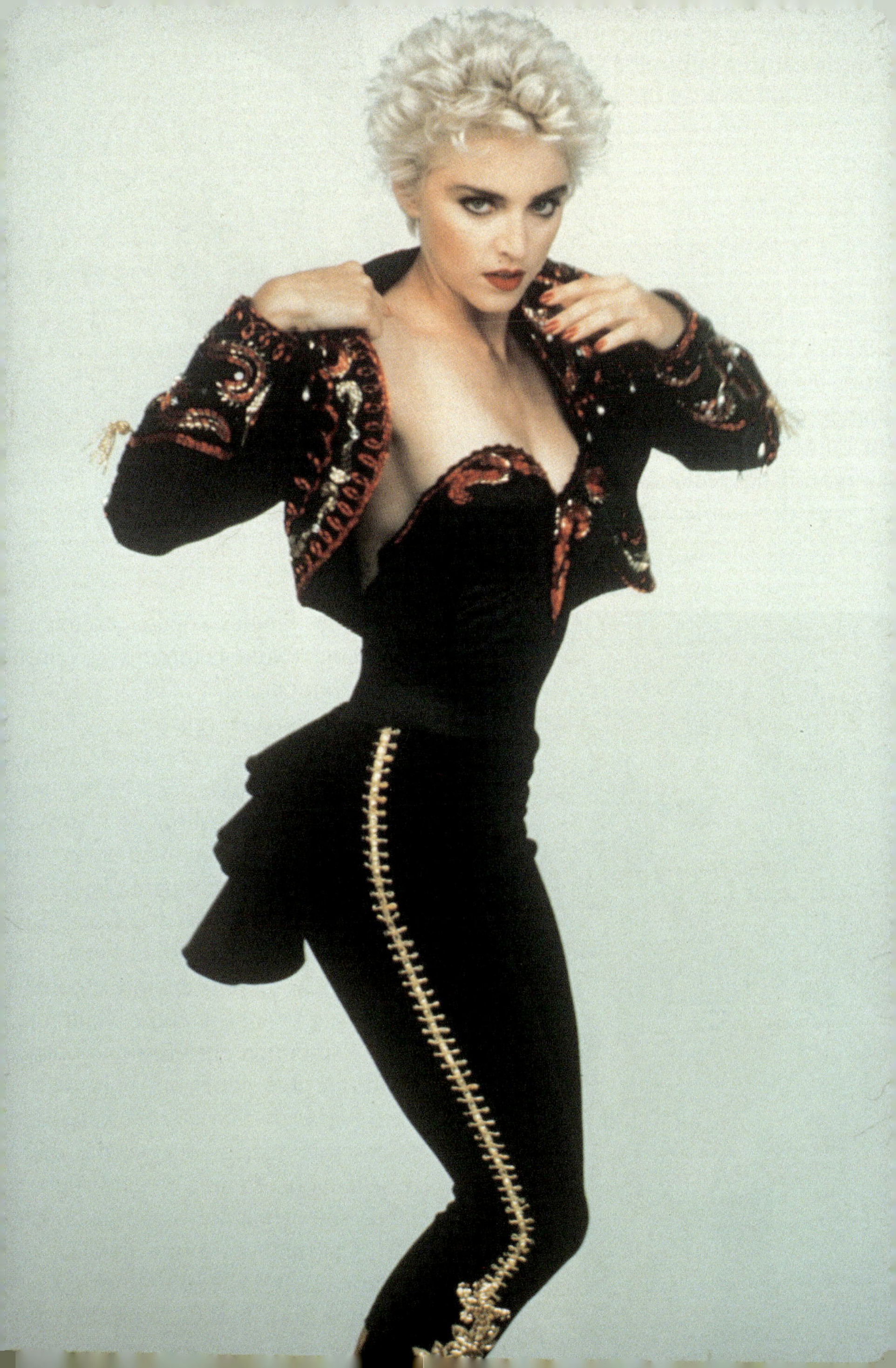

82 Estilo Madonna

> Embora *Who's That Girl* (página seguinte) não tenha sido recebido com muito entusiasmo, a turnê mundial que o acompanhava foi uma sensação de ingressos esgotados. Madonna atraiu manchetes meramente por praticar jogging (abaixo), enquanto camisetas estampadas com a imagem da cantora (à direita) foram vendidas a uma estimativa de uma a cada seis segundos.

Ninguém estava mais horrorizado que Madonna quando grupos pró-vida aplaudiram a letra e feministas a tomaram como ofensa, ambos acreditando que ela tomava partido contra o aborto. Em outra interpretação, promotores de campanhas moralistas reclamaram que ela encorajava a gravidez adolescente. "Não tenho nenhuma bandeira para erguer", argumentou Madonna. "Só quis tornar essa garota uma personagem simpática."

Ela parecia igualmente vital no videoclipe de *True Blue*, trazendo de volta a cultura jovem rock'n'roll dos anos 1950, mas sua próxima criação – um peepshow de *streaptease* – causou sensação. Contorcendo-se extravagantemente ao redor de uma cadeira para *Open Your Heart,* evocando Marlene Dietrich e Liza Minelli, ela uniu ao seu nome o modelo da fantasia sexual; o tipo pelo qual as garotas de hoje escolheriam para ir a uma festa a fantasia como Madonna.

Espremida em um maiô-corpete preto drapeado de dourado, com bojo de cone decorado com borlas de Marlene Stewart, cintilantes luvas pretas três-quartos em preto e dourado e meias arrastão, ela tira uma elegante peruca negra revelando seu cabelo loiro platinado.

Caprichosa como nunca, ela finalmente desarma a atmosfera altamente carregada do videoclipe com humor, dançando fora do prédio e a distância com um garotinho apaixonado. O videoclipe, dirigido por Jean Baptiste Mondino, também marca o primeiro de Madonna com uma

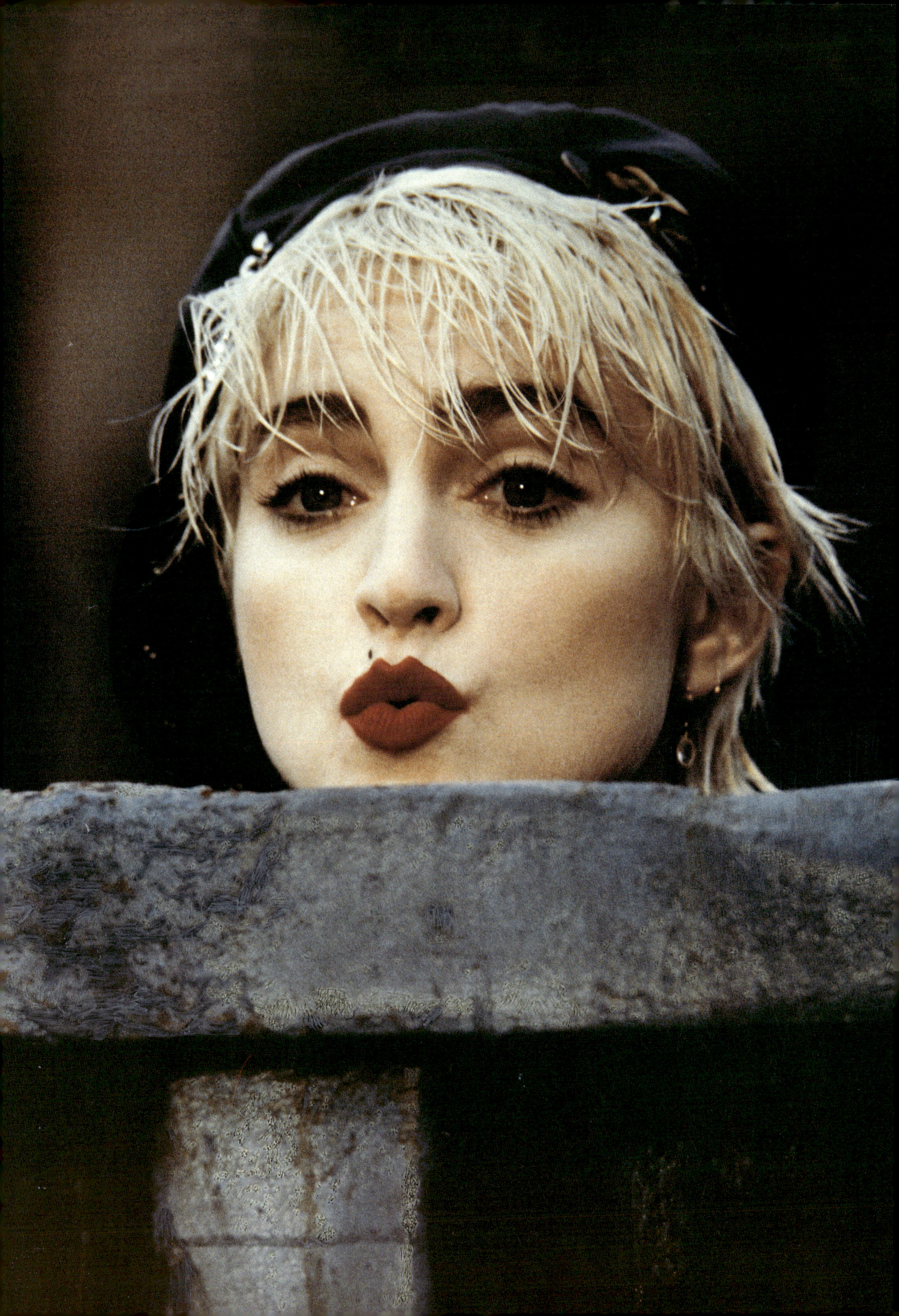

representação de homossexualidade – uma fascinação recorrente – com um casal de marinheiros visto em um dos estandes mostrados.

Madonna estabeleceu outro tema favorito, a dançarina espanhola, em seu próximo vídeo promocional para *La Isla Bonita*, em março de 1987. O trabalho também incorpora uma vertente religiosa por meio de sua personagem, vestida com uma peça justa e alongada que tanto pode ser roupa de baixo como um vestido, dedos envoltos nas contas de um rosário e um crucifixo, olhares emoldurados pelo cabelo castanho-claro penteado para trás em uma banda tocando na rua, a personagem imaginando a si mesma como uma dançarina em um esfuziante vestido vermelho de flamenco.

A vida novamente imitou a arte, e o visual latino apareceu nas lojas na forma de boleros e saias em camadas.

As curvas femininas de Madonna estão firmes e atualmente são ainda mais definidas. Ela estava em "excelente condição física" quando fazia aulas de aeróbica no centro de saúde The Sports Connection, em Hollywood, antes de seu casamento com Sean, de acordo com seu empresário John McCormick. No clube, o comportamento arrogante da "Megera Materialista", como foi apelidada, não a tornou querida pela clientela.

No verão, quando ela iniciou a turnê mundial *Who's That Girl*, contratou um personal trainer e sua rotina diária incluia corrida, levantamento de peso, dança, ginástica, trampolim, natação ou bicicleta. Sempre comia comida vegetariana com muita proteína e carboidrato e evitava o sol.

Quando vista casualmente, estava geralmente vestindo calças de corrida, tênis de corrida, camiseta, boné de beisebol e óculos escuros.

A turnê era parte de um projeto que também envolvia um filme, o fracasso *Who's That Girl* e o álbum da trilha sonora. Coestrelando com Griffin Dunne, Coati Mundi e um puma vivo, Madonna e o diretor Jamie Foley tinham grandes expectativas em relação a essa comédia pastelão, na qual Madonna interpreta uma presidiária chamada Nikki Finn, composta com elementos de Marilyn Monroe e da atriz Judy Holliday, e usava uma variedade de tutus e sainhas de babados sobre suas meias arrastão. O público americano manteve-se apático e a imprensa, mordaz.

A turnê, no entanto, foi um grande sucesso. Envolvida de perto em cada detalhe de seu planejamento, Madonna caiu na estrada com apoio da banda britânica de funk Level 42, além de uma extravagância de alta-escala formada por uma trupe que envolvia três cantoras de backing vocais, um time de dançarinos e uma sucessão de trajes para trocas relâmpago ao longo do show.

O cabelo loiro de Madonna estava crescendo, e suas ondas macias faziam contraste marcante com as linhas firmes, quase duras, da maquiagem de seus olhos e batom, dirigida pela amiga Debi M.

Colaborando com Marlene Stewart nas roupas, Madonna expandiu a ideia de levar para o palco os personagens mais populares de seus videoclipes, retrabalhando cenas de *True Blue*, *Papa Don't Preach*, *La Isla Bonita*, em que usava um vestido de babados e contas, no estilo espanhol e *Open Your Heart*. Esta última canção interpretada com a estrela vestindo o memorável maiô preto com borlas, pespontos dourados e nervuras, e meia arrastão, enquanto Chris Finch, aos 13 anos, faz o papel do garoto. O mesmo blazer de lamê dourado foi usado nas apresentações de *White Heat* e *Causing a Commotion*.

No caso de alguém ter levado Madonna muito a sério ou imaginado que ela se levava muito a sério, a estrela se certificava de que o show teria momentos de humor.

Em uma cena divertida em sua tradição das roupas estampadas com mensagens, ela mandou a frase "You can dance" em um casaco usando a letra "U", uma lata (*can* em inglês) de sopa e a palavra "dance" nas costas.

E ela se divertiu regiamente na roupa mais ridícula da história da humanidade, aparecendo como uma grotesca Dame Edna Everage com um chapéu enfeitado com frutas artificiais, flores e penas, óculos asa de morcego com joias e armação pesada e preta, uma saia de babados vermelha e um corpete totalmente coberto com objetos – de bonecas a relógios. Ah, sim, e meias arrastão. E calcinhas com a inscrição KISS atrás. Excepcionalmente para Madonna, o traje estava mais para ridículo do que bem-humorado, mas assim vestida ela cantou *Dress You Up, Material Girl* e *Like A Virgin*.

A turnê foi memorável para Madonna em mais de um sentido. Em Turim, ela pôde conhecer Amelia, sua prima italiana, e sua família. Sua tia-avó Bambina disse sobre Madonna: "No meu tempo não nos comportávamos desse jeito". Mas apesar de querer abraçar sua parente famosa, Bambina, que estava doente, não pôde ir a Torino.

Estilo Madonna

O Que Eles Dizem Sobre Madonna...

A História dos Dançarinos

Chris Finch tinha apenas 13 anos quando foi tirado da obscuridade para dançar com Madonna em sua turnê Who's That Girl em 1987. Ele compareceu no teste para o papel do menino com quem Madonna dança no videoclipe Open Your Heart. Trazendo o enredo para o palco, ela precisava de um jovem dançarino para participar de seu peepshow.

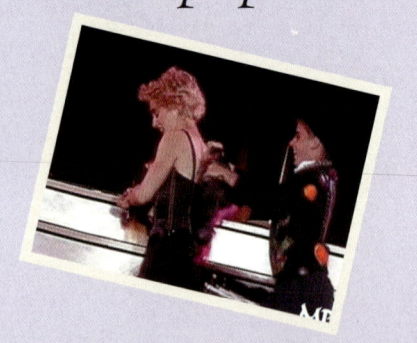

Na época, os amigos de Chris eram todos ardentes admiradores de Madonna. Ele era um convertido mais recente, que havia visto a luz com o lançamento de *True Blue*. Mas quando Chris, de Anaheim, Califórnia, começou a trabalhar com Madonna, tornou-se – e ainda é – seu maior fã.

Perguntado sobre o que há de tão especial sobre ela, o homem que beijou Madonna todas as noites por meses, no palco, explica: "Como pessoa, há algo que a afasta de todos. Estava com ela todos os dias na turnê. Minha suíte no hotel era ao lado da dela. Tínhamos uma conexão especial. Ela era muito legal – foi sempre como se fôssemos velhos amigos. Madonna queria manter tudo tão saudável quanto o possível para mim".

Para este fim, ela arranjou para que sua mãe e um tutor viajassem com ele durante a turnê. Mas as lições que ele aprendeu com Madonna estão entre as mais valiosas de sua vida. "Madonna e Sean Penn eram como pais substitutos. Os dois deixavam o que estavam fazendo por mim. Ela era como uma segunda mãe. Aprendi mais com ela do que na escola. Ela me disse para fazer coisas que deixam você mais feliz. E tinha mais – se for fazer alguma coisa, dê tudo de si. Não faça nada mais ou menos. E sabe do que mais? Tudo isso me tornou um artista melhor".

Chris é rápido para defender Madonna contra alegações feitas em livros sobre seu comportamento nessa turnê. "Li recentemente que Madonna era algum tipo de monstro, que não falava com a equipe ou com os dançarinos e que não era permitido que olhássemos para ela fora do palco. Quero

"...seus melhores movimentos não acontecem quando ela está no palco, mas quando ela se solta na pista"

dizer a você que isso é falso. É tudo mentira. Ela não é nada assim. Não teve momentos de diva. Madonna falava com todo mundo, fez amizade com todo mundo. Foi como ter uma segunda família."

A dança de Chris e a habilidade de aprender as coreografias rapidamente impressionaram tanto Madonna que ela o convidou para dançar em outras músicas também. Mas *Open Your Heart* carrega uma lembrança especial, especialmente porque era o primeiro número. Chris, portanto, abria o show como um jovem determinado tentando achar seu lugar no peepshow. Ele lembra-se: "Ser o primeiro a pisar no palco em frente a uma multidão de 65 mil pessoas e ouvir os gritos era eletrizante. Era melhor que sexo. Melhor que drogas. Eu também me divertia muito fazendo *Into The Groove* e *Holiday*".

Como símbolo de seu agradecimento, Madonna presenteou Chris com o famoso bustiê que ela usou em *Like A Virgin*. "Ele é bem maluco", ele ri. "Tem olhos arregalados no lugar dos mamilos".

Mas de todas as roupas usadas por Madonna na turnê, a favorita de Chris é o legendário bustiê preto de *Open Your Heart* com seus bojos em forma de cone e borlas. Ele também se lembra afetuosamente da combinação de calça e bustiê vermelho de lantejoulas que ela usou em *Holiday*. "Ela tem um belo corpo", disse Chris, que estava com Penn quando ele comprou um conjunto de sutiã e calcinha com pintas de leopardo para Madonna. "Qualquer coisa que ela vestia lhe caía muito bem."

Ele fala sobre como ela conquistou o mundo: "Ela tem muita determinação. É perfeccionista. Está sempre por cima. Dá tudo de si e espera que todos façam o mesmo. É uma artista incrível seja no palco ou fora dele – seus melhores movimentos não acontecem quando ela está no palco, mas quando se solta na pista".

"Qualquer tipo de gente pode curtir sua música. E ela é maior que a vida. A controvérsia que cria... sua vida é como uma boa série televisiva. Todos querem assistir."

Chris dançou no filme *I'll Do Anything*, mas se aposentou da dança com apenas 16 anos, declarando: "Foi algo que eu nunca planejei fazer. Simplesmente aconteceu".

Em 2001, com vinte e tantos anos, Chris foi produtor associado de Rick Dees Morning Show, cotado como Número Um da parada Top Forty de programas radiofônicos. Ele também atuou em produções shakespearianas no LA Theater Center e estava compondo e cantando para um projeto musical solo.

Chris Finch era parte integrante das coreografias, incluindo as de *Open Your Heart*, *Like A Virgin* e *Holiday* da Turnê Mundial *Who's That Girl*. As sequências de movimentos de danças teatrais da turnê estabeleceu o padrão que mais tarde desaguaria na maravilhosa coreografia da turnê *Blond Ambition*, de 1990, mostrando o amor inato de Madonna pela dança. Madonna contorce o corpo em *frenesi* (acima) em 1989, no LA APLA Danceathon.

WHO'S

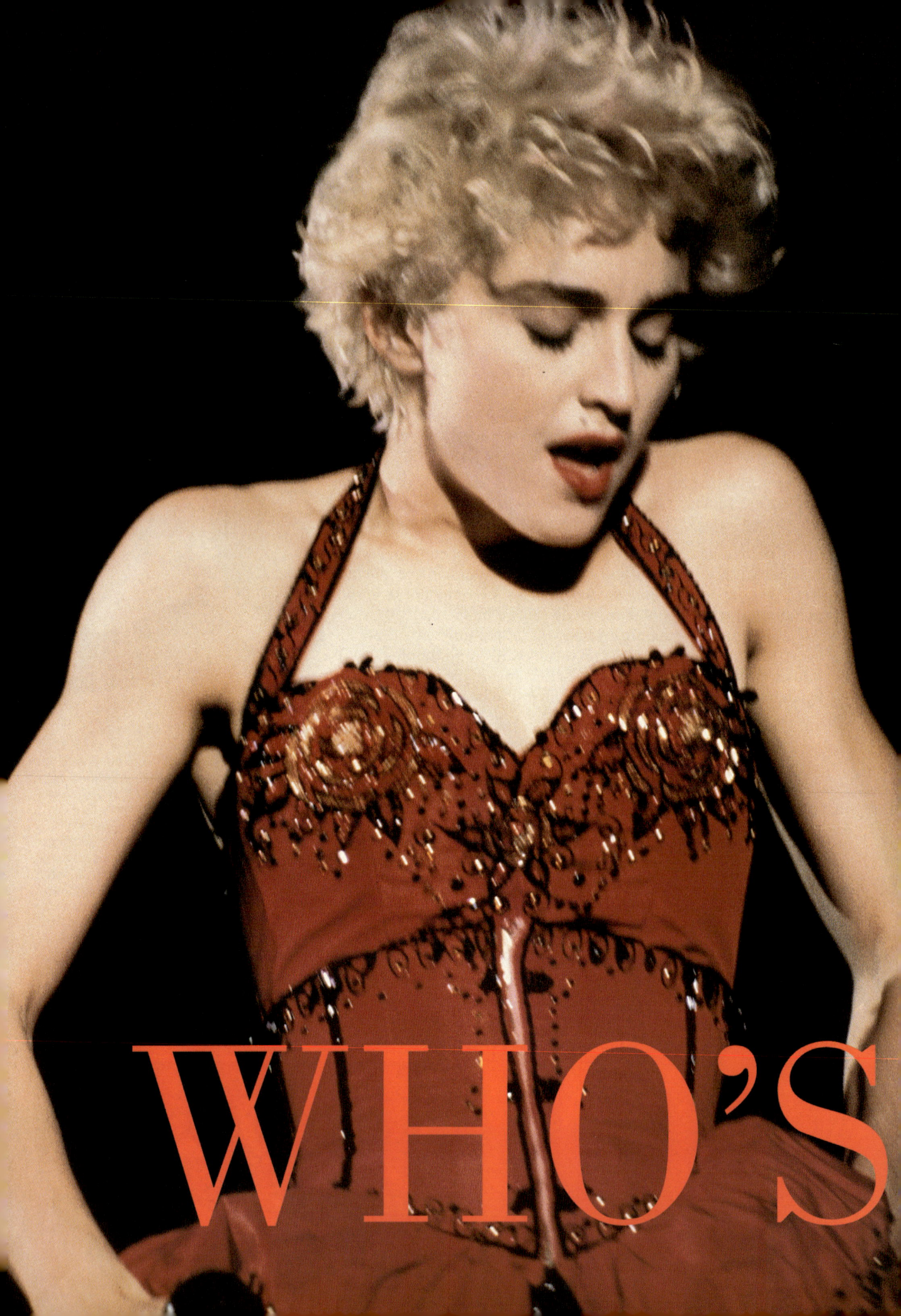

THAT G

A personagem de palco da turnê *Who's That Girl* era moldada por roupas inspiradas nas culturas hispânica e americana, bem como em um guarda-roupa que tinha tudo a ver com Dame Edna Everage.

Aparecendo como uma grotesca Dame Edna Everage com um chapéu enfeitado com frutas artificiais, flores e penas, óculos asa de morcego com joias e armação pesada e preta, uma saia de babados vermelha e um corpete totalmente coberto com objetos

T GIRL?

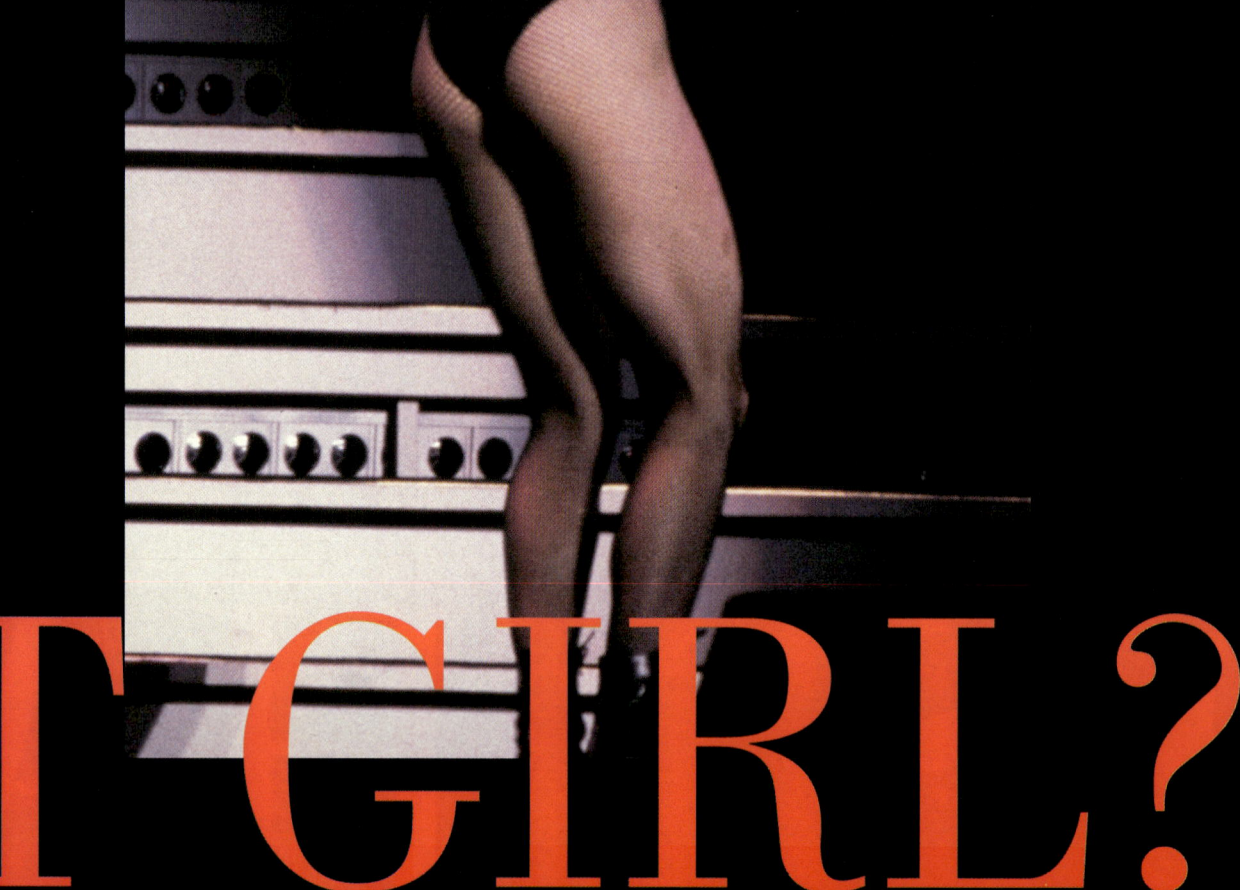

A turnê *Who's That Girl* também ofereceu uma visão antecipada de Madonna vestindo um maiô com bojo pontudo, embora nesse estágio o sutiã com borlas de seu espartilho estivessem mais para flerte do que ameaça. Ela seguiu uma rotina severa antes de embarcar em sua turnê de ingressos já esgotados e estava feliz de mostrar sua nova e tonificada forma física.

A turnê *Who's That Girl* foi vista ao vivo por um público estimado em dois milhões de pessoas em três continentes, suscitando tamanha atenção que quando os primeiros shows japoneses foram cancelados graças a uma tempestade, tropas foram chamadas para controlar um motim causado por 28 mil fãs.

"Ele é o cara mais legal do Universo"

Bustiês, espartilhos, sutiãs, colantes, meias arrastão e pele nua... com o conceito de *lingerie* usada como roupa para ser vista pegando no mundo inteiro. E as mulheres jovens estavam finalmente livres de terem que usar sutiã branco sob blusa branca e nunca deixar as alças

O relacionamento de Madonna com Sean Penn esteve no foco dos paparazzi em 1988, quando cenas violentas entre Penn e a imprensa (abaixo) tornaram-se comuns. O flerte público de Madonna com a comediante Sandra Bernhard não ajudou nem um pouco. Vistas aqui (à direita) no evento de caridade Don't Bungle The Jungle, na Brooklyn Academy Of Music, em junho de 1989, a dupla cantou I Got You Babe, antes de dizer ao público para acreditar nos rumores.

aparecerem. Madonna tinha se tornado uma líder da moda, uma deusa do sexo, uma rainha do *glamour* e a Marilyn Monroe das garotas modernas, embora com quase nada da fragilidade de Marilyn, a quem ela considera "vítima".

Com o álbum Número Um *True Blue* vendendo milhões no mundo inteiro, louvado pelos críticos por sua arte, força e versatilidade, com moradias em Nova York e Los Angeles e com um marido que ela descreveu na dedicatória de seu álbum como "o cara mais legal do mundo", parecia que a *material girl* tinha conseguido tudo o que queria.

Mas 1987 testemunhou a deterioração de seu relacionamento com Sean Penn. Seus violentos ataques de cólera, normalmente detonados pela intrusão da imprensa e uma possessividade aguda em relação à sua esposa paqueradora, tinham sido constantes no casamento desde as hostilidades em *Surpresa de Shanghai*. O casal vinha brigando em público em alto e bom som.

Madonna era alguém que entendia e manipulava a média. Era conhecida por alertar a imprensa sobre seus vai e vens, não pensava duas vezes em tirar vantagens de uma boa oportunidade para uma foto, e tinha posado em vestidos glamorosos para revistas bem cotadas como *Vogue* e *Vanity Fair*. Havia inclusive quem dissesse que ela apreciava o caos que se tornara seu casamento.

Sean, por seu lado, era ainda mais zeloso de sua privacidade, pela qual lutava com unhas e dentes, algo que Madonna descrevia como "nada divertido". Em junho de 1987, ele foi preso depois de violar sua liberdade vigiada atingindo um extra com a câmera no set de filmagem de *Cores da Violência* e dirigindo além do limite de velocidade. Ficou preso um pouco mais de um mês.

O casal esteve separado na maior parte do tempo em 1988, com Sean na Califórnia e Madonna em Nova York, onde abriu em maio no Royale Theatre *Speed The Plow*, a peça de David Mamet, usando um terno comportado, com o cabelo novamente castanho avermelhado. "Eu insisti feito uma filha da puta", disse Madonna sobre a campanha obsessiva que fez pelo papel.

Este não fez muito por sua reputação de atriz e ela acabou achando o papel deprimente, mas a presença de Madonna foi vendida apenas pela força de seu nome. A imprensa, no entanto, tinha a atenção voltada para outros assuntos, como seus romances com John Kennedy Jr. (cuja mãe, Jackie, teria supostamente sabotado o relacionamento), com o astro veterano Warren Beatty, o modelo transformado em cantor Nick Kamen e, controversamente, a comediante bissexual Sandra Bernhard.

Madonna, Bernhard e a atriz Jennifer Grey dublaram "Snatch Batch", e teriam se embriagado em bares de lésbicas usando tops-arrastão, tops curtos, sutiãs cintilantes e jeans pintados com motivos florais, com Madonna e Sandra deliciadas em suas frequentes demonstrações de intimidade.

Juntas fizeram uma aparição bombástica no famoso show de David Letterman, vestidas identicamente com jeans pescador, camisetas brancas, meias soquetes e sapatos pretos.

Milhões de telespectadores assistiram enquanto elas gargalhavam, recostadas no sofá de forma bem masculina, pernas abertas, com Sandra declarando que tinha ido para a cama com Penn e Madonna juntos.

Madonna e Sandra têm desde então negado que já tenham sido mais que amigas. Mas fosse qual fosse a verdade, Madonna sempre gostou da cultura gay e do choque de valores que seus flertes com o lesbianismo provocavam. Para ela, dar a entender uma ligação sexual com Bernhard era antes de tudo uma oportunidade, mas isso enfureceu Sean Penn. A essas alturas, sua mulher tinha decidido que as coisas tinham chegado ao fim.

Em 28 de dezembro, ele irrompeu na casa deles em Malibu e, de acordo com a imprensa, amarrou Madonna em uma cadeira, aterrorizou-a e a deixou lá, desamparada, por horas, antes de retornar para abusar dela novamente.

Ela começou o ano de 1989 pedindo o divórcio, deixando a sugestão de que Penn, amigo das bebidas, tinha servido ao seu propósito de abrir as portas do mundo do cinema para Madonna.

Estilo Madonna

O Que Madonna Diz Sobre Eles...

Seus Colaboradores

Alek Keshishian (à direita) diretor de vídeo, filmou *Na Cama Com Madonna*: "Com Madonna, não há nada que a faça com que cancele seu dia. Ela tem a mesma disciplina quer esteja bem ou não. Mesmo que tenha recebido o telefonema mais desastroso ou tenha tido uma péssima noite, faz ioga todas as manhãs. Não há quase nenhuma autodestrutividade nessa mulher".

Björk (à esquerda) cantora e coautora de *Bedtime Story*: "De um modo que foi mais um pequeno presente meu para Nellee (coautora/produtora), mesmo assim respeito Madonna. Provavelmente ela é uma das pessoas que mais respeito no mundo, e se houvesse alguém a quem gostaria de dar um pequeno presente, ela seria uma delas...

Na vida cotidiana, é como se ela ignorasse seu subconsciente, por mais bobo que isto possa soar. Tentei evitá-la ao máximo. Gosto dela, mas ela parece ser uma mulher obcecada por coisas materiais. Não posso tolerar o universo do qual ela se cerca. Teria preferido esbarrar nela em um bar por acidente sem nem mesmo saber tratar-se de Madonna".

William Orbit, coprodutor de *Ray Of Light* e *Music:* "Acho que você pode resumir Madonna como 'espere o inesperado'. Ela se inscreve em toda a noção de manter o público interessado, em se manter em constante mudança, desenvolvimento. Pode ser muito difícil trabalhar com ela porque seus padrões são muito altos, mas também é fácil porque ela é muito talentosa... Nas vezes em que eu estava pronto para rastejar até minha casa, exausto (ela costumava dizer) 'Você vai poder dormir quando estiver morto'".

Stuart Price, britânico, diretor musical, tecladista e guitarrista da turnê Drowned World, coprodutor de *Confession On A Dance Floor* e "professor" de rimas na gíria *cockney*: "Ela é muito sarcástica. Quando estou com americanos, sempre parto do princípio de que há uma grande diferença de humor. Normalmente se você for por uma linha sarcástica, os americanos ficam achando que você está falando sério. Mas Madonna, não, ela entra totalmente na coisa... Ela sabe usar a gíria londrina que rima as palavras".

Ricky Martin (à direita), cantor pop latino, em seu dueto com Madonna – *Cuidado Con Mi Corazon*: "Trabalhar com Madonna foi uma bela experiência. Quer dizer, ela afetou minha vida no quesito música de um modo muito positivo... Ficar trancado em um estúdio com ela, gritando um pouco, sabe, fazendo música é algo que adoraria fazer novamente... Ela gosta do som latino, ela é energética, eu sou energético, então vamos fazer alguma coisa! Ela se saiu surpreendentemente bem cantando em espanhol.

Herb Ritts, fotógrafo desde as fotos para o pôster de *Procura-se Susan Desesperadamente*: "Primeiro ela andou em seu estilo Boy Toy e acabamos tirando fotos imediatamente. Temos trabalhado juntos desde esse momento. Fiz esta em 1990, nesse velho teatro caindo aos pedaços. Ela tinha acabado de se trocar quando essa foto foi tirada e estava rindo, e foi maravilhoso porque ficou a cara dela. Era uma tarde diferente porque estávamos apenas fotografando por fotografar. Não era como se estivéssemos trabalhando, estávamos apenas curtindo".

Laura Mercier, artista maquiadora: "Madonna é linda sem maquiagem e tem um tipo de rosto mágico e estrutura facial com que as modelos sonham.

Originalmente não queria trabalhar com ela porque achava que devia ser uma pessoa muito egoísta. Mas depois que ela me pediu três vezes aceitei e a achei inteligente, organizada e profissional. É claro que ela precisa de muita atenção, mas parte do trabalho é fazer com que ela se sinta bem. Ela respeita o que eu faço. Abusa de mim até um certo ponto, porque eu deixo, caso esteja desestimulada ou de mau humor. Mas ela sabe que há um limite que não pode passar e ela nunca passa".

Donna DeLory, artista solo e backing vocal de Madonna desde a turnê Blond Ambition: "Amo ser parte de algo tão dramático e teatral com Madonna. É divertido vestir outra fantasia e ser alguém diferente... Seu contato comigo tem sido sempre de compartilhar suas próprias experiências como artista e mulher para que eu possa aprender com ela".

Niki Haris (à esquerda, em azul, com Donna DeLory), backing vocal em turnês desde *Who's That Girl* até *Drowned World:* "Ela é surpreendente, um gênio, uma louca, uma mulher difícil. Ela é mãe, está apaixonada, é insegura... ela é todas essas coisas, mas tudo ampliado porque há um holofote sobre ela...

Uma vez no palco, estávamos cantando *La Isla Bonita* e havia uma garota com os peitos de fora sobre a barreira. Eram peitos enormes, dependurados. Fiquei pensando: 'Por que ela está mostrando os peitos pra Madonna'? Mas a maioria dos fãs é muito respeitosa".

Mirwais, coprodutor de *Music* e *American Life*: "É surpreendente que eu esteja trabalhando com a artista mais famosa do mundo. Mas no estúdio você se esquece disso. Ela é simples, normal, uma pessoa sociável com um grande senso de humor".

Dj Richard "Humpty" Vission, remixer: "Ela poderia ter feito apenas um disco pop. Este álbum (*Music*) é testemunho de que ela está no topo".

Jamie King, diretor de turnê de *Drowned World* e coreógrafo: "Madonna quer o que sempre quis... ir ao máximo".

Monte Pittman, guitarrista e professor de guitarra de Madonna: "Não sei a que horas ela dorme, porque seja o que for que fizer, parece sempre que passa horas praticando".

Michael Rosenblatt, ex-executivo da Sire: "Acho ridículo quando as pessoas acusam Madonna de vender sexo. Sexo e rock'n'roll se encaixam tão bem que todos nesse ramo vendem sexo".

The Prodigy, uma das primeiras contratações da Maverick: "A própria Madonna fez um grande negócio cortejando o Prodigy para o selo. Ela estava muito, muito bem informada sobre a banda e o cenário *dance* britânica".

Camille Barbone, ex-empresária: "Ela vestia roupas horríveis e fazia com que caíssem bem nela. Comprava uma blusa de 50 centavos e cortava. Geralmente usava roupas largas. Seu cabelo era uma bagunça".

Christopher Flynn, primeiro professor de dança: "Madonna foi uma das melhores aprendizes que já tive... Muitos homens reclamam que ela os usa para então descartá-los, acho que isso parece um pouco de inveja/dor de cotovelo. Não me senti nem um pouco explorado".

Estilo Madonna

"Ele *toca* em *vários tabus* e deixa as **pessoas com medo...** *Acho que contém* **muitas mensagens positivas.**"

O videoclipe de "Like A Prayer" foi considerado muito forte pela Pepsi, que desistiu de patrocinar a próxima turnê da estrela, inclusive do comercial, exibido apenas uma vez em 2 de março de 1989. Madonna provavelmente não ficou muito preocupada, já tinha embolsado 5 milhões de dólares pelo trabalho.

Houve sorrisos de escárnio do tipo "carreira no cinema" sobre seu próximo romance com Warren Beatty, um homem cujos amigos e contatos formavam o time de frente de Hollywood. Enquanto faziam planos para o filme *Dick Tracy*, outro escândalo mundial estava pronto para ser lançado no ventilador.

Enquanto Madonna preparava-se para lançar seu novo álbum – e a faixa título como single –, assinou um contrato multimilionário com a Pepsi. Ela filmaria uma série de filmes publicitários, com o primeiro incluindo um extrato exclusivo de "Like A Prayer", e a Pepsi não só a pagaria por isso, como também patrocinaria sua próxima turnê.

O filme, um cenário sentimental no qual a criança Madonna encontra consigo própria crescida, bem-sucedida – foi exibido como planejado. Mas quando a MTV levou ao ar o vídeo de Madonna para a mesma música, foi uma hecatombe. Entre gritos de "blasfêmia!", de organizações religiosas e morais, uma declaração de desaprovação do Vaticano e uma crescente pressão sobre a Pepsi para que largasse sua estrela, a companhia acabou cedendo. Madonna ficou com o dinheiro – e o prestígio.

O videoclipe, dirigido por Mary Lambert, continha as cenas mais fortes que Madonna já havia filmado em sua exploração do êxtase religioso e sexual – um elo que preocupava a estrela desde sua infância, na fase quando frequentava a igreja.

O clipe também apresenta elementos antirracistas mostrando Madonna em roupa de baixo, cabelos escuros e revoltos na altura dos ombros, fazendo amor com um homem negro na igreja – uma imagem de santo que desperta para a vida. Em outros momentos, Madonna desenvolve estigmas, junta-se a um coro gospel em cantoria extasiante, testemunha um assassinato e canta frente a crucifixos em chamas.

Com seu contraste de atmosferas sombrias e delirantes, o videoclipe permanece até hoje o mais poderoso já produzido pela estrela. "Ele toca em vários tabus", diz Madonna. "E deixa as pessoas com medo... Acho que contém muitas mensagens positivas". Ela disse ao *New York Times*: "O tema do Catolicismo corre exuberante através do meu álbum. Sou eu lutando com o mistério e a magia que o cerca".

Like A Prayer foi novamente produzido por Madonna, Steve Bray e Patrick Leonard, e as faixas foram compostas em parceria e por ela sozinha – incluindo uma colaboração de Prince, que completou sua parte do dueto "Love Song" pelo correio.

Houve uma grande aclamação da crítica quanto ao aspecto musical do álbum, que se afastou da pista de dança para absorver novos matizes de cor e emoção e a influência da música black da infância de Madonna.

O álbum continha mais elementos pessoais que qualquer outro que Madonna já havia lançado. Dedicado a "minha mãe, que me ensinou a rezar", confrontava questões relacionadas à infância envolvendo sua família, bem como seu casamento infeliz, e o videoclipe de "Oh Father" é dolorosamente autobiográfico.

Na época lançado apenas nos Estados Unidos, recriava a cena de morte de uma jovem mãe e explorava a relação tempestuosa que se seguia entre o marido e a filha que ele havia deixado para trás. Madonna, como a filha crescida, cabelos curtos encaracolados, loiro de raízes escuras, reconcilia-se com seu pai quando se encontram anos depois em frente ao túmulo – mas não antes da história se repetir, com ela apaixonando-se por um pretendente igualmente tirano. Tipicamente, Madonna desenvolve uma ambiguidade na palavra "pai" – "Oh, Pai, tenho pecado..."

Mais tarde ela descreveria o clipe como "uma tentativa de abraçar e aceitar a morte de minha mãe".

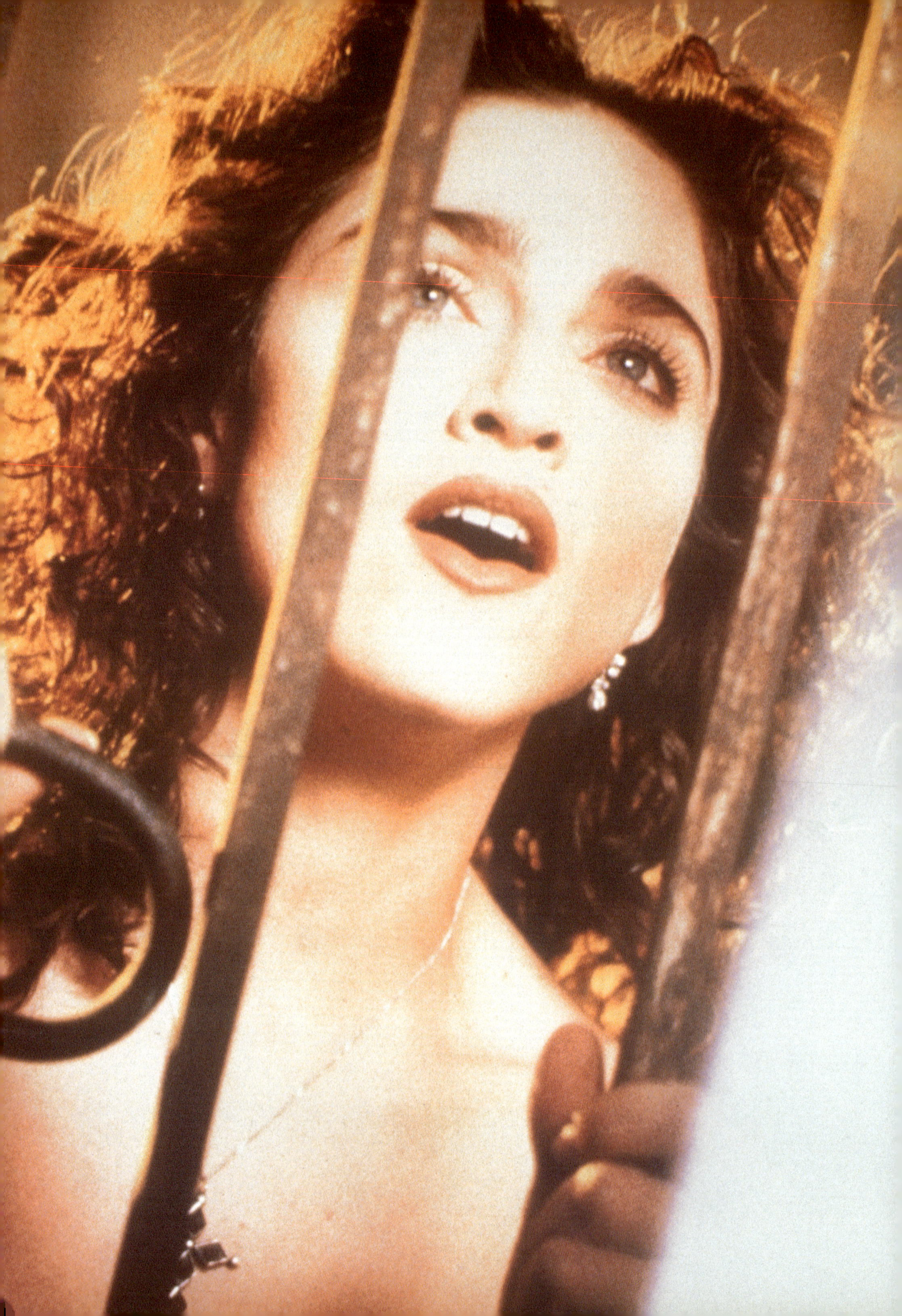

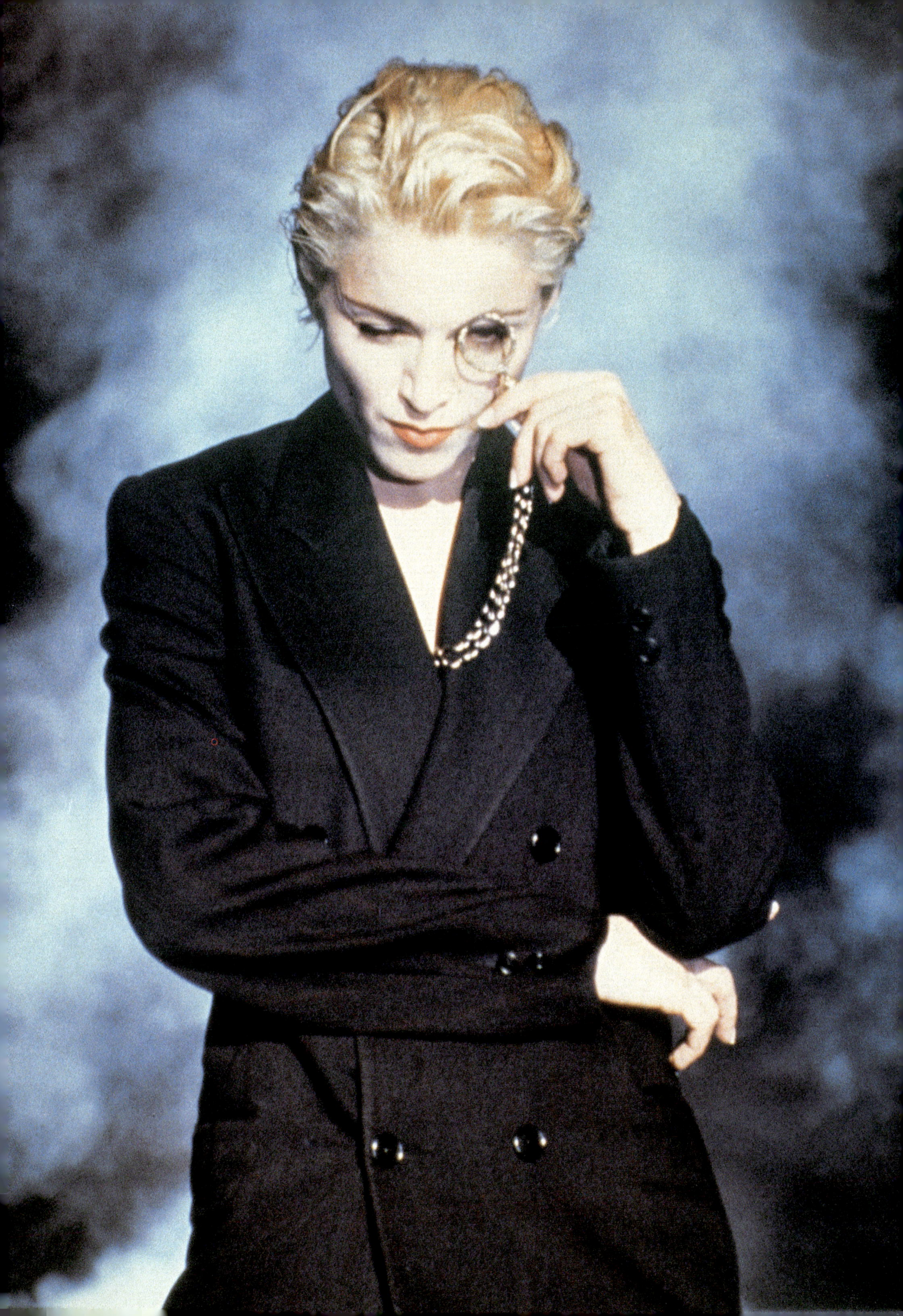

104　Estilo Madonna

"Se você *não* diz o que quer, não vai conseguir o *que* quer."

Por outro lado, a persona que emergiu dessa fase de sua carreira foi menos taciturna. O clipe promocional de "Express Yourself" é especialmente extravagante. Nele, Madonna – que supervisionou cada aspecto do projeto – atua em cenas de *status*, poder e desejo, antes de finalmente tomar controle de seu corpo e de sua vida.

Em um cenário inspirado no filme dos anos de 1920, *Metrópolis*, muito da ação se passa nos subterrâneos, onde homens estão empenhados em trabalho braçal, suando como escravos, enquanto uma Madonna ociosa passa seus dias em um rico apartamento. Inevitavelmente os dois mundos colidem – e cada um tem algo a oferecer ao outro.

> Em contraste com a morena caseira de "Like A Prayer", a imagem de Madonna em "Express Yourself" era terrivelmente ambígua, loira e estilizada. A estrela desfilava alternadamente de monóculo, em um terno trespassado e nua, acorrentada em uma cama, antes de seduzir o modelo britânico Cameron. As feministas sentiram-se indignadas.

Madonna apresenta um novo acessório – um monóculo girando ao redor de seu pescoço – durante o clipe, ela interpreta duas visões de mulher: a mulher nua e acorrentada, o espartilho negro; e a masculina, uma dama poderosa agarrando a virilha, de terno azul-escuro e de calça *baggy*, mostrando um *flash* de seu sutiã e fumando um cigarro.

Madonna começa vestindo um vestido sem mangas verde-limão, o cabelo curto ondulado repartido de lado, e termina rastejando pelo chão lambendo um pires como um grande gato à espreita – uma versão mais perigosa do gatinho preto que ela acaricia em cenas anteriores do clipe. Como gata, Madonna derrama o leite pelo ombro, sugestivamente, antes que um rapaz atraente, que resgata seu gatinho dos subterrâneos encharcados, chegue com o animal e reclame sua recompensa...

Ao final, uma mensagem escrita diz: "Sem o coração, pode não haver entendimento entre a mão e a mente".

A própria Madonna afirma: "A mensagem por

trás da canção é que, se você não se expressa, não diz o que quer, não vai conseguir. Na verdade está acorrentado pela sua incapacidade de dizer o que sente ou ir atrás do que quer".

Menos atribulado, menos sério, é o videoclipe "Cherish", no qual Madonna aparece vital e encantadora assim como a própria canção. Loira, de volta ao *look* jovial de "Papa Don't Preach", usando pouca maquiagem e um simples minivestido preto abotoado na frente, ela se diverte no mar com homens vestidos como Tritão e revela instintos maternais em algumas cenas ternas com um menino vestido como Tritão.

Não há tal inocência na arte do álbum, mas há humor na foto da capa que remete à do álbum dos Rolling Stones *Sticky Fingers*, do começo dos anos 1970. Em comparação com a famosa virilha em denim e zíper dos roqueiros, a foto apresenta um zoom do baixo ventre, umbigo e quadris de Madonna, com o botão do alto aberto.

Ela surpreende tanto na capa como na contracapa do álbum voltando a abusar das joias. Os dedos estão cobertos de anéis, a cintura brilha sob

mim e dela, mas antes de tudo, veio dela", e disse sobre o *design* de seus sutiãs de bojos pontudos: "Uma casca dura, por vezes, protege a vulnerabilidade escondida".

Madonna relembra: "Mandei a ele desenhos do que eu queria originalmente. Muitos dos trajes eram inspirados nos meus desenhos ruins – não sou boa desenhista – e então ele colocou sua inspiração neles".

Essas roupas passariam a ter uma importância simbólica enorme, representando tudo pelo que Madonna lutava a essas alturas de sua carreira. Ela estava dizendo simplesmente: "Faça o que realmente quer fazer. Não se preocupe com as expectativas alheias ou com o que todos estão fazendo".

Nesses incentivos de liberação sexual, Madonna brincava com os papéis sexuais, mesclava os gêneros, explorava o feminino e o masculino em todas as pessoas e, na criação mais extrema de Gaultier, permitiu a si mesma rir dos homens e suas fantasias sobre as mulheres.

> "Uma casca *dura*, por vezes, protege *a vulnerabilidade escondida.*"
>
> Jean Paul Gaultier

fileiras de contas e penduricalhos, e seu velho favorito, o crucifixo, está de volta no pescoço.

Sadomasoquismo e masturbação são apenas alguns tema que fizeram da turnê Blond Ambition, levada durante a primavera e o verão de 1990, um evento muito cobiçado.

Sem ter mais que se preocupar com a desaprovação de Sean Penn, Madonna mergulhou de cabeça em um mundo de ousadas fantasias sexuais, em conluio com Marlene Stewart, mas na maior parte com o estilista top Jean Paul Gaultier, para criar uma composição erótica e exótica, em veludo e cetim, finalizada com peitorais, sutiãs cônicos e espartilhos. Foi uma parceria brilhante.

Gaultier, que há muito havia se especializado em tais peças, explicou: "A inspiração veio de

Uma parte do show tinha como cenário uma igreja onde Madonna, envergonhada, culpada e à luz de velas, usando um manto negro com capuz e um grande crucifixo, cantava sob uma janela de vitrais, enquanto um "sacerdote" balançava o incensário.

O show começava com "Express Yourself", em um grande palco que recriava os mesmos ambientes do clipe, situados na superfície e no subterrâneo, com uma trupe de dançarinos no papel de trabalhadores. Madonna fazia sua entrada com o cabelo tensamente esticado para trás em um coque de onde saía um rabo de cavalo postiço; estilo que foi substituído nos shows europeus por cabelos curtos e oxigenados.

Sua maquiagem era extremamente severa, as sobrancelhas espessas escurecidas e as pálpebras brilhantes de cor e uma aplicação pesada de lápis escuro.

Sua roupa feita para uma combinação visual perfeita de masculino e feminino: um terno trespassado com uma diferença, a mescla de roupas normais com roupa de baixo. O casaco bem justo era cortado em fendas, permitindo que o sutiã de cones pudesse ser vislumbrado. Ainda mais dramaticamente, Madonna estava usando seu colante cor-de-rosa e suspensórios sobre a calça *baggy*. Para finalizar, seu novo acessório preferido: o monóculo preso por uma corrente.

Suprimindo o casaco para "Open Your Heart", Madonna exibiu o majestoso colante de cetim em toda a sua elegância agressiva – os cones pontudos acolchoados, a cinta-liga e todos os detalhes que remetiam a um espartilho *vintage*. Ela estava em perfeita forma para mostrar seu corpo, exercitando-se com seu treinador mais de três horas por dia.

Ávida por estabelecer sua superioridade física e emocional em relação aos homens, a dominatrix Madonna rapidamente sobe em um dos dançarinos antes de continuar com uma dança exibicionista, usando uma familiar cadeira como apoio. Ela assegurou sua dominação sobre as mulheres também na cena de luta livre criada para "Causing A Commotion".

Entretanto, foi sua atuação em uma cama vermelha em veludo que provocou protesto de pais e guardiões da moral em todo o mundo. Ela aparecia ladeada por dançarinos usando bandanas e sutiãs de veludo dourado ridiculamente proeminentes, os quais eles acariciavam sugestivamente enquanto ela rolava na cama, simulando masturbação. Vestida em um top dourado brilhante com a marca registrada dos cones e calcinhas combinando, e ainda meias-arrastão, Madonna buscava freneticamente seu caminho para o clímax com lençóis e travesseiros na virilha, em uma leitura com sabor egípcio de "Like a Virgin". Naturalmente, ela precisaria da confissão que vinha em seguida.

Em outra parte do show, ela aparece como Breathless Mahoney, seu personagem em *Dick Tracy*, sentada em um piano de cauda preto, usando uma casaca preta magnificamente cortada e um colante verde-esmeralda brilhante, com os usuais bojos pontudos.

"Hanky Panky", a canção "dos tapinhas", oferece oportunidade para uma ou outra palmada, e "Now I'm Following You" culmina em uma fila de dançarinos vestidos como Dick Tracy, com sobretudos e chapéus Fedora amarelos; a seguir, Madonna e suas cantoras surgem aliviadas no palco com seus penhoares e bobes. Depois elas se permitem um descompromissado bate-papo entre garotas, enquanto Madonna, uma militante compromissada pelo sexo-seguro, faz sua propaganda para exaltar as alegrias que podem ser proporcionadas pelos preservativos.

O videoclipe de "Cherish" surgiu na forma de três dançarinos vestidos como Tritão, e a roupa mais suave do show era o minivestido preto de Marlene adornado com penugem de marabu, um tipo de cegonha original do oeste africano. Era como se o Natal tivesse chegado. Finalmente, Madonna, uma visão em preto e pele em um sutiã alongado com bojos incríveis, shorts acinturado de ciclista e uma tira de pano envolvendo o meio do corpo, executou "Vogue" com sua trupe.

Retornando para o bis com "Holiday", Madonna usava o superfotografado traje *polka-dot* – um curto bolero preto estampado com bolas brancas e passamanaria com bolinhas para combinar no cós da calça branca – e fechava a noite com "Family Affair" e "Keep It Together" em um conjunto preto de túnica, sutiã alongado, shorts, joelheiras e chapéu coco, outra inspiração tirada de Liza Minelli em *Cabaret*.

Revistas de toda a parte estamparam Madonna em suas capas. Ela aparece em roupas de sua turnê em veículos desde *Harper's Bazaar* a *Lui*, de *Photo* a *The Face*.

A *Elle*, em uma matéria sobre o revival da *bondage*, colocou que tais itens passavam a representar escolha pessoal e liberdade sexual em lugar das primeiras declarações a respeito que falavam de submissão.

A turnê Blond Ambition foi notável por sua apresentação teatral e coreografia maravilhosamente inspirada. Poucos trajes estão tão firmemente inseridos na consciência do público como o espartilho dourado de Gaultier exibido em "Like A Virgin" (na página seguinte). Acompanhada de dois dançarinos vestidos como eunucos de seios pontudos, Madonna afagava a si mesma ao som de música oriental durante uma coreografia que quase causou sua prisão em Toronto.

BLOND

Além do sutiã em formato de cone, outra marca de Blond Ambition era o rabo de cavalo Jeanie É Um Gênio vestido no Japão e nos Estados Unidos. Quando a turnê chegou à Europa, ele não foi mais usado, pois estava machucando a raiz dos cabelos de Madonna.

AMBITIO

Os *designs* elegantes de Gaultier foram o complemento ideal para as frenéticas coreografias de Madonna. Ela usou uma combinação de vestido-baby-doll e shorts de ciclista em "Into The Groove" e "Cherish" (acima, à esquerda), enquanto uma roupa de palhaço com estampa de bolas adaptado de um traje usado em Minha Querida Dama era perfeito para "Holiday" (acima, à direita). Em "Hanky Panky" e "Now I'm Follow You" (à esquerda), ela despe um vestido preto para revelar este brilhante espartilho verde e branco de franjas.

NBLOND

"Faça o que realmente que
expectativas alheias ou cor

AMBITIO

azer. Não se preocupe com as
que todos estão fazendo."

Sobre o sutiã Gaultier

O Que Madonna Diz Sobre Eles...

Por Madonna para Normal Mailer sobre seus sutiãs de cone Gaultier

"Há algo medieval e interessante sobre eles.

Pedi a Gaultier para fazer trajes para minha turnê (Blond Ambition), e ele já tinha esses croquis em uma de suas coleções, mas agora eu (também) tinha dois dançarinos se apresentando com eles.

É muito camp.

As mulheres costumavam usar esses cones na cabeça, mas agora eles se tornaram sutiãs.

A ideia é pegar algo significativo de alguma parte do corpo e colocar em outra parte.

E também, eles são pontudos. Então, há algo ligeiramente perigoso sobre eles. Se você se chocar contra eles, pode se cortar..."

"A ideia por trás é que os seios são essas coisas macias de que os homens dependem, em certa medida, então é um jeito de dizer 'dane-se'. Pense em meus seios de outro jeito, isso é tudo, não como algo macio em que você pode mergulhar.

Acredite, amo ter os seios tocados por um homem que eu gosto, mas é muito importante para mim que as pessoas entendam a vida de um jeito diferente, vendo que as mulheres podem seduzir e as mulheres têm fantasias sexuais.

E ainda a ideia de que os homens os estão usando. Eu estava cantando 'Like A Virgin' deitada nessa cama de veludo vermelho e inverti toda a coisa da Coelhinha da Playboy, apenas duas coelhinhas da Playboy usando alguma roupa extravagante que modifica seus corpos de forma não natural, mas agora, em lugar delas, há homens.

Eu estava tendo fantasias invertidas sobre aquilo no meu show... Trata-se apenas de um modo para que as pessoas vejam...

Tenho sido acusada por anos e anos, especialmente no começo da minha carreira, de fazer retroceder o movimento das mulheres porque eu estava sendo sexual de um jeito tradicional, com meus espartilhos e sutiãs apertados para ressaltar os seios, cintas-ligas e tal, e as feministas estavam loucas comigo: 'O que você está fazendo? Está mandando mensagens erradas para jovens! Elas deviam estar usando suas cabeças, e não seus peitos e suas bundas'.

Minha ideia é que você use tudo o que tem, sua sexualidade, sua feminilidade, a testosterona dentro de você, seu intelecto – use o que for que você tenha, cada pedaço, cada partícula, tudo o que seja bom".

Estilo Madonna

"A força de sua fantasia pode ter sido bastante acessível para pessoas de 18 a 80 anos." Vogue

1990 foi o ano de Madonna de *glamour* de Hollywood. Inspirada pelo papel como a cantora tentadora Breathless Mahoney no filme *Dick Tracy* (esta página) de Warren Beatty, ela injetou o videoclipe "Vogue" (página seguinte), com o espírito da era de ouro de Hollywood. Aqui ela faz homenagem ao famoso fotógrafo Helmut Newton em um top transparente que deu aos chefes da MTV um aneurisma.

A revista concluiu: "Essas roupas são armaduras modernas – é um visual tão ameaçador quanto sedutor. Mais ainda, trata-se de autoerotismo".

A *Vogue* declarou que "A força de sua fantasia pode ter sido bastante acessível para pessoas de 18 a 80 anos". A fantasia pode ter sido bastante acessível, mas poucos cidadãos de mais idade eram vistos usando espartilho no salão de bingo. Madonna era simplesmente demais para algumas cidades na rota da turnê Blond Ambition, recusando-se a suprimir as cenas "imorais" de masturbação em resposta aos apelos da polícia de Toronto. Depois de assistir ao show, os policiais decidiram não dar prosseguimento às acusações de comportamento "lascivo" e "obsceno".

VOGUE

Madonna também teve vendas de ingressos desapontadoras em Roma e foi forçada a cancelar dois shows italianos depois que um homem da igreja a declarou sacrílega. Ela convocou uma coletiva de imprensa na qual, memoravelmente, desafiou seus acusadores: "Se vocês têm certeza de que sou uma pecadora, então permitam que aquele que não for pecador atire a primeira pedra".

A turnê, ela disse, era um reflexo da "luz e das trevas, alegria e pesar, redenção e salvação". Além disso, era "uma celebração do amor, vida e humanidade".

Um dos aspectos mais satisfatórios da turnê para Madonna foi o interesse que ela criou pelo filme, *Dick Tracy*. Seu single "Vogue" foi incluído na trilha sonora feita por Madonna, *I'm Breathless*, embora não estivesse no filme. O single já havia sido um grande sucesso em março, lançando uma nova e divertida dança da qual Madonna havia se apropriado dos gays negros frequentadores dos clubes mais *cool* de Nova York.

"Faça pose"! A essência do "Voguismo" era adotar a postura e os maneirismos dos passos de uma modelo na passarela ou de uma estrela de cinema dançando, usando olhares arrogantes, além de movimentos de braços e mãos. No videoclipe de demonstração de Madonna, apropriadamente gravado em preto e branco, ela desfila uma lista de atrizes e atores inspiradores, aqueles que ela adorava quando criança.

Louvando os ídolos de Hollywood por sua graça e estilo e proclamando que Rita Hayworth "tinha um rosto ótimo", Madonna aparece com os cabelos encaracolados loiro-platinados, vestida de forma a aparentar um estilo retrô e, em outra cena, meio oculta por uma longa peruca. Com trajes que incluíam vestidos brancos e pretos, um espartilho com rendas e um terno cujo casaco ficava entreaberto para revelar sua *lingerie*, ela também ostentava um top de renda transparente e o mais surpreendente, seu inesquecível sutiã de bojos projetados para a frente – um Gaultier, é claro.

O álbum *I'm Breathless* foi composto em parceria por Madonna, Pat Leonard, o compositor da Broadway Stephen Sondheim e o cantor/compositor Andy Paley, com a missão de que as músicas soassem contemporâneas ainda que em sintonia com as canções dos anos 1930. Foi lançado em maio com críticas entusiasmadas e um Número Dois nas paradas – embora mais gratificante para Madonna deva ter sido o louvor e a aceitação que ela recebeu por seu papel como cantora de boate no filme. Foi um longo tempo de espera. Madonna havia tentado em vão desde *Procura-se Susan Desesperadamente* tornar-se uma atriz confiável.

Um enorme sucesso de bilheteria quando chegou aos cinemas em junho, aclamado tanto por seu estilo e cor quanto por sua trama recheada de humor, *Dick Tracy* retratava uma Madonna multifacetada: linda e inteligente, afiada e sexual. Ela havia trabalhado duro para recuperar suas curvas explosivas após anos de sessões de malhação que tornaram seu corpo forte e tonificado, porém não tradicionalmente feminino. Agora ela estava mostrando um belo colo nos lindos vestidos justos e decotados que usava como Breathless Mahoney – embora não houvesse ganho sem dor. Madonna mais tarde reclamaria que tinha passado mais tempo às voltas com os trajes usados no filme do que propriamente filmando, e algumas das roupas a apertavam sem dó nem piedade.

Não é de se admirar que ela compareceu à estreia do filme em Washington em um vestido soltinho, preto e de alças, cortado tão baixo ao redor dos seios que dava a impressão de que eles estavam atingindo a cintura. Óculos escuros, sapatos pesados e um crucifixo completavam o look casual de verão.

Em contraste, as roupas que usou no sétimo MTV Awards em setembro eram as mais extravagantes de sua carreira. Animada com a popularidade do filme *Ligações Perigosas*, Madonna emprestou uma das roupas de época do filme para cantar "Vogue" vestida de Maria Antonieta, com seus dançarinos/cortesões igualmente vestidos em camisas de babados, coletes, casacos compridos e... shorts!

Seus seios foram suspensos por um apertado corpete, as pregas da saia iam de aros largos até a altura dos tornozelos, sua peruca desafiava a gravidade e ela selou o efeito com uma gargantilha de pérolas, um leque, um par de óculos de ópera e uma maquiagem meticulosa, o rosto feito uma máscara branca e uma bonita pinta abaixo do olho.

Foi uma apresentação atrevida e engraçada, com Madonna minando sua estatura majestosa ao piscar para o público, e encorajando seus cortesões a tocá-la e dar uma espiada sob as volumosas pregas de seu vestido.

"Vogue" também foi ótima.

Invocando os espíritos de Jean Harlow e Marlene Dietrich, a visão excepcional de Madonna deve muito ao trabalho dos fotógrafos dos anos 1930 Horst e Hurrell, mas estava inevitavelmente marcada pela sua personalidade requintada e glamorosa.

GOOD

FACE

Estilo Madonna

Mantendo a postura do videoclipe e da coreografia de "Vogue", Madonna concebeu uma cena de corte francesa para sua apresentação no MTV Music Awards em setembro de 1990, vestida como Maria Antonieta em um traje de *Ligações Perigosas* para reger uma corte atrevida formada por dançarinos de *Blond Ambition*. A imprensa ficou de boca aberta.

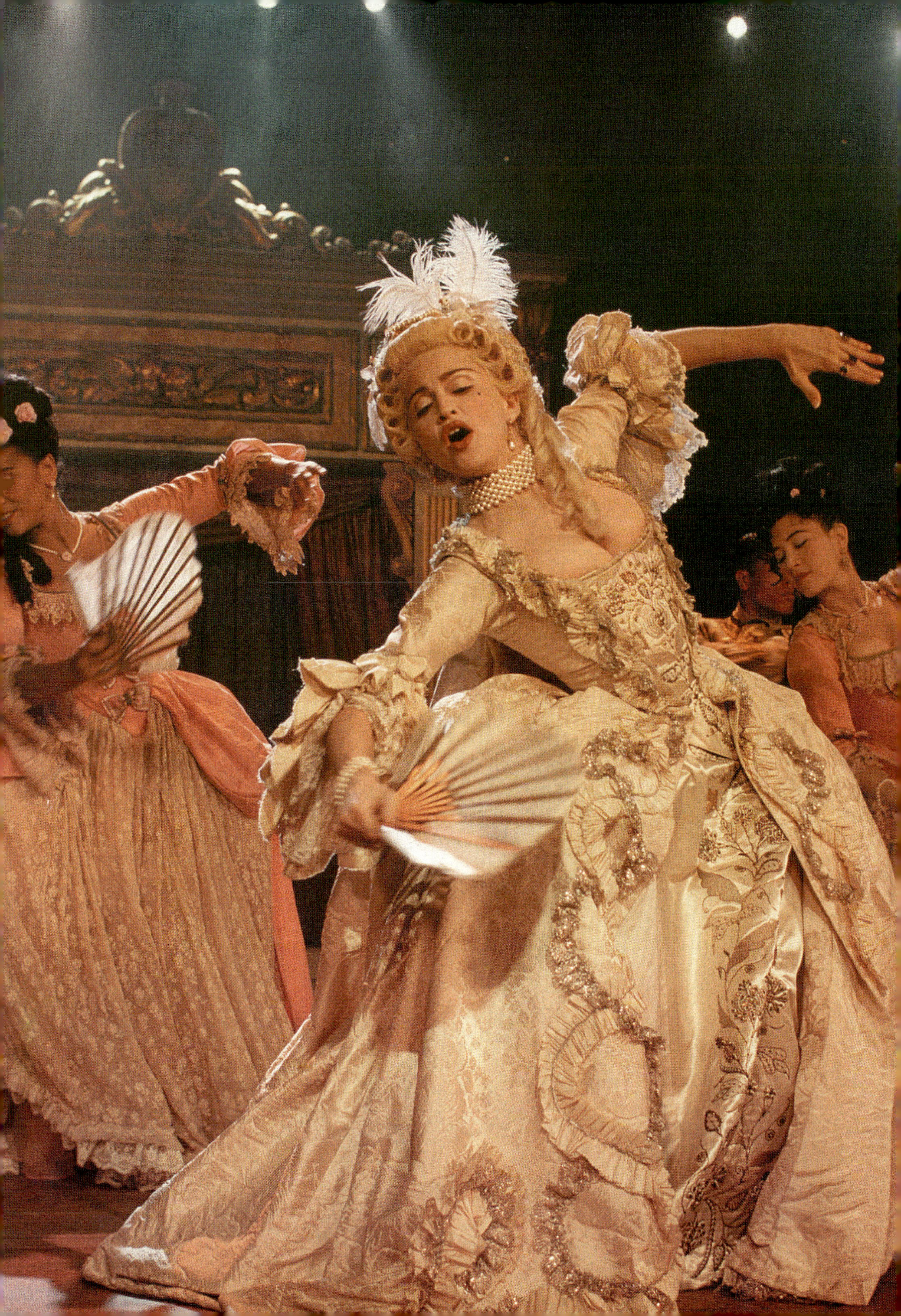

Fãs até o fim

O Que Eles Dizem Sobre Madonna...

Enquanto muitos dos artistas contemporâneos reconhecem serem influenciados por Madonna, alguns dos músicos mais improváveis levam seus respeitos um passo adiante.

TOBY MORSE, vocalista da banda punk de Nova York de hardcore melódico H2O, tem uma tatuagem de quase 13 centímetros no antebraço com a imagem da capa do álbum de Madonna *True Blue*, e o grupo fez cover de "Like a Prayer" – embora "bem mais rápido com um clima mais pesado, mas com o senso de melodia do H2O".

Então, Toby, do que se trata tudo isso?

"Cresci gostando de música punk rock, mas sempre amei Madonna. Ela não dá a mínima para o que os outros pensam. Ela faz o que quer. Fiz a tatuagem porque *True Blue* é um ótimo álbum. Ela ainda era jovem e sedenta de sucesso. "Papa Don't Preach" – é um clássico. Mas gosto de todas as fases de Madonna. Cada uma delas tem seu próprio estilo e sexualidade.

"Encontrei com ela duas vezes. A primeira foi no CBGBs em uma festa pré-Lollapalooza. Eu estava lá com todos os meus amigos: era nossa balada. Ela estava com um cara – Guy Oseary. Fui até ela e mostrei minha tatuagem. Ela parecia um pouco nervosa porque estava sem seguranças, mas pegou no meu braço e disse que estava lisonjeada. Peguei um autógrafo dela e tudo pareceu muito surreal para mim.

"Um ano e meio depois, meus amigos do Rancid estavam tocando no Roseland em Nova York e ela estava lá tentando contratá-los para seu selo. Fui apresentado a ela novamente e Madonna disse que se lembrava de mim e disse a seus amigos que eu tinha uma tatuagem dela. Ainda mais surreal.

"Ela será lembrada por sua individualidade, sexualidade aberta, criatividade, senso afiado de negócios, a longevidade de sua carreira – e ela nunca se tornou entediante!"

MIKE WATT, fundador da banda pioneira de hardcore dos anos de 1980 Minutemen de San Pedro, formou uma banda ocasional de tributo chamada The Madonnabes. Mike, hoje artista solo, também se juntou ao Sonic Youth para formar a banda ramificação Ciccone Youth. Seu primeiro lançamento em 1987 foi um single de três faixas de tributo a Madonna com "Burning Up", "Tuff Titty Rap" e "Into The Groove(y)".

Mike disse sobre Madge em 2001: "Ela é uma inspiração – nunca manipulada, mas sempre no controle. Comecei a prestar atenção nela na metade dos anos 1980 por meio da Kira, que estava tocando baixo no Black Flag nessa época. Simbolicamente, Madonna representa para mim o poder que as mulheres podem ter pela via da música e, pela qual, o que qualquer um pode tornar possível quando se torna poderoso. Uma ideia bem punk rock de várias formas: poder para os socialmente excluídos, o *outsider* que não se encaixa em nada, mas ainda tem algo a dizer e ideias para pôr em prática.

Quando d. bonn (fundador do Minutemen) morreu, ela se tornou ainda mais uma inspiração importante para mim. Eu estava mal por conta da morte dele e queria parar com a música de vez. Madonna me ajudou a ficar firme. Isso pode soar estranho vindo de um roqueiro punk de 43 anos, mas é verdade.

Os Madonnabes normalmente faziam apresentações de 45 minutos, 12 músicas. Não era só uma banda de boteco fazendo covers das músicas dela. Trabalho uma guitarra base muito presente e muscular e tento enfatizar minha personalidade musical por meio dos trabalhos dela. Algumas pessoas acham meio maluco porque eu não tenho nada a ver com ela, e gosto de como isso os confunde. É por isso que eu costumava usar uma fantasia de rato quando tocava com os Madonnabes ao vivo. Não eram minhas melodias, e eu queria ressaltar o fato de que eu estava 'surrupiando como um rato' o material dela – e não era apenas um cover certinho, mas a interpretação de um roqueiro punk esquisito de San Pedro.

No caso do Ciccone Youth, Thurston (Moore) escolheu o nome. Kim Gordon e Thurston sempre foram grandes fãs de Madonna. Acho que eles gostavam do jeito como ela esculhambava a cultura nos anos de 1980. Eu estava com Thurston no apartamento deles e disse: 'Sabe, quero produzir um single interpretando uma música da Madonna. Vocês não querem fazer também'? Eu fiz 'Burning Up' e Thurston escolheu 'Into The Groove' para a qual escreveu uma introdução rap, a 'Tuff Titty Rap'.

Madonna tem sido uma inspiração para mim de várias formas, desde a maneira como toco meu baixo até como componho minhas letras e músicas. Pode não parecer, mas a sexualidade impregnada em seu trabalho acende minha música. Ela vai ser lembrada por sua dedicação e constância, sua habilidade de encarar os medos e superá-los."

Mike Watt, fundador da banda hardcore Minutemen, faz regularmente covers de Madonna, provando que sua influência não é restrita aos parâmetros do mainstream.

"Caso eu a encontrasse, diria: 'Obrigado por ser você mesma e ainda uma grande inspiração. Obrigado pela confiança que você instilou em mim para dar o meu melhor e não ter medo."

JUSTIFY JUSTIFY

JUSTIFY

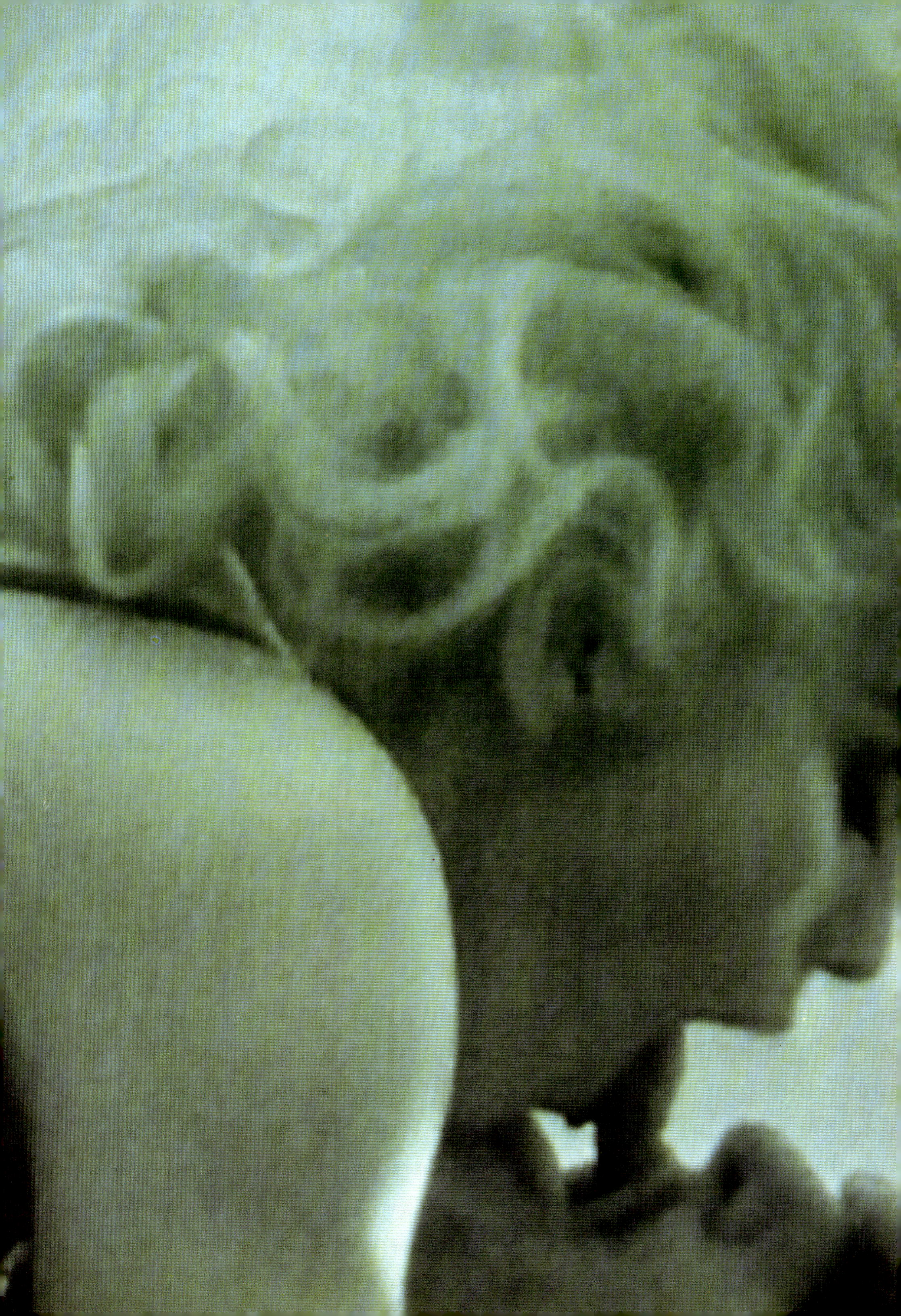

"*Ela* não quer viver longe das câmeras
Warren Beatty

Acompanhada de sua entourage Madonna alugou o sexto andar do exclusivo hotel Paris Royal Monceau por três dias, em novembro de 1990, para gravar o videoclipe de "Justify My Love" em segredo absoluto. Gravado por Jean Baptiste Mondino, responsável pelo videoclipe de "Open Your Heart", de 1987, o trabalho tornou-se de longe o mais controverso de Madonna. Em uma montagem erótica de imagens em branco e preto, reminiscentes de O Porteiro da Noite, Madonna tornou-se íntima de uma trupe felinesca de personagens. Entre os momentos mais efervescentes, o beijo de língua em Amanda Cazalet enquanto o namorado na vida real, Tony Ward, aprecia a cena.

2.4 Madonna levou a temática sexual a um novo e vertiginoso patamar no fim de 1990. O videoclipe de "Justify My Love" aventurou-se diretamente aos extremos do hardcore com suas cenas de atividade carnal desinibida, no meio do qual Madonna dá um beijo lésbico de boca aberta.

A MTV recusou-se categoricamente a veicular o clipe, deixando Madonna desfrutar das tempestades de publicidade e as glórias de lançar o primeiro videoclipe single de todos os tempos – sua resposta ao banimento. O coadjuvante de Madonna era seu namorado pós-Beatty, Tony Ward, modelo e ator promissor nos seus vinte e tantos anos.

Dirigido por Jean Baptiste Mondino, o responsável por "Open Your Heart" – seu primeiro videoclipe agressivamente sexual – revela Madonna, de cabelos loiros brilhantes e despenteados e as sobrancelhas escuras da turnê Blond Ambition em vários estágios de nudez no quarto de hotel em Paris. Enquanto ela brinca com seus amantes na cama – primeiro Tony Ward e então, enquanto ele olha, uma mulher masculinizada que ela beija – ela se movimenta dentro e fora das cenas em branco e preto em combinações de glamorosas *lingeries* negras. Ao seu redor uma verdadeira orgia está em progresso. Homens com visual feminino, mulheres parecidas com homens, androginia, homens gays abraçados, mulheres com

"Estão *vendo* – eu consigo o que eu quero!"

bigodes pintados e por toda parte as pessoas contorcem-se e acariciam uns aos outros.

Claramente, esta é outra representação da ideia de Madonna de que vale tudo o que for consentido entre homens e mulheres, gays e héteros; e que essas coisas não têm sempre que ser o que aparentam ou o que a sociedade acha que devam ser. O clipe também deu a Madonna uma viagem de retorno ao romance vai e vem com o lesbianismo, o qual lhe tinha conseguido tanta atenção no passado. A MTV simplesmente achou que se tratava de pornografia.

A canção, uma série de murmúrios eróticos ao longo de ritmos hipnóticos, foi composta na maior parte por Lenny Kravitz com alguma ajuda na letra de Madonna. Havia sido concebida originalmente, com "Rescue Me", como uma das duas novas músicas a serem incluídas em um pacote com sucessos em CD e vídeo chamado *The Immaculate Collection*, que havia sido produzido para o mercado de Natal.

Madonna declarou estar indignada com a rejeição da MTV do clipe: "Por que as pessoas estão dispostas a ir ao cinema ver alguém explodir em pedaços sem nenhuma razão aparente e ninguém quer ver duas garotas se beijando ou dois homens se tocando"? O resultado da controvérsia foi que "Justify My Love" e *The Immaculate Collection* foram diretamente para o topo das vendas de CDs e vídeos.

Na época, havia rumores de que Madonna teria feito tratamentos cosméticos pela primeira vez. Ela teria tomado injeções de colágeno nos lábios para torná-los mais grossos. Embora não se acredite que ela tenha repetido a experiência, a foto da capa do vídeo *Justify My Love* foi aproveitada como evidência de que ela tinha feito uma tentativa, assim como as fotos "motociclista" que apareceram na mesma época. Nessas ela aparece inclinada para a frente, agressiva, em um colete sem mangas com os cabelos amassados em um boné preto, uma cara de "vem-aqui-se-você-for-durão-mesmo" e um cigarro dependurado em suculentos lábios vermelhos. Boca à parte, era uma pose particularmente masculina: Madonna às vezes podia ser tão masculina quanto qualquer "machão". Mais que isso, ela podia conduzir seu visual perigosamente perto ao de uma *drag queen* quando abusava do *pancake* e das perucas.

Assistida por mais de 100 milhões de pessoas, Madonna compareceu ao show do Oscar, em 25 de março de 1991, acompanhada de Michael Jackson. Ela roubou a cena com sua interpretação "Sooner Of Later", de Stephen Sondheim (páginas 130 e 131), coberta por 20 milhões de dólares em diamantes emprestados, em homenagem a Monroe. E, assim como a estrela fez nos anos de 1950 em relação ao general Eisenhower, prestou tributo ao general Norman Schwarzkopf.

Dick Tracy ainda estava causando, com uma das músicas da trilha sonora ganhando o Oscar da Academia em 25 de março de 1991. Stephen Sondheim não estava presente para pegar seu troféu por "Sooner Or Later", mas Madonna estava por perto para cantar a música. Ela entrou pela porta dos fundos do Shrine Auditorium em Los Angeles com seu acompanhante surpresa, Michael Jackson.

Eles formavam uma dupla espetacular, o sonho de qualquer fotógrafo. Madonna estava estonteante em seu vestido tomara que caia de decote baixo de Bob Mackie agarrado às suas curvas e brilhando com milhões de cequins. Com uma linda estola branca recostada aos seus ombros e declarados 20 milhões em joias espalhadas pelo corpo, usava longas luvas brancas e carregava uma bolsinha de contas. Seus cabelos, repartidos de lado e loiros, tombavam em ondas pelos ombros, e sua maquiagem estava dramática, porém sem exageros, com os olhos delineados, sombreados e realçados, sobrancelhas enfatizadas e lábios vermelhos. Era mais um toque de magia Monroe.

Durante "Soon Or Later", Madonna provocou o público, tirando as luvas, brincando com a estola e finalmente revelando o vestido de perder o fôlego. Na festa após a premiação, ela foi vista deixando Jackson aos cuidados de sua amiga Diana Ross para passar o restante da noite amolando seu ex-namorado Warren Beatty.

É improvável que eles estivessem discutindo *Na Cama Com Madonna*, o documentário que mostrava tudo dos bastidores da turnê Blond Ambition com lançamento marcado para maio de 1991. Intitulado *Truth Or Dare* nos Estados Unidos, era um projeto o qual Beatty tinha sido contra, por causa do implacável estilo de filmagem de documentários íntimo, revelador, do diretor de videoclipes Alek Keshishian. Quando Madonna insiste que as câmeras foquem o exame de garganta feito por médico, Beatty profere sua frase famosa: "Ela não quer viver longe das câmeras".

Em suas próprias aparições no filme, ele se mantém o máximo possível no pano de fundo, parecendo desconfortável e apenas indulgente enquanto Madonna dá ordens e discute com ele. Com todos os rumores de casamento, não é nenhuma surpresa que o casal, pouco tempo depois, tenha virado história.

Madonna é vista obsequiando Beatty como seu "paizinho", recebendo a camiseta Dolce and Gabbana dada por ele de presente com satisfação: "Estão vendo – eu consigo o que eu quero!" E em uma cena extraordinária, ela é ouvida gritando no telefone com o legendário ator.

Ela grita bastante. Grita quando está aborrecida, impaciente ou com raiva, quando um monitor ou seu fone de ouvido falham. E quando está gritando, não quer ouvir as explicações das vítimas dos gritos. Isso, é claro, é a ação dos bastidores que todos querem ver, filmados em branco e preto para contrastar com o colorido de arco-íris das filmagens do concerto.

Caso a intenção de Madonna tenha sido projetar sobre sua imagem elementos calorosos e agradáveis, havia cenas em que isso era alcançado. Ela traz o pai ao palco e lidera o público em um "Parabéns A Você" cantado para ele e se curva aos seus pés. Em outra celebração de aniversário, ela recita um poema que escreveu para seu assistente pessoal. Ri e fofoca com Sandra Bernhard. Banca a mãezona de seus sete dançarinos e quando surge um boato na imprensa de que ela estaria tendo um caso com o único deles heterossexual, tenta acalmá-lo e suavizar os ciúmes dos outros.

Dedica seu show beneficente pela aids em Nova York ao seu velho amigo, o artista de grafite Keith Haring, que decorou algumas das primeiras roupas, incluindo a jaqueta de denim e uma saia do videoclipe "Borderline", e ela é quase inseparável de seu irmão gay Christopher.

Falando sobre as primeiras poucas semanas "quase perfeitas" na Europa, Madonna compara a equipe à *Família Dó-Ré-Mi*, dá ao seu time uma solene conversa estimulante antes de cada show e os lidera em um círculo de oração. Joga o bom e rude jogo de "verdade ou desafio", dizendo que Sean Penn é o amor de sua vida e faz sua legendária simulação de sexo oral em uma garrafa de água. Leva sua trupe para fazer compras na Chanel. Despede-se de seus dançarinos no final da turnê quando eles estão literalmente na cama com Madonna, entre risadas, simulação de lágrimas e pirraça, e declarações de amor. Igualmente, há cenas nas quais Madonna não é muito divertida. Ouvindo suas duas backing vocais cantarem Belinda Carlisle ela resmunga: "Essas meninas me irritam". Faz caretas por trás de Kevin Costner, com quem ela havia acabado de ter uma conversa polida e aparenta estar se divertindo ao saber que a maquiadora da turnê havia sido drogada e violentada por um estranho em uma boate. Faz um sermão para o pai ao telefone, debruçada sobre uma tigela de sopa, as pernas abertas e uma touca de banho na cabeça, fazendo muito barulho para tomar a sopa enquanto fala. Faz piadas sobre as tentativas do irmão Martin de se recuperar de abuso de álcool e se recusa a recebê-lo quando aparece tarde em seu hotel.

Em uma cena notável, Madonna visita o túmulo de sua mãe e se estica no chão onde ela imagina sua própria prisão antes de saltar de repente e entrar em sua limusine.

É desconfortável ver, também, quando Madonna despacha sua amiga de infância Moira McFarland que a convida para ser madrinha de sua criança que está para nascer. Ela também insiste para que Moira mostre a ela como inserir tampões e também a "fudeu com os dedos", apesar dos protestos embaraçados de sua amiga dizendo que não se lembra de tais incidentes.

O filme satisfaz as expectativas de Madonna de que seja vista como o comandante do navio, mantendo todos juntos, embora a atmosfera "familiar" que é tão fortemente acentuada pode ser enganosa: três dos dançarinos – incluindo o que disseram haver sido seduzido por ela – a processaram por conta da filmagem fora do palco, pela qual eles queriam receber pagamento. Eles finalmente resolveram tudo fora da corte, incapazes de pagar eventuais ações judiciais.

Uma série de eventos particularmente divertida aconteceu depois que Madonna disse a Sandra Bernhard que a pessoas que ela mais gostaria de conhecer era o astro de cinema espanhol Antonio Bandeiras, de quem ela gostava. Como se fosse por mágica, ela depois encontrou Antonio em Madri, apenas para descobrir que ele era casado.

"Ele não é tão bom ator", ela resmungou. "Nem é preciso dizer que nunca mais vi ou ouvi nada sobre Antonio".

Bem, era verdade na época...

SOON

LATER

Os Estilistas

O Que Eles Dizem Sobre Madonna...

Madonna tem desfrutado de longas associações com seus estilistas preferidos, como Jean Paul Gaultier, Dolce & Gabbana, Versace, John Galliano e Stella McCartney, que desenhou seu vestido de noiva, sendo imediatamente lembrada pelo feito. Mas Madonna tem usado roupas, sapatos, maquiagem e joalheria de muitos nomes de destaque, e uma vantagem de ser uma artista mundialmente famosa é não pagar por esses mimos.

Entre os grandes nomes da moda a frequentarem seu guarda-roupa estão Chanel, Cartier, Prada, Bruce, Vivienne Westwood, Philip Treacy, Donna Karan, Oscar de la Renta, Gianfranco Ferrer, Balenciaga, Nike, Dior, Adidas, Fendi, Comme Des Garçons, Betsy Johnson, Stephen Sprouse, Nicolas Ghesquiere e Gucci, após sua sorte ter sido revitalizada pelo texano Tom Ford.

Entre os novos estilistas estão os irmãos Dean e Dan Caten, trabalhando com o selo DSquared. Eles colaboraram no segmento "vaqueira" da turnê Drowned World, fazendo a camisa estilo rodeio, jeans e camurça com cristais Swarovski. Catherine Malandrino, uma estilista de Nova York, contribuiu com uma camiseta para a turnê, enquanto Michael Schmidt fez um conjunto de gargantilha punk e braceletes cravejados por cristais Swarovski, bem como a correia de guitarra com a inscrição "Fuck off".

Jean Paul Gaultier "A primeira vez que vi Madonna, estava em Paris assistindo tevê. Estava passando *Top Of The Pops*. Ela participava com "Holiday". Fiquei fascinado com seu visual e o jeito dela dançar. Ela era linda e se vestia muito bem. Tinha certeza de que era inglesa...

Ela usava minhas roupas antes de começarmos a trabalhar juntos. Estava com um dos meus vestidos-espartilho na estreia de *Procura-se Susan Desesperadamente*. Quando ela me ligou pela primeira vez em 1989, foi dois dias antes do meu show de *prêt-à-porter*, e pensei que meu assistente estava brincando. Eu era uma grande fã. Ela me perguntou se eu faria a turnê (Blond Ambition). Ela sabia o que queria... um conjunto de risca de giz, os espartilhos femininos. Madonna gosta das minhas roupas porque elas combinam o masculino e o feminino...

Ela sempre sabe o que quer. No novo show (Drowned World), há um segmento espanhol e outro quimono de gueixa. Quando fui ao seu casamento, que foi na Escócia, eu estava de kilt. E ela disse: 'Amei seu kilt. Eu o quero em meu show'.

Fiquei me sentindo um pouco chateado (por não ter sido convidado para fazer o vestido de noiva). Mas estava muito ocupado planejando minha coleção, então fiquei só um pouquinho aborrecido. Ela estava linda, como uma garotinha".

Domenico Dolce "Ela é fantástica, talentosa e cheia de ideias. É muito exigente sobre conforto..."

Stefano Gabbana "... e sobre corte e cor e proporção. Ela é nosso amor, nossa inspiração."

Dolce & Gabbana "Madonna inspira nosso trabalho de maneira tão ampla. É uma satisfação total vesti-la."

Dean Caten "Ela não deixa nada passar. Calcula a altura que vai levantar a perna de acordo com o peso da calça e coisas assim. Lembro quando ela notou que uma camisa que fizemos estava um pouco maior. Ela disse: 'Não deste tamanho, mude para a medida anterior'. Estávamos falando de meio centímetro. Ela é muito, muito afiada."

Donatella Versace "Madonna muda sua imagem tão rapidamente quanto a moda e não tem medo de correr riscos, o que a torna o ícone mais importante para os estilistas de moda."

Maripol "Madonna é uma mulher-criança. É vulnerável, e de repente não é. Ela sobrevive a tudo."

Arianne Phillips, estilista: "É todo um processo de colaboração. Como tudo com Madonna, tudo começa a partir de suas ideias. Criar trajes para elas é só um tipo de processo natural. Nos últimos anos de trabalho com Madonna, fizemos tantas coisas diferentes. A turnê Drowned World foi só uma oportunidade de reavivar alguns desses pontos altos. Ela pegou o que fazia sentido e colocou no show...

Qualquer um pode escolher um visual de uma estilista famosa, mas Madonna pode recontextualizar uma peça de vestuário. Isso é glamoroso."

Madonna sobre Gianni Versace (escrito na revista *Time* em novembro de 1998): "Os grandes yogis acreditam que não há fim da vida. Estou inclinada a concordar. Apesar de a vida de Gianni na Terra ter terminado, seu espírito está em todo lugar e sua alma vai viver para sempre. Vou sentir sua falta, Gianni. Vamos todos sentir. Mas tenho muitas lembranças nos bolsos dos meus jeans Versace, e elas vão estar lá muito bem guardadas".

Madonna é o sonho dos estilistas. Quando está usando suas roupas, você sabe quem fez. Aqui (página seguinte) Madonna se diverte com o colaborador de longa data Jean Paul Gaultier em Nova York, 1994. Com ela (acima) estão Dolce e Gabbana em Milão, em outubro de 1992, promovendo Sex e Erotica e (abaixo) com os amigos chegados Santo e Donatella, irmão e irmã do falecido Gianni Versace.

Estilo Madonna

Embora o filme não estivesse na competição, Madonna monopolizou a atenção durante o Festival de Cannes em 1991. Vinda da estreia à meia-noite de *Na Cama Com Madonna* em 13 de maio, no Grand Theatre Lumiere, ela posou no alto das escadas para mostrar seu conjunto de sutiã e calcinha Gaultier. Já o traje usado na festa (abaixo) não fez tanto sucesso.

"Os *capítulos* em minha vida não começam com a cor do cabelo."

Madonna tingiu seu cabelo retornando ao castanho, deixando-o liso. Na festa de estreia em Nova York de Na Cama Com Madonna, ela explicou: "Os capítulos em minha vida não começam com a cor do cabelo. Acho que se trata de um novo capítulo em minha vida porque agora eu finalmente terminei com o filme. Isto é um tipo de adeus a ele".

Embora brilhe em seus vídeos, a aura de verdadeira estrela de cinema passa longe de Madonna. Um pequeno papel em *Neblina e Sombras*, de Woody Allen, como uma acrobata de circo (foto principal) foi amplamente ignorado, assim como seu papel principal em *Corpo Em Evidência* – um filme que gostaria de ser *Instinto Selvagem* – como a dona de galeria Rebecca Carlson (no alto) foi destruído. Ela teve mais sucesso em um papel menor como a jogadora de beisebol Mae Mordabito em *Uma Equipe Muito Especial*, de 1992 (ao centro), embora a Uli Edel de *Olhos de Serpente* (à direita) tenha sido má recebida.

Ela disse adeus naquela festa particular vestida em um traje de cetim preto usado sobre um corpete colorido e cintilante, meias 7/8 e muitas joias.

Na Costa Oeste, ela celebrou por conta própria, em uma festa beneficente com lucros revertidos para organizações de combate à aids de Los Angeles, em memória a Keith Haring e a seu primeiro mentor Christopher Flynn, que morreram vitimados pela doença.

No Festival de Cannes, com seu cabelo (ou peruca castanha) usado em cachos suntuosos, ela promoveu o filme com outro *streaptease*. Com um gesto mais atrevido do que no Oscar, ela simplesmente deixou ir ao chão seu robe rosa de cetim, sorrindo amplamente enquanto os figurões da indústria do cinema comiam com os olhos sua *lingerie* – um sutiã de cetim com bojos de cone de Gaultier e shorts bem justos com um painel frontal, ao estilo dos espartilhos.

Sem esforço Madonna ofuscou a todos em Cannes, incluindo seu ex-marido Sean Penn que estava lá para apresentar *Irmãos de Sangue* – sua estreia como diretor. Ela era fotografada onde estivesse, fazendo *jogging* e em sua última criação de Gaultier. Um conjunto particularmente notável unia um sério casaco trespassado, um tutu e ainda shorts, botas curtas e joias em pérolas, pelas quais ela parecia andar afeiçoada nessa fase.

Como produtora executiva de *Na Cama Com Madonna*, ela investiu 4 milhões de dólares em seu próprio projeto. Foi um sucesso de bilheteria, sucesso de crítica e tornou-se até hoje vídeo essencial na coleção de qualquer fã respeitável de Madonna. À parte a satisfação de recuperar todo o dinheiro investido, ficou extasiada, ao menos por ter se tornado uma genuína e 100% verdadeira estrela de cinema.

Mas sua bolha estava prestes a estourar. Em fevereiro de 1992, recebeu menos que críticas de cortesia por *Neblina e Sombras*, o imemorável filme de Woody Allen no qual uma soturna Madonna de cabelos encaracolados atua com Mia Farrow, John Malkovich e o diretor Allen.

Uma Equipe Muito Especial seguiu-se no verão. Uma comédia de beisebol ambientada nos anos de 1940, também estrelada por Tom Hanks, Geena Davis e Rosie O'Donnel, saiu-se bem nas bilheterias, mas falhou em endossar o respeito que Madonna havia ganhado como estrela de cinema – embora tenha rendido um single de sucesso com "This Use To Be My Playground".

E então ela participou do mais desastroso ainda *Corpo Em Evidência*, enquanto completava um novo álbum e um livro. Juntos, esses itens causariam problemas inimagináveis... problemas que giravam em torno de sexo. Enquanto Madonna continuava a abrir caminho na liberdade pessoal e a dramatizar suas fantasias de cama, as pessoas estavam começando a ignorá-la. Alguns estavam ficando entediados. Outros não estavam felizes com a preponderância de imagens de sadomasoquismo e as implicações dúbias de algumas dessas visões.

O livro, simplesmente intitulado *Sex*, foi publicado pela Time-Warner em outubro de 1992 em um formato largo e delgado com a capa de aço inoxidável. Foi então distribuído em uma embalagem prateada para prevenir que compradores potenciais simplesmente o folheassem. Há muito tempo esgotado, suas páginas eram cheias de fotografias explícitas e escritos sobre fantasias sexuais, atribuíveis a Madonna e a um alter ego, uma personagem dominatrix que ela chamava de Dita.

O conteúdo pictórico mostrava Madonna parcial e totalmente despida, tomando parte em uma série de atividades sexualmente explícitas com modelos e celebridades, incluindo o rapper Vanilla Ice (com quem ela disse ter desfrutado de algumas travessuras parecidas na vida real), a supermodelo Naomi Campbell, a atriz e amiga Isabella Rosselini, o rapper Big Daddy Kane e o ubíquo Tony Ward.

Madonna depilou liricamente o caminho por meio de seu *Kama Sutra* pessoal, compondo alegres odes à sua vagina, cantando os prazeres do sexo anal e trabalhando a si própria em borbulhas de dominação e submissão. Mergulhando no tesouro visual de *Sex*, o leitor se depara com fetichismo por pés, depilação, lesbianismo, homossexualidade, sexo hétero, sexo oral e, controversamente, um cenário de estupro no qual Madonna, vestida como uma estudante, é abusada por skinheads.

Para muitos de seus fãs ela tinha ido longe demais, particularmente as feministas que tinha anteriormente dado a Madonna o benefício da dúvida. Ela as tinha convencido que suas roupas eróticas eram escolhas de uma mulher assertiva mais que armadilhas de um brinquedo masculino, que as mulheres poderiam ser fortes e *sexy*, e que seu papel apoiava o direito de as mulheres declararem sua sexualidade fosse qual fosse a forma, um direito de *tomar o controle*. Madonna, elas sempre sentiram, estava liderando por exemplo, ajudando a fortalecer a sexualidade feminina assim como tinha fortalecido a si mesma.

Cenas de estupro eram outra coisa. Madonna respondeu que a foto mostrava uma encenação sexual que já havia sido acordada pelas três partes envolvidas. De fato, ela declarou, tinha sido estuprada durante seu primeiro ano em Nova York, e consequentemente entendia a realidade devastadora.

Estilo Madonna

Tempos gays

O Que Eles Dizem Sobre Madonna...

As garotas queriam *ser* Madonna. Já os meninos queriam fazer amor com Madonna. E para alguém com tanto apelo a um público heterossexual, pode parecer estranho que ela atraia igualmente homens e mulheres da comunidade gay.

Mas isto é Madonna. E nem mesmo foi surpreendente.

Ela tem dobrado os gêneros, mesclado os gêneros, misturado as regras e os papéis tão compreensivamente que sua sexualidade tornou-se algo fascinante para todos.

Ela sempre insistiu: se for bom, faça, mas faça de modo seguro.

Senhora da imaginação e da fantasia, ela era voluntariosa e tímida, agressiva e passiva, forte e sensível, masculina e feminina, macho e *camp,* uma bela deusa, gatinha de *lingerie*, dominatrix, sapatão, drag queen, a garota da capa.

Se for bom, faça, mas faça de modo seguro, faça do seu jeito, e faça de outro jeito também, se você deseja. Expresse-se! Liberte suas fantasias! Não tenha medo!

Madonna disse uma vez: "Quase tudo no mundo é centrado em atração sexual e poder sexual".

Entendendo isso e, alguns poderiam dizer, entendendo como isso foi aplicado com sucesso à sua carreira, Madonna tornou-se sexualmente atrativa e poderosa para o maior número de pessoas possível – o que não implica que seus sentimentos não fossem verdadeiros ou tentassem invalidar suas dramatizações.

Há tempos ela envia sinais bissexuais, desde suas histórias de brincadeirinhas de infância com amigas como Moira McFarland até sua relação ambígua com Sandra Bernhard e Ingrid Casares, seus famosos beijos lésbicos e suas poses eróticas com mulheres no livro *Sex*.

Ela disse a Norman Mailer: "Há fases em que eu me sinto realmente bissexual... Só acho que é importante as pessoas treparem com o que quiserem e não se sentirem envergonhadas por isso".

Mas chegou o tempo em que ela começou a revelar o mistério:"Não sou lésbica, mas não acho digno dizer isso", declarou. "E daí se eu fosse? Não vou dizer que nunca dormi com uma mulher, mas amo os homens".

Algumas feministas desconfiavam de Madonna, sua bissexualidade declarada e sua *lingerie*-isca de homens usada como roupa para ser vista.

Ela respondeu que a força do caráter vem de autoexpressão e liberdade de escolha. E acrescentou: "Me chamar de antifeminista é absurdo... Acho que nos anos 50 as mulheres não se envergonhavam de seus corpos. Eram luxuriantes em sua sexualidade e fortes em sua feminilidade. Acho que é melhor que esconder esses atributos e dizer 'Sou forte, sou como um homem'. Mulheres não são homens. Elas podem fazer coisas que os homens fazem...

Não penso no meu trabalho em termos de feminismo. Acho que acabo dando às mulheres força e esperança, particularmente às jovens. Então a esse respeito, sinto que meu comportamento é feminista ou minha arte é feminista. Mas não sou de forma alguma uma militante, nem nunca fiz nada premeditado nesse sentido".

Muitas feministas ficaram, é claro, do lado de Madonna, endossando seu *status* como modelo a seguir por excelência, e, às vezes, uma amante fantasiada.

Em 1993, Thames And Hudson publicaram um livro extraordinário chamado *I Dream Of Madonna: Women's Dreams Of The Goddess Of Pop*. Dedicado "a Madonna e à Madonna que existe em você", com descrições de 50 sonhos íntimos e frequentemente eróticos sobre a estrela por mulheres comuns, jovens e de meia-idade.

Mesmo depois de se tornar mãe e casar-se pela segunda vez, ainda faz manchetes como a do Daily Star "Madonna Pegou Garota Stripper" em 19 de julho de 2001 – uma história negada por seu representante que acrescentou: "Não sei se é qualquer coisa da qual ela teria vergonha".

Sem dúvida, Madonna se orgulharia de saber que, seguindo seu exemplo, artistas femininas, incluindo Geri Halliwel e Kylie Minogue, estavam felizes em representar o tema lésbico.

Tradicionalmente, no entanto, Madonna tem mais em comum com homens gays, cuja companhia ela tem procurado e gostado e com a qual tem aprendido muito desde suas primeiras experiências na noite em Michigan. "Obviamente no mundo dance eu estava rodeada por homens gays e indo a boates gay. Foi onde comecei a me sentir bem comigo mesma e a não achar que eu deveria me parecer com alguma coisa predeterminada".

A "amiga dos gays" confessa ao *Guardian*: "Tenho certeza de que isso realmente me influenciou, porque do mundo dance ao mundo da música, meu extrato social era realmente o dos homens gays. São meu público, são as pessoas com quem eu saio, que me inspiram. Para mim, eles me libertaram porque eu poderia fazer e ser o que quisesse. Então o problema apareceu quando deixei aquele mundo e fui para o *mainstream*. De repente havia julgamento".

Por que os gays amaram Madonna

Madonna frequentemente defende os direitos dos gays, concedendo entrevistas a revistas como *The Advocate* – na qual ela insistiu que "todo *hom*em hétero deveria sentir na boca a língua de um homem ao menos uma vez" – e empregando um elenco de dançarinos quase que exclusivamente homossexual em sua turnê de 1990 Blond Ambition. Ela tem trabalhado incansavelmente em prol de eventos de caridade de combate à *aids* e aparece regularmente no evento Danceathon de Los Angeles (acima).

Divertindo seus apoiadores com proclamações como "Todo homem hétero deveria sentir uma língua de homem em sua boca ao menos uma vez", Madonna foi a escolha perfeita para seu papel em *Sobrou Pra Você*. No filme, não só engravida de seu melhor amigo gay (Rupert Everett), mas insistiu para que sua personagem fosse uma professora de ioga e não a instrutora de natação como constava originalmente no roteiro.

No entanto, a importância de Madonna para os gays masculinos tornou-se mais nostálgica, menos vital, à medida que ela amadurece em domesticidade heterossexual.

Entre eles está Peter Robinson, escritor pop londrino de vinte e tantos anos. Aqui estão suas razões:

1 "Ela fantástica, tão determinada em sua busca pela fama."

2 "Ela era boa com os gays. Algumas de suas primeiras apresentações foram em boates gays, o que deixou claro que ela fazia parte daquele cenário."

3 "Não acho que ela faça isso deliberadamente, mas ela tem bons pontos de referência. Trabalhou com pessoas como Nick Kamen (o modelo de jeans que virou cantor), que tinha um um grande número de fãs gays, e o tipo de música que ela estava fazendo – disco – era algo muito gay."

4 "Ela não era excessivamente feminina. Houve épocas em que ela não depilava as axilas, e ela se tornou bastante musculosa. Obviamente, ela é muito linda. Ela é o tipo de garota que os homens gays acham atraente caso achem mulheres atraentes. Ela tem a linha do queixo muito masculina e nunca tentou disfarçar isso – 'Isso é como eu sou, não vou mudar por sua causa e vou insistir, quer você goste ou não'. Ela é inflexível sobre sua identidade."

5 "Ela tem apoiado as vítimas da Aids e caridade. Deve ter conhecido muitas pessoas que morreram, pessoas queridas, e ela sabe que muitos fãs que a conduziram até onde está hoje são igualmente afetados por isso – 'Vou fazer o que puder por eles'."

6 "As pessoas gostaram da intriga de não saberem realmente qual é sua sexualidade. Ela mantém segredo sobre muitas coisas a seu respeito. Ela não acha que tem que se dar inteira a todos o tempo todo. Mas agora ela está bastante hétero. É uma mulher de família com filhos, de modo que isso se sobrepõe à velha fascinação – 'Oh, talvez ela seja um pouco lésbica'."

7 "Sua música era ótima, mas ela seguiu por um caminho diferente. Se *Ray Of Light* e *Music* tivessem sido seus primeiros dois álbuns, não acho que ela teria os mesmos seguidores gays."

A nova imagem de Madonna, revelada em outubro de 1992, foi uma surpresa até mesmo para o observador mais obstinado. Vestida em um uniforme fetichista, e brandindo um chicote de cavaleiro, Madonna também apresentou um dente de ouro frontal, gravado com a inicial D. Este último detalhe marcava o novo alter ego de Madonna, uma garota francesa de-vida-fácil chamada Dita Parlo...

"O que escrevi sobre sadomasoquismo era para ser divertido."

O fotógrafo Steven Meisel foi um dos favoritos de Madonna. Ele a fotografou em séries de poses clássicas de Marilyn Monroe para a *Vanity Fair* no começo de 1991, usando elegantes vestidos de Norma Kawali, uma blusa original da própria Marilyn e uma saia de cetim do filme de 1956 *Nunca Fui Santa*. E, na famosa foto de página dupla, com um lençol Ralph Lauren, absolutamente nada. No mesmo ano, o par voltou a unir forças na coleção da *Rolling Stone* "Flesh And Fantasy", na qual Madonna aparece em cenas de lesbianismo, *drag* e sexo grupal, usando meias 7/8, cintas-ligas e espartilhos.

Não havia como negar o excelente trabalho do fotógrafo em *Sex*, mas várias críticas consideraram seu conteúdo vulgar, repetitivo, barato, óbvio e predominantemente voltado para humilhação e degradação.

Madonna defendeu seu trabalho declarando que pretendia que as imagens fossem entendidas como produtos da imaginação, mais reais em um mundo maravilhoso das fantasias do que nas ruas sórdidas da vida real, onde as pessoas morriam de aids. Seu objetivo, disse ela, era encorajar a exploração pessoal e não a promiscuidade.

Ela também declarou que a maior parte do texto havia sido mal interpretada:"O que escrevi sobre sadomasoquismo era para ser divertido. A intenção não era fazer uma peça de pornô pesado.

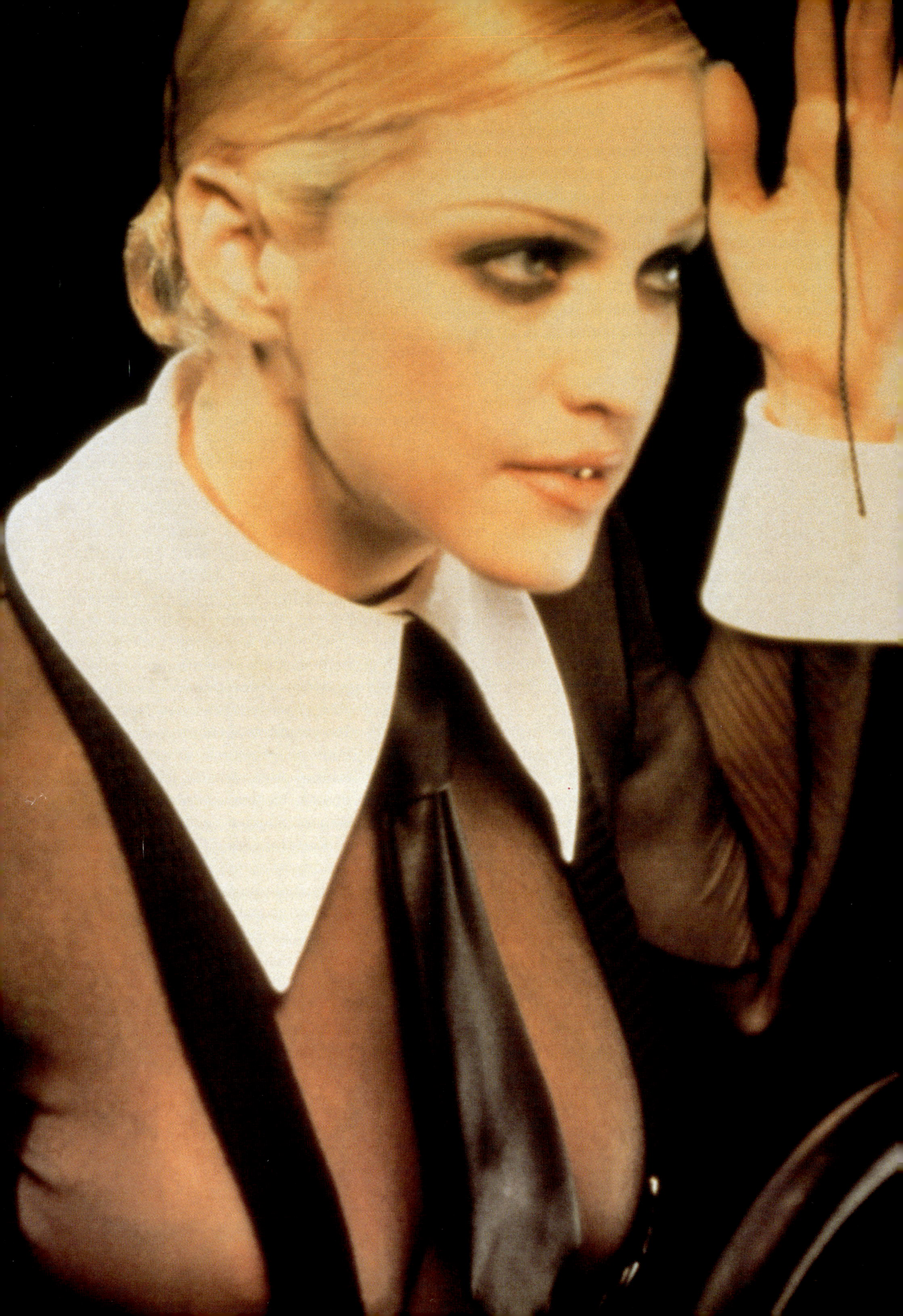

Eu estava zombando do preconceito das pessoas sobre a sexualidade dos outros e delas próprias".

Enquanto a polêmica se arrastava, Madonna simultaneamente lançou um acompanhamento sonoro – seu novo álbum *Erotica,* que trazia fotos de *Sex* e, como este último, também estendia-se sobre os prazeres da carne. Composto em parceria e coproduzido pelo mestre *dance* e colaborador de "Vogue" Shep Pettibone; com a intenção de trilhar melodias contemporâneas, o álbum – com todo seu mérito – foi seriamente encoberto pela comoção causada por *Sex*, atingindo apenas alguns milhões de vendas, embora tenha brilhado bem por cinco minutos.

Isso aconteceu por conta do hipnotizante clipe de *Erotica*, o primeiro single. Ilustrando o tema da dor como prazer, o clipe apresenta Madonna no papel da dominatrix Dita, usando máscara sadomasoquista e um dente de ouro. Completado com outro beijo lésbico, o filme teve sua veiculação proibida antes da meia-noite pela MTV.

Seria seu último clipe a aventurar-se no sexo pesado: Madonna mudou de tática como consequência das respostas negativas sobre o livro *Sex*, o álbum *Erotica* e seu último filme *Corpo Em Evidência*, que chegou às telas do cinema no começo de 1993.

O tema central gira em torno da morte de um amante mais velho após sofrer um ataque enquanto fazia sexo com Madonna e o subsequente caso que surge entre ela e o advogado de defesa. Sua *performance* foi atacada ferozmente pelos críticos, que tornaram a afiar seus canivetes quando ela continuou com o festival de sexo que foi *Olhos de Serpente*.

Era tempo de esfriar os clipes de Madonna lançados durante 1993, beneficiados pela urgência por novas ideias, às quais surgiram tanto nas narrativas quanto nos efeitos visuais.

"Bad Girl", sobre uma executiva que bebe, fuma e não consegue deixar de ir para cama com estranhos, assume as proporções de uma história moderna de fantasmas enquanto o espírito guardião, Christopher Walken, resgata nossa heroína de seu leito de morte e a leva em uma nuvem para uma eternidade de felicidade e cigarrilhas.

Há pouco exibicionismo aqui por parte de Madonna, que troca um traje preto executivo com uma blusa de grande colarinho branco por um casaco escuro de inverno e chapéu e ainda uma roupa de noite bem comportada, novamente em preto. De volta ao tom loiro, seus cabelos ondulam livres até a altura dos ombros, embora haja uma timidez incomum quanto à maquiagem. Sobrancelhas mais finas e arqueadas sobre sombreamento rosa brilhante, pouca ou sem qualquer delineador, e lábios em tom de rosa também.

Ela está ainda menos produzida no material promocional de "Fever", com iluminador de olhos em tom pérola, o sombreamento na linha acima das pálpebras e batom rosa-claro dando à face a aparência de uma tela vazia, cercada por cabelos muito curtos e surpreendentemente ruivos. Porém, nada mais sobre Madonna é vazio. Ela dança usando uma variedade de trajes, incluindo dois tops vermelhos, um par de justas calças aveludadas e um agarradíssimo minivestido dourado, aparecendo em outro momento como uma deusa oriental com longas unhas afiladas e uma hippie quase nua, com franjas penduradas em seus braços e arranjos de flores cobrindo suas partes íntimas.

A novidade mais notável de "Fever" é o uso de tecnologia de computadores pela primeira vez, permitindo que Madonna se transformasse em uma criatura extraordinária feita de metal fundido brilhante, técnica favorita do diretor e fotógrafo de moda Stephen Sednaoui, que já havia pintado o Red Hot Chille Peppers no mesmo estilo.

Bem mais tranquilo é o premiado, futurístico e bastante melancólico clipe de "Rain", gravado originalmente em branco e preto e então pintado à mão para criar cores vívidas. Nele Madonna ostenta uma beleza quase gélida com cabelos pretos-azulados, brilhantes olhos azuis, um vestido longo de tom escuro que se torna branca à frente de um fundo de céu azul-escuro.

Durante o vídeo, ela beija o ator com quem divide a cena, aparecendo rapidamente nua com ele, enquanto um maquiador trabalha em seu rosto. Um toque de *blush* e um par de cíclios postiços mas discretos formam a base da última concessão de Madonna à sutileza.

A força de sua determinação em repensar o estilo – desta vez menos como capricho do que como necessidade – afetaria quase que todos os aspectos de sua *performance*, e os ventos da mudança soprariam forçosamente através da arena quando Madonna inaugurasse, no outono de 1993, o "The Girlie Show".

Está na cara

A maquiadora Laura Mercier diz o seguinte sobre Madonna: "Quando ela se vê com aquele cabelão dos anos 1980, maquiagem e sobrancelhas tipo floresta, é claro que ri de si mesma. Mas não se arrepende de nada; são estilos que fazem parte das coisas pelas quais passou. Por que deveria envergonhar-se? São parte da evolução de uma mulher".

A evolução de Madonna, muito além de cosmética, tem sido particularmente nas cores. Não apenas sua maquiagem formou uma parte integral de cada imagem apresentada ao público, como também é um ingrediente crucial nos elementos de palco.

De seus anos de garota perigosa com olhos marcados de kohl, sobrancelhas grossas e marcadas até a base pálida, sobrancelhas finas, sombra leve e batom vermelho de Evita; do sombreado bronze e o iluminador dourado da vaqueira de *Music* até a elegante sofisticação das técnicas de sombreamento sutis de hoje em dia, ela tem usado sua maquiagem para criar um impacto coordenado com seu cabelo, roupas, acessórios e joias.

Ela pode muito bem olhar para trás e rir: "cabelão, maquiagem e sobrancelhas tipo floresta" eram um exuberante "faça-você-mesmo", assim como as pulseiras de borracha e as meias e echarpes que ela amarrava na cabeça, e eles pareciam pesados, diminuindo a parte inferior de seu rosto. O estilo dos anos 1940 reestabeleceu o equilíbrio, o batom vermelho redirecionando o foco para seus lábios, dando uma aparência mais cheia. O visual dourado e bronze estava mais lisonjeiro ainda, colorindo as maçãs do rosto e a testa, enquanto que o estilo de cabelo mais recente de Madonna, loiro e liso, realça seus tons de pele preferidos – bege e rosa chiques e brilhantes, com sombra o suficiente, lápis de olho, iluminador e rímel para criar olhos dramáticos.

Algumas de suas recriações de palco – a gueixa ou Marilyn Monroe, por exemplo, brindaram sua maquiadora com um trabalho mais desafiador.

Laura Mercier, especialista em "a face sem defeito", trabalha com companhias de cosméticos, estilistas, fotógrafos, revistas, modelos e atrizes de primeira.

Ela disse ao *Telegraph*:

"Madonna é perfeccionista e é muito entusiasmante traduzir suas ideias em um look. Diferentemente de algumas pessoas com quem trabalho, ela nunca se atrasa e sempre consegue tempo para que sua maquiagem seja benfeita."

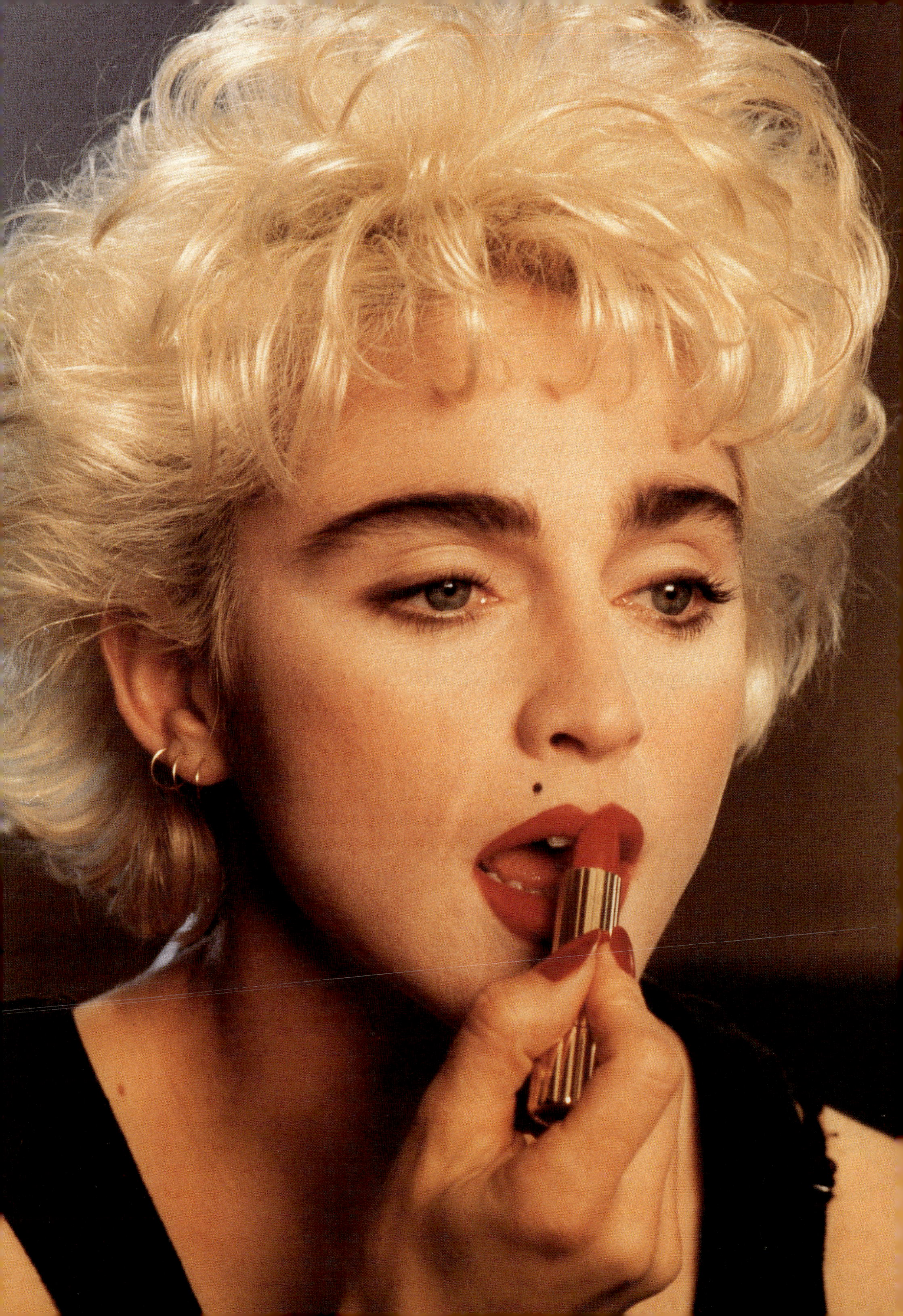

"Ao longo dos anos, temos feito diferentes visuais, incluindo imagens sado-masoquistas irônicas, *dark* e esfumaçadas. E também uma sensação feminina e graciosa... Durante o dia ela mantém seu visual bem claro. Concentra-se na pele, as sobrancelhas são definidas e os lábios são marrons-rosados ou framboesa manchada."

Madonna endossou um dos batons da linha própria de Laura, um tom borgonha escuro chamado "M".

Mas ela deu mais que seu nome e aprovação à Max Factor em 1999, quando apareceu em um anúncio de televisão, veiculado na Europa e na Ásia, para a linha Gold de batons e bases da companhia.

O próprio Max Factor foi o primeiro a criar maquiagem para o cinema, substituindo as velhas tintas oleosas por algo mais agradável. Foi ele quem transformou o visual de Garbo e Gloria Swanson para as telas e logo se tornou o queridinho das atrizes de primeiro time, incluindo Joan Crawford, Bette Davis, Lana Turner, Rita Hayworth e Elizabeth Taylor.

Uma porta-voz da Max Factor disse sobre a campanha feita por Madonna: "Queríamos levar a marca adiante e ao mesmo tempo nos reportar à sua essência – *glamour* supremo.

Havia apenas uma mulher capaz de transmitir essa mensagem no século XXI...

"Madonna é prova viva de que a vida e o glamour não acabam aos quarenta.

O endosso é uma declaração forte vinda de alguém com maturidade, gravidade e experiência de vida suficientes para sustentá-lo."

Usando a experiência de vida, Madonna insistiu em aprovar o roteiro, o elenco, a equipe de produção e cada detalhe de sua própria aparência, desde o cabelo até suas roupas da Versace. O anúncio era simples: Madonna sentada em um set de cinema sendo maquiada, brincando com Sarah Monzani, maquiadora na vida real e seu próprio cabeleireiro Luigi Murencu. Depois de passar o batom Max Factor, um abraço técnico com um lindo ator dado depois do "Corta!"

A intenção era revelar tanto a Madonna "real" quanto a estrela.

Em 2001, Madonna, aparentemente, ainda estava usando rímel e base de Laura Mercier, sombra bege, *blush* rosa da Nars, e produtos *hip* Toni and Tina. Ela era fã da linha orgânica de cuidados para pele do Dr. Hauschka, baseada em aromaterapia, para limpar, tonificar e hidratar. Dizem também que ela gostava de desfrutar das máscaras de beleza no centro estético do Dr. Hauschka com as melhores amigas, Gwyneth Paltrow e Stella McCartney, ao custo de 89 libras por duas horas de tratamento.

Para tratamentos especiais, ela gostava do clube na cobertura do Berkeley Hotel em Londres, com seus tratamentos de beleza Dior. Pagava 50 libras pelo uso das instalações e mais outras 50 por meia hora de massagem. Madonna também visitou as instalações do Sanderson Hotel, que oferece máscaras, reflexologia, shiatsu, massagem e hidroterapia entre outros tratamentos que soam mais exóticos. A lenda conta que ela ainda trata a pele cobrindo-a com mel antes do banho.

Também acredita-se que Madonna tem seus próprios perfumes criados por Oliver Creed, ao custo de 12.500 libras por visita, e dizem que ela teve um perfume feito com exclusividade para si por Francoise Rapp da Arom'Alchemy, que combina os benefícios da aromaterapia com perfumaria tradicional...

Seu manicuro favorito, quando ela estava nos Estados Unidos, era Louis Mattassi, e ela frequentou vários salões de Londres. Usou a marca de esmalte OPI, no tom "Italian Love Affair" no casamento com Guy Ritchie.

Também dizem que ela passa mal sem esmalte vermelho da Chanel para as unhas dos pés.

Enquanto isso, o colorista de cabelo Daniel Galvin lançou uma linha na moda entre famosos, a Pop Colour, partindo de seu trabalho com Madonna. Em uma visita ao seu salão no West End, Madonna fez rinsagem no cabelo com o Miracle Solution Highlight Brightener do colorista antes de aplicar a cor nos cabelos – ouro pálido nos fios ao redor do rosto e tons mais profundos atrás. Ela teve seus cabelos cortados pelo cabeleireiro de celebridades Sam McKnight.

Não há confirmação da especulação dos tabloides de que, em fevereiro de 2001, Madonna teria feito cirurgia cosmética em Londres para remover bolsas de sob os olhos.

O diretor de *Na Cama Com Madonna*, Alek Keshishian foi responsável pela fotografia e direção do ultraglamoroso anúncio de 1999 da campanha da Max Factor, que produziu imagens similares em estilo às pinturas de sua artista favorita Tamara De Lempicka.

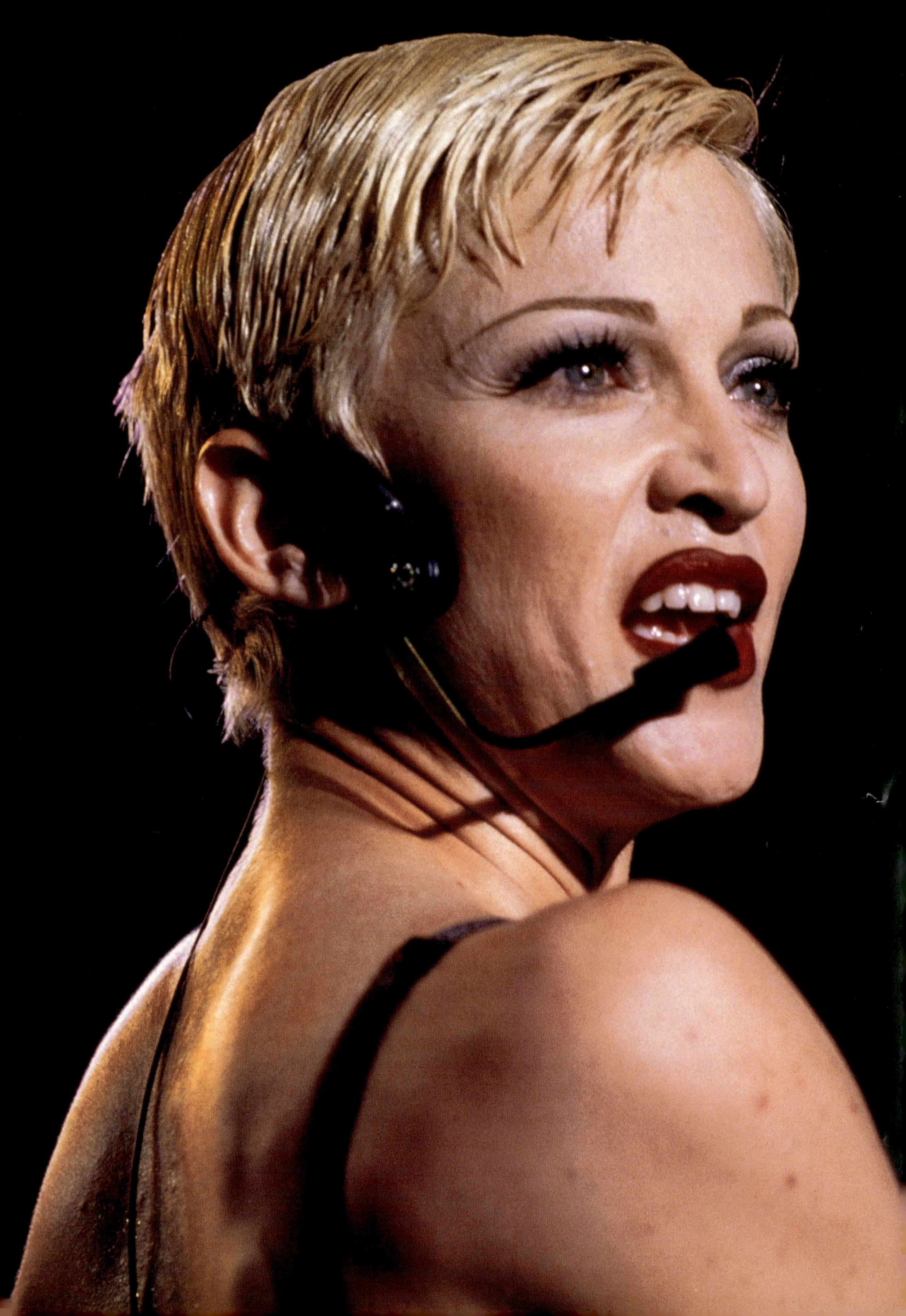

3: A Ressurreição
1993-2001

Havia um sentimento totalmente diferente. Isso era evidente desde os primeiros momentos, quando música de parque de diversões explodia alegremente dos alto-falantes e luzes coloridas e vertiginosas dançavam ao redor do palco.

A ênfase da abertura de "The Girlie Show" em Londres, em setembro de 1993, era diversão. Bem, diversão adulta. Madonna não tinha virado uma madre superiora da noite para o dia – ela tinha montes de novas *lingeries* provocativas para mostrar, suas coreografias estavam quentes como nunca e ela tinha ainda uma ou duas questões a colocar. Porém tudo era mais como em um circo de atrações maliciosas, uma revista turbulenta do que um sério comprometimento com a sexualidade.

"o maior show da terra"

Dispensando os bojos cônicos, as ásperas insinuações sadomasoquistas, os solos de orgasmos de "Blond Ambition", Madonna introduziu um erotismo mais leve. Os trajes – muitos dos quais criados por Dolce & Gabbana – eram mais espetaculares que ousados; e ainda vestida como Dita, ela estava brincalhona, travessa, oferecendo pouca ameaça à juventude do país.

Mas com toda frivolidade do novo show, Madonna tinha ido à cidade com seu visual mais forte até então. Seu cabelo estava loiro e curto, contornando as orelhas, repartido de lado; o rosto rigorosamente composto com fina aplicação de lápis de sobrancelha, a área acima das pálpebras

O The Girlie Show estreou em 25 de setembro de 1993, em Londres. Talvez em resposta às críticas que havia recebido pela franca exploração sexual que vinha fazendo nos últimos anos, o show era um cabaré familiar, com apenas algumas pitadas de controvérsia. Ela usava um novo corte de cabelo (página anterior), que contrastava soberbamente com a peruca afro loira que ela usou em "Express Yourself" e "Deeper And Deeper" (abaixo).

bem definida em tom escuro, *gloss* para olhos púrpura, muito preto nos cílios e batom em tom de ameixa-escuro.

Venham! Venham! Madonna convidava pra "o maior show da terra!"

Era entretenimento na boa e velha tradição, até o esquete quase no final, quando ela encena indignação pelo término do show e finge lutar com os dançarinos estraga-prazeres que tentam levá-la para fora do palco.

Havia tanto moças como rapazes na trupe de dançarinos, fazendo acrobacias em uma escada de corda durante "The Best Within". Havia elementos de mímica, um palhaço de caixa-de-surpresas e um toque do velho costume de cutucar o público – "Não estou ouvindo vocês!" O comentário religioso foi mínimo em uma produção que iluminava a contaminante jovialidade de "I'm Going Bananas" e a imitação de Dietrich em "Like A Virgin".

Em uma hilariante revisão dramática, "Like A Virgin" foi cantada com um pesado sotaque alemão e incorporou alguns versos de "Falling In Love Again". Ela também estava vestida como a legendária atriz, com um terno preto, camisa branca, uma cartola brilhante e uma bengala.

Ela permaneceu com a mesma roupa em "Bye Bye Baby", quando beija uma das dançarinas vestida com uma roupa igual a sua, agarra a própria virilha e diz: "Nós pegamos mulher? Pegamos?" Indo além com a brincadeira de gêneros, havia dançarinos espremidos em espartilhos coloridos. Em seguida, ela mantém as calças e se despe do casaco para revelar um top listrado de mangas curta e passear em "I'm Going Bananas".

Não era a primeira vez que ela emprestava o estilo da sabidamente sapatão Dietrich, que era ao mesmo tempo lindíssima – uma combinação garantida para intrigar Madonna.

Em uma parte separada de "The Girlie Show", ela novamente faz tributo à estrela, incorporando masculino e feminino em um traje composto por camisa branca com enormes golas rendadas, colete, gravata preta estampada com bolinhas, saia escura em camadas com anquinhas.

Um tapa-olhos, um par de óculos-de-ópera e a imprescindível cartola complementam o look com o qual era apresentou "Justify My Love".

O show começou com uma provocação, o público acreditando que a moça de fio-dental que descia por um poste sob holofotes fosse Madonna. Ela mesma apareceu como Dita, segurando um chicote de cavaleiro entre as pernas, com o qual batia no chão despreocupadamente enquanto cantava "Erotica" no modo *Cabaret*, com lantejoulas cintilantes em seu top preto franjado, sutiã e short acinturado. Ela acrescentou meias e cinta-liga, um par de botas brilhantes de amarrar na altura do joelho e luvas três quartos, um acessório favorito.

Dois dançarinos desfilaram músculos enormes vestindo sungas pretas e botas como Madonna em "Fever", batendo e esfregando-se mutuamente e na estrela, enquanto ela, de forma tentadora, meneava seios e quadris. A canção da capa – seu single mais bem-sucedido dos últimos tempos – termina em uma explosão de chamas.

Ela usou um elaborado arranjo de cabeça em "Vogue" e um bustiê de contas – um uso efetivo de joalheria que já havia sido aplicado em *Doce Inocência*, de 1989, com um conjunto de sutiã de borla e short todo em pérolas, combinando com a decoração da cabeça. (De cabelo preto e adornada com joias exóticas ela estava perfeita no papel da *showgirl* dos anos 1920 de Damon Runyan, mas o filme foi mal nas telonas, sendo logo transferido para o vídeo).

Em "Rain", Madonna usou um vestido escuro e longo com um decote pronunciado antes de desaparecer para se aprontar para a parte mais vital do show – um espetáculo sofisticado de canções inspirado em *Hair*, com dança e amor livre para todos, gays ou héteros.

Quando "Express Yourself" começou, ela desceu para o palco em uma bola de discoteca, juntando-se aos seus dançarinos, usando uma peruca frizada de cabelo descolorido no estilo afro, um minitop multicolorido com franjas e mostras generosas de abdome e pernas. Sem ser seu traje mais lisonjeiro, ele a guarneceu de toda a sedução de Vera Duckworth em Woodstock, mas ela o tira e fica de sutiã em "Deeper And Deeper" – uma batalha de boás coloridos e bocas de sino.

Pesarosa em seu sutiã e short de lantejoula em "In This Life" e esperta em sobretudo militar com suas dragonas e grandes botões de metal em "Holiday", ela terminou o show com "Everybody Is A Star"/"Everybody" usando um short claro e uma simples camisa verde e amarela com decote em V, a qual ela transforma em top revelador de sutiã.

Madonna reinterpretou "Vogue" como uma dança balinesa no Girlie Show, fazendo uso completo da passarela estendida às primeiras fileiras do público. Durante a coreografia, ela andava sobre as costas de seus prostrados dançarinos, confirmando sua posição de diva dominatrix.

GIRLIE

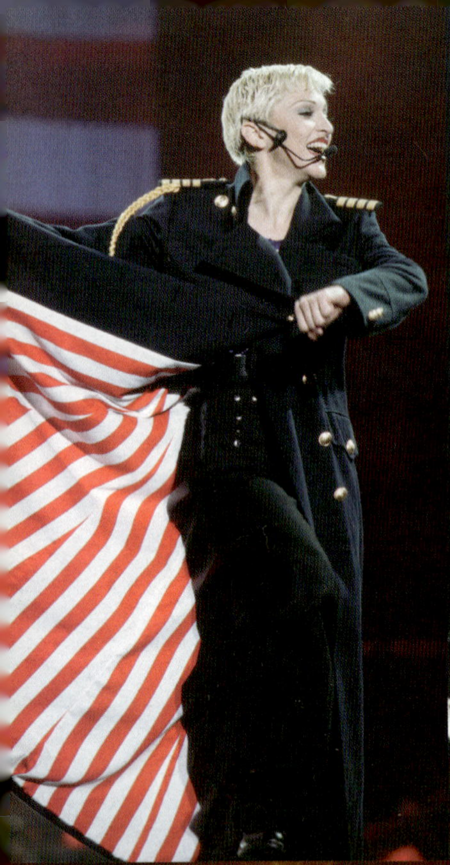
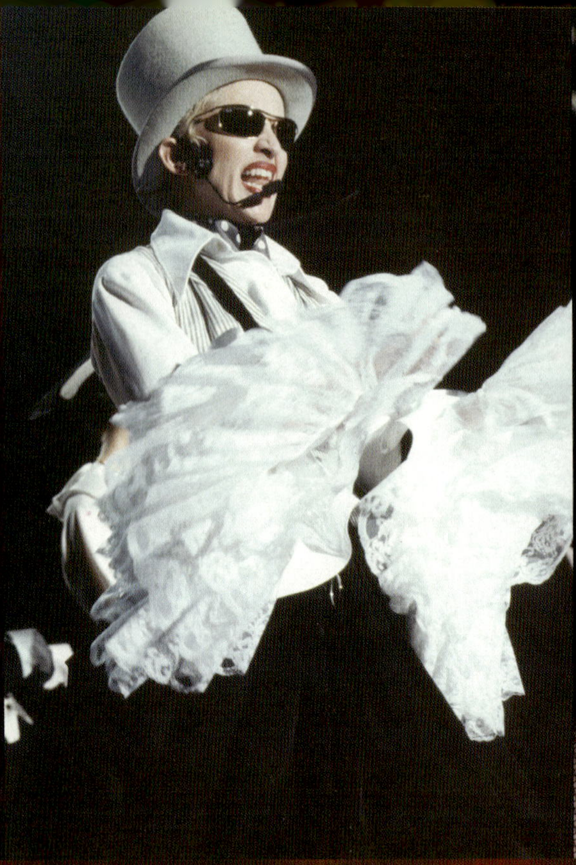
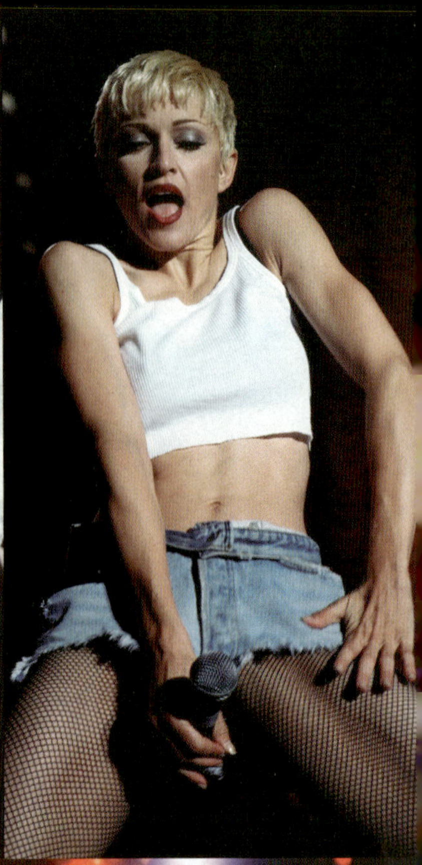
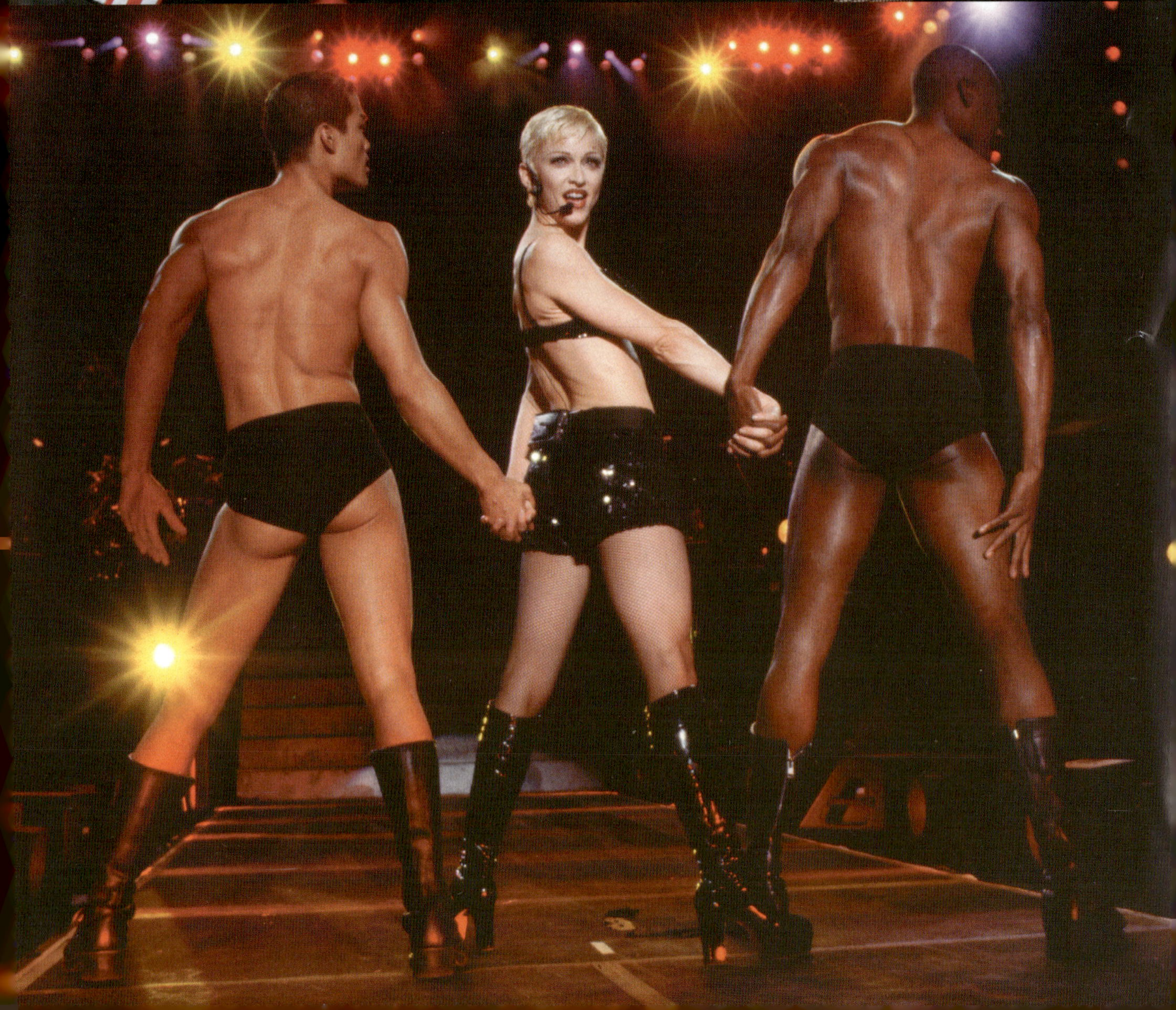

GIRLIE

Estilo Madonna

Uma visão

O Que Madonna Diz Sobre Eles...

Polly Gordon, uma estilista londrina organizadora de roupas para sessões de fotos com modelos e vídeos de música, examina a carreira de Madonna sob a ótica da moda.

O que você mais admira sobre a Madonna?

"Eu a considero muito esperta porque trabalha com gente muito boa – Gaultier, Dolce & Gabbana, Gucci – no momento exato em que eles seriam os profissionais certos para ela. Ela está sempre fazendo sua parte. E todos os estilistas dizem que ela interfere bastante em tudo o que eles fazem, então ela não faz papel de boba.

Gosto da ideia de que ainda em seu começo, ela trabalhava com gente como Keith Haring, um verdadeiro artista *cult*. Ela já estava fazendo suas conexões e sempre parecia tão confiante.

Ela provavelmente muito ligada nos trabalhos de luz e câmera, e tenho certeza de que tem a última palavra na maioria das coisas. Sei que em um vídeo eles tinham uma luz inacreditavelmente bela e ela pediu que sua aparência não parecesse tão perfeita porque ela não tinha mais 20 anos."

O que tornou Madonna esse fenômeno de moda?

"Ela está à frente do jogo. É muito boa para escolher coisas, como camisetas customizadas. Ela nota o que está em volta e então se comporta como se estivesse lançando moda e ela efetivamente lança.

E ela também é muito hábil em saber o que as pessoas poderiam copiar. É aspiracional. Quando ela usava todas aquelas pulseiras e braceletes de borracha e tops cortados, qualquer um poderia fazer um look Madonna sem precisar estar vestido com roupas de grifes dos pés à cabeça.

Ela tem as melhores pessoas a volta de si para tornar seu visual fabuloso. E não faz nada pela metade. Ela não poupa energia, mas tem pique de aguentar. Ela não parece com medo, mesmo em seus trajes mais ousados. Ela tem o controle completo de sua imagem."

Quais têm sido seus problemas ao longo dos anos?

"Acho que as pessoas perdem o ponto algumas vezes. Eles a levam muito a sério e passam por cima de seu senso de humor. Ela é tão famosa que qualquer coisa que ela faça, haverá pessoas a criticando.

Ela também é uma pessoa de baixa estatura (1,64 m) e, para causar um grande impacto, seus trajes de palco têm que ser exagerados. Se você reparar no bolero estampado com bolinhas com todos os babados que ela usou em Blond Ambition, não é tudo isso, seu cabelo está muito severo e ela está usando maquiagem pesada, não acho que seja seu visual mais atrativo, mas é um traje de palco e é bastante impressionante. Você vai se lembrar dele."

Quais foram suas ideias mais brilhantes?

"Os sutiãs foram um movimento muito esperto. Quando ela morrer, você verá uma foto de Madonna e ela estará usando um grande sutiã. A ideia da *lingerie* usada como roupa a ser exposta ainda continua muito viva em 2001. Você vê tops transparentes que incorporam o sutiã. A Dolce & Gabbana estava fazendo um vestido florido de chiffon que vinha com acompanhado de um sutiã. E ninguém mais tem medo de desabotoar bem a blusa.

Chloe foi um movimento esperto também. Na verdade ela adotou o *look* de garota Chloe. Stella McCartney fez muito pela Chloe. Ela domina o visual da garota *fashion* urbana."

O que Madonna possivelmente fará a seguir?

"Ela faz tanta coisa. O que você nota sobre a turnê Drowned World era a variedade de coisas que ela havia retirado do mundo todo – o visual espanhol, a coisa japonesa com o grande quimono e

O Melhor... o Pior

Estilo **Madonna** 157

a maquiagem e a seção de *kung fu*. Ela fez uma punk londrina dos anos de 1970 e a vaqueira – 'Hey, y'all!'. Antes disso, ela inspirou-se na influência indiana, nas filosofias e na religião orientais, então ela *se tornou* tudo isso. Em um minuto ela está com o cabelo loiro e curto, no próximo ele vira um cabelão rebelde, hena nas mãos e as pernas atrás da cabeça. Ela examina diferentes culturas, pega algumas coisas e segue com elas. Logo ela não vai ter mais continentes!"

Madonna ainda é capaz de lançar moda?

"Sim, porque ela trabalha com jovens. Não consigo pensar em nenhuma outra estrela mais velha que teve coragem de fazer isso. Janet Jackson não mudou realmente. Mas tenho certeza de que Madonna é leitora voraz de revistas *underground*, e vai encontrar *designers* que vêm vindo. Eles estão na vanguarda do que está acontecendo, então é onde *ela* está. Ela inspira-se em qualquer um à sua volta. Acho que seria uma pessoa fantástica com quem trabalhar."

PAPA DON'T PREACH
"Adoro seu cabelo curto. Este foi realmente corajoso, porque foi um movimento longe de todo aquele cabelo, dos brincos e tal. Foi sua primeira grande mudança de estilo. A camiseta 'Italians do it better' ('Italianos Fazem Melhor') é um clássico."

O PEQUENO VESTIDO PRETO
"Acho que ela parece um pouco vulgar, e parece que ela estava usando muita maquiagem. Também estava com sapatos horríveis, pesados."

O TERNO GAULTIER
"É uma roupa bem hardcore. É bem masculina, mas ao mesmo tempo, mostra os seios e é bem forte quanto a isso. Gosto do contraste. É realmente uma mistura de gêneros."

MARLENE DIETRICH
"É um visual muito duro da Alemanha Oriental. Ela frequentemente adicionava cartolas e monóculos. Ela realmente pode fazer coisas muito lésbicas. Isto a ajuda por um lado, como não faz mal a David Bowie ter pessoas sussurando sobre ele ser gay. Mas Madonna é mulher que gosta tanto de homem que esta atitude de sapatão é apenas outra fantasia para ela."

MARIA ANTONIETA
"No nível de realização de Madonna, não é preciso provar a própria imagem, então é possível se divertir com ela. É um pouco uma coisa Elton John – 'Já apresentei essa música "Vogue" trinta vezes usando a roupa preta e gostaria de fazer algo diferente.'"

DAME EDNA EVERIDGE
"É o traje usando *ela*, o que é realmente incomum. Ela tem tudo menos a pia da cozinha e está tão perdida atrás dela. Parece realmente estranho."

EVITA
"É linda. Ela flerta com os anos 1940 examinando o tempo do filme. Gosto da forma como ela faz isso completamente com o chapéu, a maquiagem, tudo. Seus lábios estão leves, não é o vermelho pesado que ela já tinha usado bem antes. É o começo da fase em que ela passa a mostrar que pode crescer e continuar em contato com pessoas jovens. Talvez ela quisesse ser levada a sério como atriz."

SOBRE A PASSARELA DE GAULTIER
"Não acho que seja atraente. Aqui, ela fez um favor a Gaultier. Nunca a vi usando nada como isso em nenhum outro lugar. É um visual dos anos 1930 com as sobrancelhas altas e finas. Ela não parece nervosa por ter estar mostrando os seios, mas é melhor quando ela está no controle total. No livro *Sex* ela está linda mostrando os seios porque criou a imagem."

158 Estilo Madonna

The Girlie Show foi aplaudido pelos fãs e pela imprensa em todo o mundo. No entanto, Madonna perdeu muitos admiradores em março de 1994 no que eles consideraram como uma aparição grosseira no *The Late Show With David Letterman* – embora ela tenha ganhado alguns novos neófitos com sua boca-suja, notavelmente usando a palavra f...-se 13 vezes.

Como apresentação, Letterman introduziu Madonna como "uma das maiores estrelas do mundo", que havia "dormido com alguns dos maiores nomes da indústria de entretenimento". Entrando no cenário, cabelos castanhos, um vestido preto justo e botas de combate, ela fez o melhor possível.

"Você não vai cheirá-las?", ela perguntou a Letterman depois de entregar a ele uma calcinha e descrevê-lo como "pervertido" e "um depravado filho da puta". E isto foi só na abertura. Fumando um charuto e referindo-se às calcinhas mais de uma vez enquanto as brincadeiras entre ela e Letterman se tornavam mais e

"Eu *simplesmente me diverti* muito *e na verdade* achei *que ele* estava divertindo-se também."

Madonna ultrajou a audiência (acima) com sua participação no David Letterman Show em 1994, desfiando uma série de obscenidades e desafiando David a cheirar suas calcinhas. No Hyde Park Hotel, em Londres (página seguinte), em outubro de 1992, durante a promoção de "Erotica" e *Sex*, Madonna lidou com questões provocativas com mais controle, falando com frequência sobre sua "arte". O modelo é puro Dietrisch, até no charuto pouco feminino.

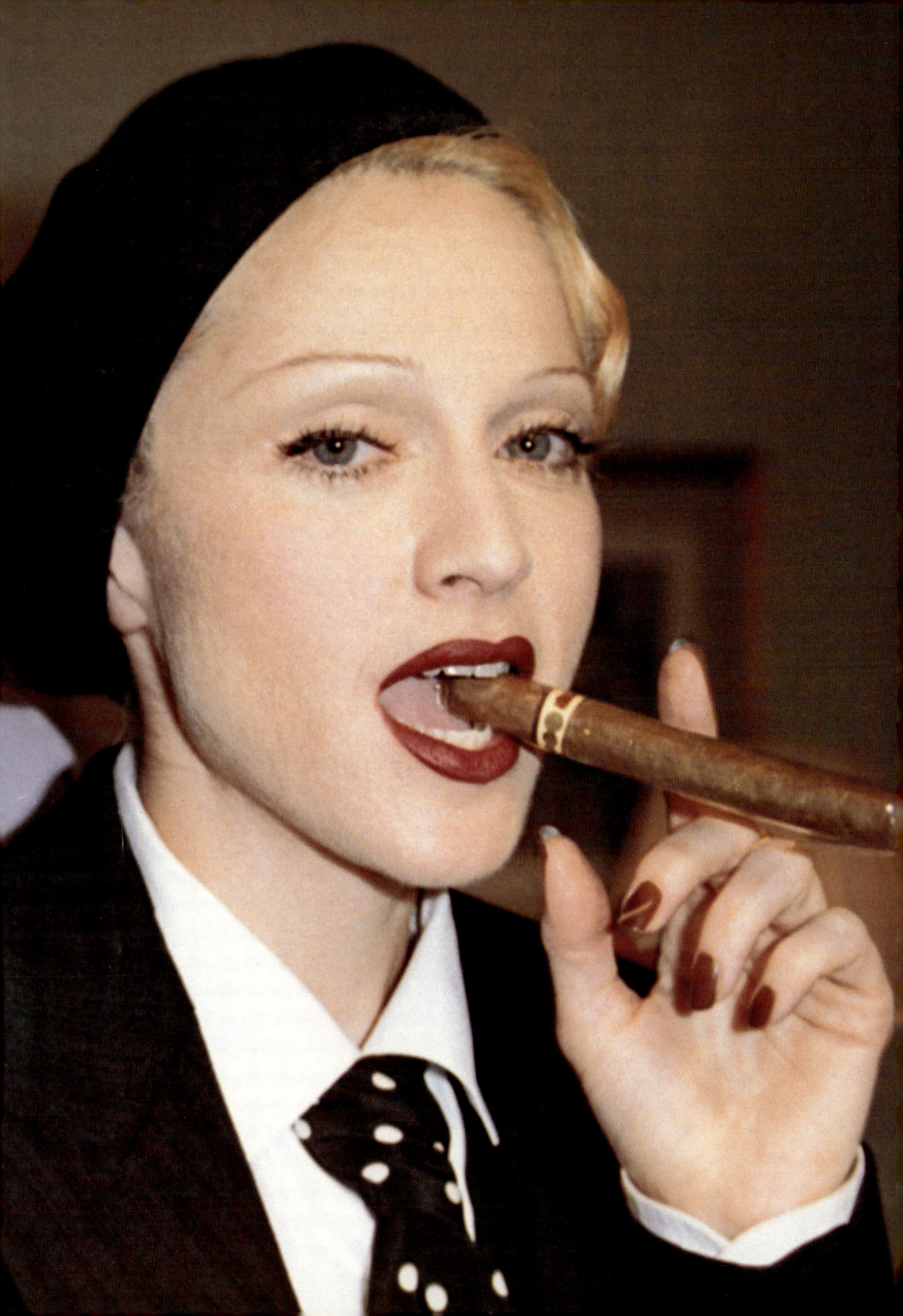

mais bizarras, Madonna finalmente disse: "Você sabia que é bom fazer xixi no chuveiro?"

Mal acreditando no que acabara de ouvir, Letterman deixou escapar: "Perdão?"

"Não, é sério...", devolveu Madonna. "Fazer xixi no chuveiro é muito bom. Evita... evita, hum, hum, pé-de-atleta. É sério, não, a urina é como... é como um antiséptico. Tem tudo a ver com as enzimas do seu corpo."

"Você não conhece um bom farmacêutico?", disse Letterman, que então estava tentando encerrar a entrevista. Mas a moça não estava disposta a sair.

"Oh, oh, oh, e fazer xixi no chuveiro", ela persistiu. "Não me diga que você nunca fez xixi no chuveiro. Todo mundo faz xixi no chuveiro e todo mundo põe o dedo no nariz."

A essas alturas, membros do público no estúdio estavam protestando, dizendo a Madonna: "Caia fora!"

Ela mais tarde declarou que os produtores a tinham encorajado a agir e falar normalmente, mas mudaram o tom quando as coisas começaram a esquentar. Meses mais tarde, ela disse a Norman Mailer: "Desde o *David Letterman Show*, a novidade é que enlouqueci".

E acrescentou: "Antes de ir ao programa, todos os seus roteiristas vieram no meu camarim, dando-me toneladas de coisas que eles queriam que eu disesse e era tudo tão insultante... Então para mim ele sabia que o jogo era aquele, que íamos acabar um com o outro na televisão. Disse a alguns dos roteiristas que eu ia falar palavrão e eles disseram: 'Ah, legal, faça isso que nós jogaremos um bip em cima e a coisa toda vai ficar bem histérica'. Eu simplesmente me diverti muito e na verdade achei que ele estava divertindo-se também. Mas ele é um tipo de versão *yuppie* de Beavis and Butt-Head, sabe – 'Oooooh, que nojo.'

"Não acho que ele soubesse onde estava se metendo, mas uma vez em que se deu conta de como o show estava indo, no dia seguinte, em lugar de dizer 'Nós nos divertimos, foi engraçado e completamente consensual', talvez as redes de TV tenham se desagravado e ele não quis ficar mal com elas, então ele veio com a gestalt da mídia e disse: 'É, foi muito desagradável e, sim, ela se comportou muito mal', e fez isso para livrar a própria cara."

Anos depois, Madonna admitiu que talvez a passagem não tenha sido apenas bom e rude divertimento. Ela disse à revista *TV Guide:* "Foi um tempo em minha vida em que eu estava muito brava. Brava pelo modo como eu tinha crescido. Brava pelo modo como a sociedade em que vivemos é sexista. Brava com as pessoas que assumiram que eu não podia ter sexualidade e talento ao mesmo tempo. Tudo isso. A imprensa estava acabando comigo e eu caí como uma vítima. Então ataquei as pessoas e aquela noite foi uma dessas ocasiões. E não sou particularmente orgulhosa disso".

A confissão traz similaridades com a explicação posterior de Madonna sobre suas razões para ter feito *Sex*. Apesar do pressuposto geral de que ela tinha feito as pazes com Tony Ciccone, ela novamente reconheceu os fantasmas do passado quando disse sobre seu livro: "Era minha rebelião pessoal contra meu pai, contra o jeito como fui criada, contra a cultura, contra a sociedade, contra tudo. Foi somente um grande e massivo ato de rebelião".

Claramente, enquanto Madonna estava afastando-se da ousadia que a tinha ajudado a lançar sua carreira, seu espírito incendiário ainda era sujeito a queimar-se em controvérsias.

Havia sobrancelhas levantadas, novamente, quando ela pousou para a capa de *Esquire* no final daquele verão em um biquíni de borracha com uma coleira de cachorro no pescoço. Ela também mostrou suas últimas joias – *piercings* no nariz e no umbigo. Explicando isso a Norman Mailer, que escreveu a matéria, ele descreveu o aro na narina como "apenas outro adorno".

Mailer comentou: "Eu, por meu lado, pensei: se eu tivesse um anel no nariz, levaria dois minutos para tê-lo completamente limpo".

"Eu não levo dois minutos", retrucou Madonna. "Só tenho que soprar o nariz com muito cuidado. É bom ter de pensar em uma coisa que se faz automaticamente."

O autor quis saber também se o *piercing* poderia machucá-la durante um beijo.

"É a beleza dele", ela respondeu. "Você tem que ser cuidadoso. É como, bem, alguém poderia machucar meu nariz. É como andar de motocicleta sem o capacete. É um risco. De um modo mais simplista, é apenas outro jeito de correr riscos."

Os Fãs

O Que Eles Dizem Sobre Madonna...

EMMA JOHNSTON, uma escritora rock londrina de quase 30 anos é fã de Madonna há anos.

Músicas favoritas "Like A Virgin", "Like A Prayer", "Material Girl" e "Ray Of Light", mas depende do dia e do meu humor.

Vídeo favorito "Like A Prayer", definitivamente.

Fase favorita Gosto da Madonna dos anos 80 porque ela parecia determinada a se colocar à prova o tempo todo, constantemente esforçando-se para chegar ao topo e lá ficar. E ela conseguiu.

Roupas favoritas Há tantas! Talvez eu possa afunilar todas para o terno de "Express Yourself" e o vestido rosa de "Material Girl".

Momento de Madonna favorito A maioria deles. Acho que todo o In Bed With Madonna era bom. E vê-la em Brixton.

O que há de especial sobre Madonna O jeito como tira o melhor de seus talentos e os manipula para criar a superestrela. Ela talvez não tenha a melhor voz do mundo, mas tem a qualidade de estrela que a maioria das cantoras não tem. E isso principalmente pelo fato de ela ser tão centrada, e como faz tudo por si mesma, elevando-se. Tenho certeza de que ela usou e manipulou as pessoas, mas sua determinação e trabalho, e a forma como dá as cartas em um meio que, quando ela começou (e ainda hoje, em boa parte) era dominado pelos homens. Ela usou sua sexualidade para conseguir o que queria, mas nunca foi vítima ou objeto de luxúria dos outros – ela está sempre no comando. E é capaz de mudar sem que pareça forçado ou desesperado. De dominatrix vestida com PVC a mãe respeitável, não há quem pense que cada uma de suas mudanças não está absolutamente certa para ela.

Inspiração Ela é inspiração para qualquer pessoa com ambição... O jeito como foi à luta e conseguiu tudo para si mesma, das performances aos negócios, da contratação à demissão, e tudo acompanhado de perto por ela.

PENNY MCKINLEY, gerente de marketing londrina de trinta e tantos anos, é fã de Madonna há mais de duas décadas.

Músicas favoritas "Rain", "I'll Remember" e "Into The Groove" estariam no meu páreo.

Vídeo favorito "Take A Bow", "Like A Prayer" e "Material Girl".

Fase favorita Sem dúvida a fase *Like A Prayer/In Bed With Madonna*.

Roupas favoritas Adorei o que ela usou no Festival de Cannes quando estava promovendo *In Bed With Madonna*, o robe rosa e o sutiã de cone. Ela estava elegante e portava aquele "Estilo Madonna". Ela também estava morena naquela fase, o que acho que realmente combina com ela.

Momento favorito de Madonna Todos os momentos de *In Bed With Madonna*. Este é um dos meus vídeos favoritos.

O que há de especial sobre Madonna No meu entendimento, ela é a *Girl Power* original. Ela era abertamente imodesta sobre sua ambição. Não ligava para críticas sobre seu visual – de fato ela fazia por chocar e chegar aos limites. Ela representa tudo o que eu queria ser, mas sabia que não era. Tinha o crucifixo e a faixa para usar na cabeça, mas nunca usei tops cortados ou mostrei meu sutiã. Eu era uma aspirante a Madonna conservadora.

Inspiração Ela me fez sentir que tudo é possível à medida que você se propõe a trabalhar duro e com dedicação. Ah, e ajuda se você não estiver nem aí!

ANGIE HUNG, uma gerente de projetos para internet e aspirante a atriz de quase 30 anos de Calgary, Canadá, foi sempre admiradora casual de Madonna, mas tornou-se grande fã em 1995.

Músicas favoritas "Like A Prayer" porque combina uma necessidade sensual e espiritual. É tão raro que uma música possa fazer com que quem a escuta sinta-se abençoado, exaurido, alegre e assustado ao mesmo tempo. Confesso não entender completamente a letra, mas é a produção e a aura como um todo que me deixa em êxtase.

Vídeo favorito "Open Your Heart". Sempre fui fascinada pela dicotomia entre juventude e ser um "adulto".

Fase favorita A Madonna que tornou sua família e seus filhos uma prioridade. A que canta sobre um "Drowned World" ("Mundo Afogado") e como negociou amor por fama, e como não precisa mais que ninguém diga "Eu te amo, Madonna", a não ser por aqueles que realmente a conhecem e amam.

Roupas favoritas O visual dos anos 70 da capa da *Harper's Bazaar*. As cores são lindas e ela parece muito simples e ainda assim elegante e *sexy*.

Momento favorito de Madonna Qualquer momento que ela esteja vivendo agora mesmo, cada um de seus momentos, porque isso é a verdadeira Madonna.

O que há de especial sobre Madonna Sua determinação e coragem de experimentar e abraçar novas ideias em seu trabalho. Sua voz – é tão única e vem de um lugar profundo dentro dela. Sua atitude que envolve aperfeiçoar-se e não deixar para os outros a tarefa de conseguir o que ela quer. Não ter medo de ser poderosa e vulnerável ao mesmo tempo. Sua presença marcante no palco. Seu apreço pela família. Seu corpo tonificado. Sua luta contínua para achar "um significado mais profundo sobre a vida". Ela não liga para o que pensam os fãs. Quando faz música e arte, faz para si mesma, mas é isso que faz com que alguém se torne um verdadeiro fã porque você sabe que tudo aquilo vem realmente de sua alma e coração.

Inspiração Ela me inspira a perseguir minhas metas e sonhos, sejam quais forem. Também influenciou minha grande apreciação por música de todos os gêneros e estilos. Ela também me inspira a deixar uma impressão irremovível neste mundo... e a dançar!

Estilo Madonna

"Era meu destino

3.2

A garotada nos Estados Unidos estava curtindo hip hop e apoderando-se do termo R&B das quase extintas gangues de doo-wop dos anos 1950, com sua batida retrô, reunindo-se em bares e clubes de motociclistas.

Madonna, obviamente, queria um pedaço dessa ação. Desde sua primeira aparição, inovando com as batidas duras de Nova York, ela tinha liderado das linhas de frente da cultura *club*. Primeiro no *mainstream* com o fenômeno "Vogue", indo adiante com assimilações modernas de "Erotica" (completa com a paródia de mau na letra rap de "Did You Do It"), ela não tinha intenção de envelhecer graciosamente, descansando sobre seus louros ou simplesmente desaparecendo, como muitos de sua geração. Ela tinha um ótimo visual, jovens produtores para colaborar no próximo álbum, Bedtime Stories, lançado em outubro de 1994, dos quais ela escolheu quatro: Kenny "Babyface" Edmonds, Nellee Hooper, Dallas Austin e Dave "Jam" Hall.

Como "Erotica", foi lançado no próprio selo Maverick, de Madonna. Montado com 60 milhões de dólares de investimentos por parte da Warner Bros, Madonna comandava seu selo não como um mero capricho, e sim como um grande império de negócios, com outros artistas contratados, como Alanis Morissette.

Bedtime Stories, como seu predecessor, causou uma impressão significativa no refinado público dos clubes para quem Madonna lançou remixes de suas faixas. Crucialmente, ela permanecia uma artista crível.

Mas visualmente ela estava em uma encruzilhada. Os clipes que ela lançou de *Bed Time Stories* acharam Madonna olhando tanto para trás como para a frente, alguns diriam que ela estava brincando com o tempo. Para o single de trabalho "Secret", mostrando seu reluzente *piercing* de nariz, ela é Marilyn mais dez. Com o cabelo curto e loiro e a maquiagem dos olhos brilhante e carregada um pouco demais, Madonna ostenta uma bela marca à Maria Antonieta sob o olho esquerdo, como usou na *performance* na MTV para "Vogue". O clipe, tipicamente, muda entre dois ou três cenários diferentes. Em um, Madonna está em um clube noturno, em frente a um tipo de banda da qual se esperaria que tocasse jazz e

Com um de seus acessórios mais inusitados (acima), a chihuahua Chiquita que fez parte do clipe de Madonna "Human Nature", de 1995.

tuar neste papel"

blues e estivesse em um bar de Louisiana – exceto pelo fato de ela estar cantando a deliciosa melodia de "Secret", apertava em uma saia justa e um top brilhante de decote máximo, mostrando uma faixa da barriga e o crucifixo. Em outras tomadas, ela brilha fora do palco em um vestido de frente única e estende-se em uma cama enquanto, novamente, endossa intimidade inter-racial.

O vídeo promocial de *Bedtime Stories* – composta em parceria entre Nellee Hooper e a excêntrica cantora islandesa Björk – é mais uma sequência de sonho diversificada e surreal decorrente de algum tipo de experimento controlado em uma prostrada Madonna, usando uma combinação particularmente pouco atraente de sombra azul-pálido e batom pêssego opaco.

Pombas voam de sua barriga, seu olho torna-se uma boca e canta, seu cabelo loiro sobressai em tufos nodosos enquanto ela posa em frente a um girassol gigante. Mais beleza usando um vestido longo, usando cabelos longos caindo pelos ombros, mais dramática como uma animação de cabelos pretos com maquiagem hostil, mais intrigante usando uma peruca bufante do século XVII ou um longo robe pálido com babados na linha do pescoço, ela não tinha que voltar para a velha nudez, mas o faz mais uma vez para imergir em água e pisca um sinal para sublinhar a mensagem da música: "Words are useless

Madonna na sacada da Casa Rosada em *Evita*. Depois de ter sido recusada a permissão para filmagens no palácio presidencial, Madonna encontrou-se pessoalmente com o presidente argentino Carlos Menem, que acabou acatando o mesmo pedido feito pela estrela.

especially sentences." (Palavras são inúteis, especialmente sentenças).

Palavras, no entanto, são suas armas em "Human Nature". Obviamente usando a música para lançar-se na contestação sobre *Sex,* o fato de "Erotica" ter sido substancialmente ignorado e a resposta negativa sobre suas robustas *performances* sexuais em *Corpo Em Evidência* e *Olhos de Serpente,* ela voltou a uma preocupação familiar com o gancho: "Express yourself, don't repress yourself." (Se-Expresse, não se reprima).

"You woudn't let me say the words I longed to say", ela acusa. "You didn't want to see life through my eyes." Mais adiante ela desabafa "Did I say something wrong? Ooops, I din't know I couldn't talk about sex", e olhando direto para a câmera no final do vídeo, ela promete, "Absolutely no regrets." (Você não deixa que eu diga as palavras que eu quero há tanto tempo dizer/Você não quer ver a vida através dos meus olhos/Eu disse alguma coisa errada? Ooops, eu não sabia que não podia falar sobre sexo/Absolutamente sem arrependimentos)

Para estender o ponto e produzir ironia, uma réplica bem humorada mais que um convite para jogos de bondage *hardcore,* ela faz uso completo de uma vestimenta de cordas e correntes, filmando o clipe inteiro em uma roupa colante preta de PVC, enquanto dançarinos mascarados contorcem-se vestidos em roupas sadomasoquistas e a chihuahua de Madonna, Chiquita, faz sua estreia no vídeo.

Notavelmente, Madonna finalmente consegue o penteado como os que ela cobiçava tanto das garotas negras, da infância em Michigan. Muito escuro e trançado em linhas perfeitas, combina com o diabólico tom negro de seu batom.

Mas de todos os vídeos lançados do álbum, o mais importante era "Take A Bow", sua significância indo muito além do coro de protesto ao seu conteúdo de tourada e sugestões de violência contra mulheres. Revivendo sua fascinação pela cultura espanhola e coestrelando com Emilio Munoz, toureiro na vida real, Madonna aparece como uma gatinha *sexy* ao estilo Bardot, contorcendo-se pela casa de *lingerie* e lábios vermelhos, os cabelos livres e dourados repartidos ao meio e o delineador aplicado com pinceladas dramáticas. Mais formalmente vestida na tourada, ela está distante, elegante, com um *tailleur* acinturado ao estilo dos anos 1940 de John Galliano, longas luvas pretas, o cabelo puxado sob o chapéu com véu e o delineador pesado nas pálpebras.

O vídeo parece construir uma ponte entre a morte do touro e a sexualidade brutal, e Madonna foi mais tarde criticada por seu tratamento de um assunto delicado. Foi provavelmente por isso que ela filmou uma sequência para o vídeo que acompanha "You'll See", dando a ela oportunidade de livrar sua barra em visão total por todo o mundo.

Não foi a tourada ou a luta que interessou o diretor de cinema Alan Parker quando ele assistiu ao clipe de "Take A Bow". Foi a habilidade de Madonna de carregar o visual dos anos 1940 tão graciosamente. Parker estava escolhendo os atores para *Evita*. Ele planejara fazer uma versão cinematográfica do musical de Andrew Loyd Webber/Tim Rice há anos, e havia grande competição para o papel de Eva Peron entre cantoras e atrizes americanas. Nomes entre os quais Meryl Streep, Barbra Streisand, Liza Minnelli, Glenn Close e Bette Midler apareceram nas colunas de fofocas antes de ficar certo que Michelle Pfeiffer ganhara o papel.

Quando Madonna soube que Pfeiffer tinha desistido depois de ter um bebê, ela lançou uma campanha empenhada em seu próprio benefício, escrevendo uma carta de quatro páginas a Parker na qual ela explicou que poderia trazer Peron de volta à vida como ninguém mais – "... somente eu poderia entender sua paixão e sua dor".

Ela sentiu uma grande afinidade com a esposa do presidente argentino, no mínimo porque a ascensão ambiciosa dos trapos a opulência, usando os homens em seu caminho, ecoou na própria Madonna. Ambas, no auge da fama, estiveram cercadas por controvérsia, mas fizeram campanhas para outros. Madonna, aos 37 anos quando o filme começou, era apenas alguns anos mais velha que Peron havia sido quando morreu de câncer em 1952. E com seus 1,64 m era apenas alguns centímetros mais baixa que sua personagem.

"Era meu destino atuar neste papel", diria Madonna mais tarde. "Sabia que seria o papel de uma vida – e ainda acredito que é."

Não foi sem reservas que Parker e Lloyd-Webber concordaram em contratá-la. Nenhum deles estava completamente convencido de que sua voz daria conta do desafio. Suas habilidades como atriz também eram dúbias, com Madonna padecendo de vários filmes fracassados e ataques da crítica. No entanto, Parker e Lloyd-Weber foram persuadidos pelo entusiasmo e promessas sinceras de Madonna.

Ela era tão boa quanto suas palavras. Preparou-se tão devotadamente quanto em tudo o mais em sua vida em que colocava o coração, tomando lições de canto de um instrutor em Nova York. "Descobri alcance e variações na minha voz que nunca soube que tinha", ele recorda-se.

Ela também participou ativamente da seleção de suas roupas, trabalhando com o departamento de alta-costura enquanto eles montavam um autêntico guarda-roupa. A estilista Penny Rose achou as roupas em lojas vintage e lojas de alguel de trajes, e fez cópias dos vestidos Christian Dior que Eva Peron havia usado. "Madonna estava muito interessada no que ela usava", disse Penny. "Era uma colaboração. Sua contribuição era muito impressionante".

Ela malhava todos os dias para se manter em forma para o filme, e passou a se encontrar e aprender com pessoas que haviam conhecido Eva Peron. Em um grande golpe, ela mesma convenceu Carlos Menem, presidente da Argentina, a permiti-la a filmar "Don't Cry For Me Argentina" na sacada atual do palácio presidencial, a Casa Rosada – um pedido que já havia sido recusado.

No Cinema

Alan Parker (à direita), diretor de Evita: "Acho que ninguém poderia ter feito o papel melhor do que ela. O único problema que passou pela minha cabeça é que o ícone, a celebridade poderia nos atrapalhar. Ela é Madonna, é tão famosa quanto Eva Peron foi. Então, o único problema foi esse peso, mas acho que ela o superou".

Mike Myers, ator comediante e coparticipante no vídeo Beautiful Stranger:

Mike Myers: "Você quer vir aqui em casa hoje?"

Madonna: "Estou fazendo as unhas. Talvez passe por aí depois. Posso levar minha amiga Ingrid?"

George Harrison (à direita), ex-Beatle, dono da HandMade Films, que produziu *Surpresa em Shanghai*: "Tínhamos o roteiro errado, o diretor errado e os astros errados... Os Beatles sempre lidaram com a imprensa brilhantemente e tínhamos muito mais imprensa que qualquer astro pop hoje em dia. Também víamos isso com algum senso de humor".

Antonio Banderas (à esquerda), narrador de Evita: "Sinto-me orgulhoso de ter trabalhado com Madonna, particularmente nesta fase de sua vida. De certa forma, eu pensava sempre enquanto estávamos rodando o filme que *Evita,* todo o projeto e a personagem, eram especificamente feitos para Madonna. Acho que ela teve de trazer a verdade à tona para interpretar essa personagem, e conseguiu – de outra forma não teria sido possível. Gosto muito dela; tenho que defendê-la completamente".

John Schlesinger (à esquerda), diretor de *Sobrou Pra Você*: "Ela estava preocupada em conseguir uma boa e verdadeira atuação, então não estava preocupada em criar um personagem que tivesse algo a ver com Madonna, apenas a pessoa que ela estava interpretando no filme".

Russell Lome, coparticipante de *Um Certo Sacrifício*: "Ela já tinha adotado o hábito de usar um só nome, pensando como grandes astros de ontem tornaram-se conhecidos por meio de um único nome no auge da fama – Marilyn, Dietrich, Gable, Garbo, Liz, Brando. Acho que Madonna queria seu nome na lista das lendas de um só nome".

Ron Silver, coparticipante na peça Speed The Plow (à direita): "A maior parte do público estava lá só para vê-la. Mas eu estava feliz. Lá estava eu com um ótimo papel e uma ótima peça e toda essa atenção tinha o foco lançado para a peça por causa da Madonna."

Susan Seidelman, diretora de *Procura-se Susan Desesperadamente*: "Qualquer um que possa quebrar barreiras, ser ousado e recuar com graça, isso é *glamour*. Madonna sempre teve um surpreendente senso de si mesma... Ela tem aquele tipo de rosto que você quer ver em um cartaz de 15 metros de altura. Ela não tem uma beleza convencional, mas as Bette Davies e as Marlene Dietriches também não tinham."

Madonna sobre William Dafoe (coparticipante em *Corpo Em Evidência*, à esquerda): "Gracioso como homem, generoso como ator e absolutamente a melhor transa falsa que já tive."

EVITA

Madonna continuou a interpretar Evita em estreias internacionais vestindo-se com roupas que não pareceriam impróprias nos anos 1940. Madonna chega (nesta página) na estreia em Londres vestida de verde, um forte contraste com a criação fabulosa que usou (página seguinte) na estreia em Los Angeles.

o vestido bordô, diretamente saído dos anos 1940, era uma rosa gloriosa trazida à vida

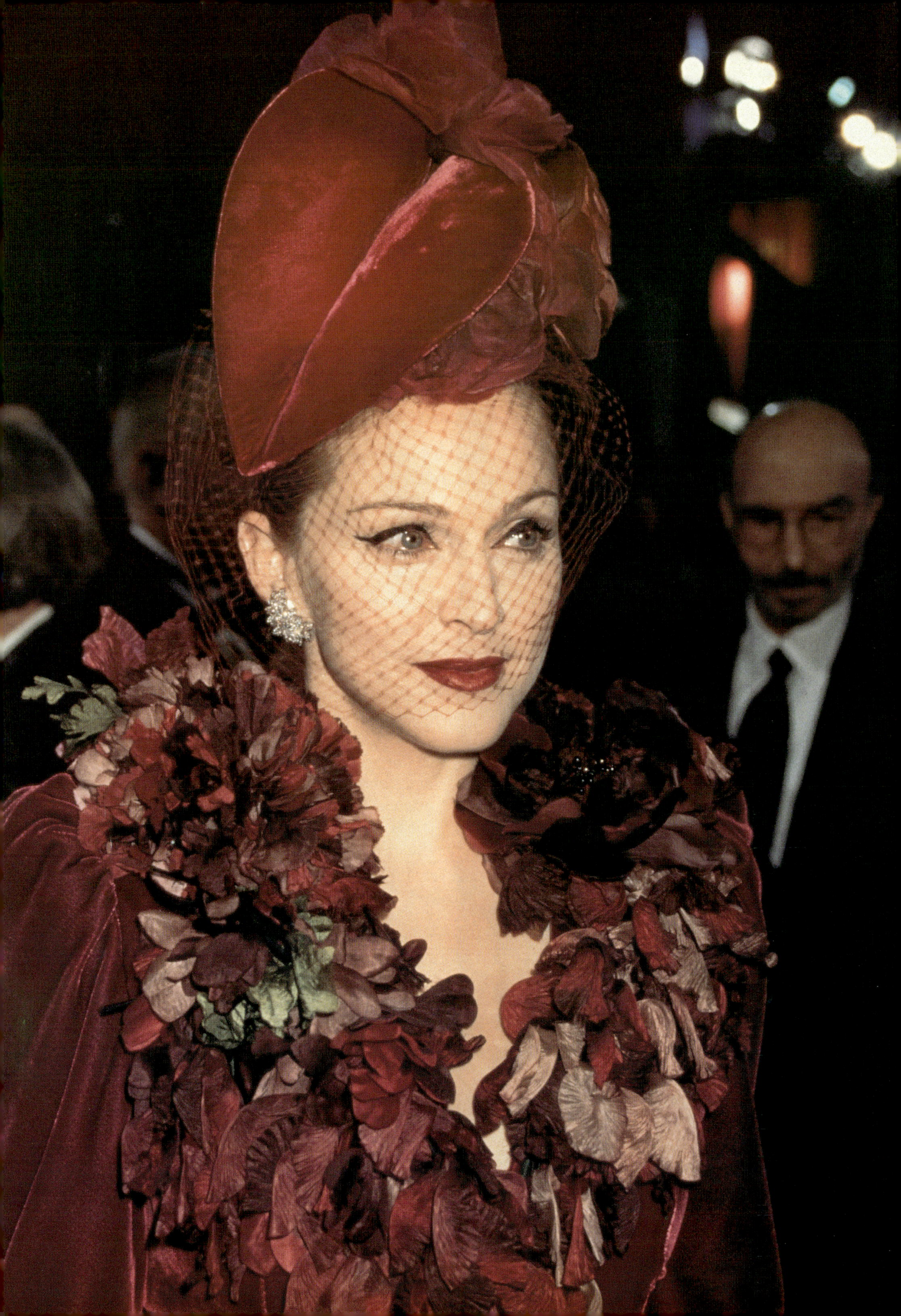

Gravando os vocais em Londres e filmando em Buenos Aires, Hungria e Londres, Madonna fez uma pausa breve em janeiro de 1996 para testemunhar em uma corte de Los Angeles contra Robert Hoskins, um homem que a havia perseguido. Ele foi condenado a dez anos de prisão. Madonna chegou vestida conservadoramente em um conjunto com paletó trespassado, cabelos castanhos comportadamente presos atrás.

No que poderia ter sido uma resposta a disponibilidade sexual que há muito estivera implicada em sua imagem – ao menos em parte dela – o demente Hoskins estava sob a ilusão de que estava casado com Madonna. Ele havia irrompido na área externa de sua casa em Los Angeles mais de uma vez, forçando Madonna a fugir para sua casa em Miami. Na última invasão, um dos seguranças de Madonna tinha atirado em Hoskins três vezes.

De todas as formas, Evita surgiu exatamente no tempo certo, embora, segundo rumores, a atriz Melanie Griffith não estivesse muito contente. Seu marido participava do elenco como narrador – e Madonna tinha deixado clara sua atração por Antonio Banderas em *Na Cama Com Madonna*. Melanie esteve presente durante a filmagem, e gente da produção comentava que não havia nem um pouco de simpatia entre as duas.

Mas novas complicações surgiram durante as filmagens, para as quais os produtores tiveram que fazer algumas mudanças urgentes no cronograma: Madonna estava grávida. Declarando suas cenas prioritárias, eles conseguiram completar o filme sem que a inchada Ciccone interrompesse a continuidade, enquanto sua estrela cumpria as atividades mais rigorosas de sua rotina de exercícios, consultava-se em médicos e lutava contra as dificuldades trazidas pela gravidez, em par com a exaustão, o estresse e o calor da filmagem.

Sempre uma artista de trupe, Madonna continuou através do grosso e do fino. Ela reproduziu os visuais soturnos de Peron usando lentes e perucas de cor castanho, 39 chapéus diferentes, 49 penteados e 85 trajes que iam desde vestidos mais simples até *tailleurs* bem cortados como o que ela havia usado em "Take A Bow", seus vestidos tornando-se mais glamorosos e suas joias mais extravagantes na medida em que sua personagem assumia mais riqueza e poder.

Algumas das imagens mais fascinantes de Madonna foram criadas em conluio com Jean Paul Gaultier. Aqui, em um momento famoso, ela aparece de seios nús em um desfile beneficente de Jean Paul Gaultier pela causa da Aids, em setembro de 1992, Los Angeles. E (destaque na próxima página) empurrado suas coisas em um desfile em 16 de outubro de 1994, em Paris, da coleção prêt-à-porter 1995 de Gaultier. Madonna estava mais comedida (foto pequena) no Globo de Ouro em janeiro de 1997, acompanhada de Carlos Leon.

Apresentações de Dior tinham parecido revolucionárias nos anos após a Segunda Guerra Mundial. Elas lançavam a cintura realçada, as saias volumosas e os ombros naturais, frequentemente com um casaco plissado, meias de risca, luvas, bolsas-baú de mão e muitas pérolas. Vestido de tango, com babados ou estampas de bolas eram outras atrações do pós-guerra.

O cabelo feminino era normalmente usado puxado para trás e a maquiagem era pálida, com pouco sombreado nas maçãs da face, um arco pronunciado nas sobrancelhas, delineador aplicado com traço fino, pouco rímel e batom vermelho. Madonna gostava do Indian Red, da Christian Dior, e Estee Lauder lançou subsequentemente a linha *Evita*.

O filme estreou em dezembro de 1996 no Shrine Auditorium, em Los Angeles. E se Madonna aparecia linda nos vestidos de época das telas, estava absolutamente estonteante na criação que vestiu na estreia. Tinha sido bastante especulado que ela marcaria a ocasião com um Dolce & Gabbana. Desde o nascimento de sua filha Lourdes, em outubro, ela tinha feito uma série de aparições em público com vestidos, casacos e calças da dupla italiana, tirando algo do visual da jovem Sophia Loren. Outros especialistas apontaram sua longa associação com Jean Paul Gaultier, para quem ela tinha desfilado na passarela. Ela era conhecida por ser fã de Chanel e Gucci e havia posado em anúncios de moda para Versace.

No evento, ela fez sua entrada em um vestido de noite desenhado por John Galliano para a Givenchy Couture. Mantendo viva a reputação do estilista de fazer roupas "românticas, excêntricas", o vestido bordô, diretamente saído dos anos 1940, era uma rosa gloriosa trazida à vida, com um decote profundo adornado com centenas de sobras de materiais, aformatados e tingidos e franzidos para formar uma profusão de pétalas e folhas. Ela combinou com acessórios como o chapéu com véu "Miss Kitty", uma cor de batom coordenada e fabulosos brincos de diamantes, as pálpebras simples, mas com delineador e os cílios inferiores levemente escovados com máscara.

O exibição inicial fez um enorme sucesso, assim como o filme, quando lançado no mercado, arrecadando 160 milhões de dólares nas bilheterias. Rendeu a Madonna o tipo de elogio com que havia sonhado por toda a vida: seu domínio de uma tarefa vocal complexa foi calorosamente aplaudido, o álbum com a trilha sonora vendeu milhões e em seu momento mais gratificante, levou um Globo de Ouro de Melhor Atriz em Musical ou Comédia.

Para uma nova mãe, Madonna estava em surpreendente boa forma em janeiro de 1997, comparecendo à cerimônia de premiação da NBC em uma sofisticada revisão de *lingerie* usada como roupa, seu pequeno vestido preto incorporando um ousado top-sutiã de corte baixo e uma saia justa, combinando com luvas longas, entre seus acessórios preferidos. (Na verdade, há um website inteiro devotado às luvas de Madonna).

O cabelo, repartido levemente ao lado, estava loiro e natural, caindo pelos ombros para formar curvas macias nas pontas. O batom era vermelho sem ser berrante, as sobrancelhas estavam gentilmente coloridas em formato natural, e a sombra esfumaçada e delineador acentuaram seus olhos sem dominar o rosto. Acompanhada do pai de seu bebê, Carlos Leon, ela parecia feliz, saudável e, como sempre, branca como uma porcelana.

"Este é o papel que nasci para interpretar", ela diria mais tarde sobre *Evita*. "Coloquei tudo de mim nele porque estava interpretando uma mulher tão parecida comigo. Eu estava emocional e fisicamente exausta e frágil por estar grávida. Mas sou mais orgulhosa de *Evita* do que de qualquer outra coisa que já tenha feito."

Ela acrescentaria depois: "À parte minha filha".

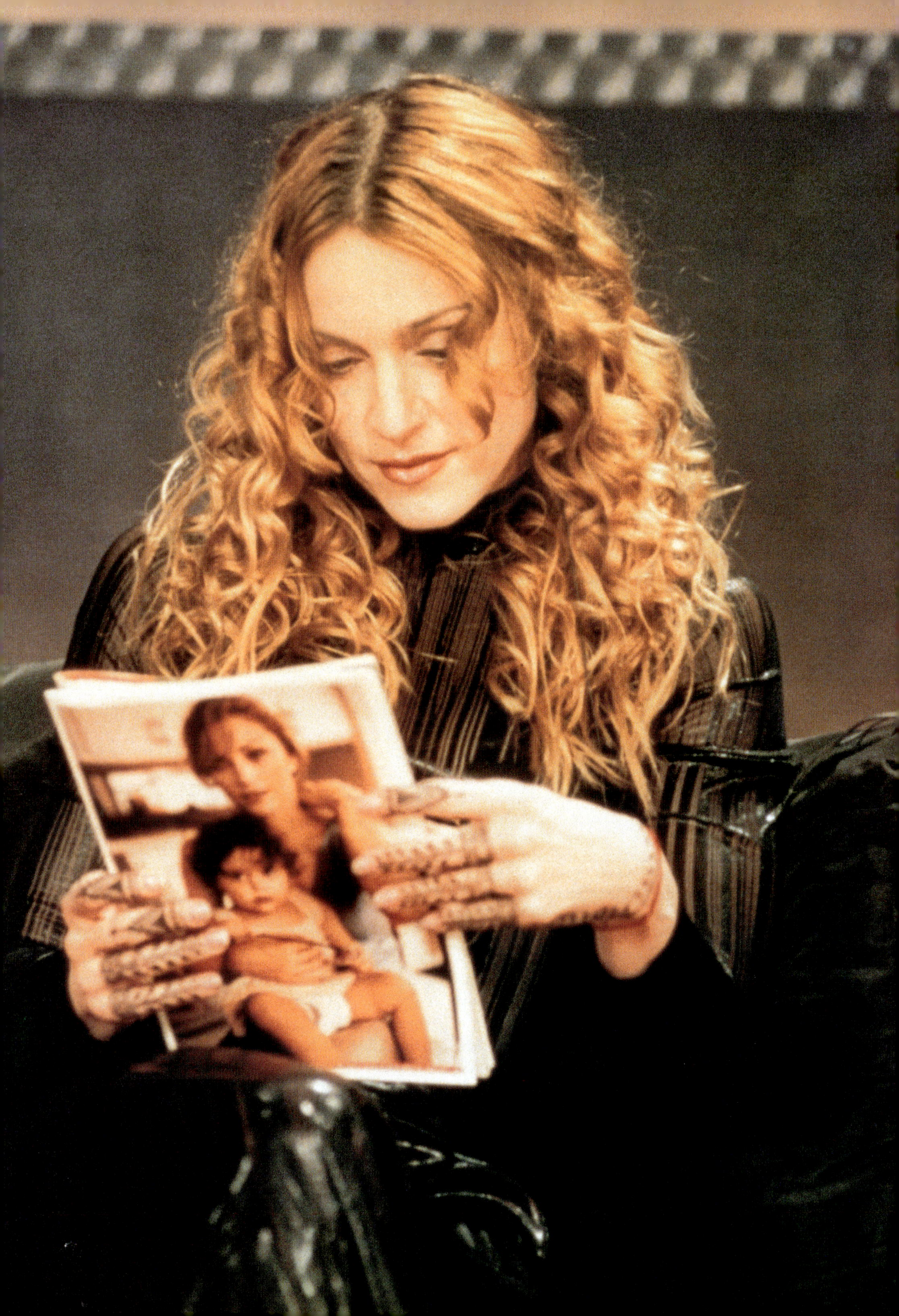

"Desde que minha filha nasceu, sinto a fugacidade do tempo...

Talvez tenha sido uma vontade irresistível ou um impulso repentino pelo retorno dos velhos tempos de libertinagem, antes de se tornar famosa.

Não era certamente o estilo de Madonna pegar homens em parques públicos, mas por todas as contas, foi assim que ela conheceu Carlos Leon. Fazendo jogging no Central Park em um dia de outono, ela viu o futuro pai de sua filha andando de bicicleta e se aproximou dele. Nascido em Manhattan, de descendência cubano-americana, Carlos era *personal trainer* em uma academia em Nova York, com ambições de ser um ciclista de classe mundial. Ele levou Madonna para tomar café e começaram a se encontrar, de vez em quando. Fazia tempo que ela havia terminado com Tony Ward depois de, conhecidamente, ter sofrido um aborto espontâneo.

Respondendo a sugestões de que ela havia usado Carlos como algum tipo de "serviço de inseminação", Madonna replicou: "Percebi que esses comentários foram feitos por pessoas que não podem viver com a ideia de que algo bom aconteceu para mim".

No entanto, ela não parecia interessada em se casar e se opôs furiosamente a uma escola de opinião que a condenou por dar aos

Em uma aparição no show de TV alemão Wetten Das, em fevereiro de 1998, Madonna relaxa (página anterior) em um vídeo que mostra a estrela folheando uma edição de *Vanity Fair* que contém uma foto dela com Lourdes. Ela parece verdadeiramente relaxada em um raro momento.

... e não quero gastá-lo escolhendo a cor de batom perfeita."

Naquela época, Madonna estava tendo um caso com o astro do basquete Dennis Rodman, mas ela logo o mandou embora quando se deu conta de que ele era indiscreto. Ele deu o troco vendendo aos jornais mensagens de fax apimentadas que havia recebido de Madonna, publicando um livro no qual descreveu e criticou sua vida sexual em comum e fazendo outras revelações.

Madonna, então, ficou próxima de Carlos, que a visitou em Buenos Aires durante as filmagens de *Evita*. Havia rumores de que os sentimentos de Madonna por Carlos não continham nada da paixão que ela sentiu por Sean Penn, mas ela se declarou "delirantemente feliz" quando engravidou, segundo ela, por acidente.

fãs um mau exemplo com sua intenção de ser mãe solteira.

Apenas meses após o parto por cesariana de Lourdes Maria Ciccone Leon, em 14 de outubro de 1996, em Los Angeles, o relacionamento entre Madonna e Carlos estava terminado, e ela teve a completa custódia da criança – embora ele ainda veja sua filha regularmente e fale com o maior respeito de Madonna como mãe.

Em 1997, apareceu outro interesse amoroso na figura do ator e roteirista Andy Bird, que era dez anos mais novo que ela. Eles ficaram no vai e vem entre uma casa no Chelsea londrino e a casa de Madonna em Los Angeles, e compartilhavam seu interesse recente pela ancestral filosofia mística da Cabala, "casando-se" em um ritual no qual Madonna, supostamente, usou um vestido branco longo e esteve descalça.

Madonna e Bird faziam aulas de ioga em um centro no noroeste de Londres e, embora o caso já não fosse mais uma chama em um pouco mais de um ano, suas aventuras espirituais lançaram as bases para a profunda mudança de vida que estava por acontecer para Madonna. "Ioga é muito física e me exigiu internamente, não só externamente", ela se entusiasma. "Ajudou-me a ser mais flexível sobre como vejo o mundo e as outras pessoas. Madonna estava tornando-se mais flexível de qualquer maneira. O nascimento de Lourdes havia transformado seu pensamento – algo que se tornaria aparente em sua atitude, sua música e sua aparência. Ela comentou: "Desde que minha filha nasceu, sinto a fugacidade do tempo. E não quero gastá-lo escolhendo a cor de batom perfeita."

Madonna deixou de ter o controle fanático que sempre manteve sobre cada aspecto de sua carreira para ter mais tempo para Lourdes e aparentemente consertar seu relacionamento com seu próprio pai e madrasta durante sua primeira visita para conhecer o bebê.

Houve reflexos da paternidade severa de Tony Ciccone no modo como Madonna criou Lourdes, restringindo-a de expor-se na televisão e à influência indesejável de adultos, jurando ensiná-la sobre a importância dos relacionamentos reais em contrapartida à comunicação *online*, e insistindo na importância da educação, sonhando com um mundo em que "professores seriam melhor pagos que estrelas de cinema e jogadores de basquete".

Madonna também é severa sobre comida *junk* e conhecidamente mantém os doces Pop Tarts fora do alcance de Lourdes.

Mais surpreendentemente, Madonna introduziu a filha ao Catolicismo, tendo-a batizado em Miami. A mulher que havia indignado o mundo cristão com imagens "blasfemas" disse: "Quero que minha filha leia a Bíblia. Mas também vou explicar a ela que estas são histórias que as pessoas fizeram para ensinar outras pessoas. Não se trata, tipo, de uma regra".

Em outra ocasião, ela declarou: "Digam o que disserem sobre o Catolicismo, as coisas que você escolher ao longo do caminho irão ajudá-lo, dando a você algo de volta quando estiver em dificuldades. Então, quando você tiver essa base, poderá começar a procurar outras filosofias – que é o que eu fiz".

Ela explicou ainda: "Há verdades indisputáveis que conectam todas as religiões e acho isso muito confortante. Minha jornada espiritual é estar aberta a tudo. Acredito que Deus está em todos nós e que somos capazes de nos tornar deuses e deusas. Essa é minha linha de misticismo católico. Acrescente aí algum Budismo e você tem minha religião".

Há alguns que dizem que Madonna reinventou-se como *hippie*. Deixou o cabelo crescer em um longo emaranhado de cores quentes em loiro-mel e castanho avermelhado. Redescobriu o jeans e vestida em saris para *Rolling Stone*, inspirando-se em pinturas de Krishna. De alguma forma ela sumiu com sua bela pinta. Fez uma faxina na sua bolsa de maquiagens e passou a mostrar um rosto mais natural, com pouca sombra, rímel e batom em tonalidades quentes de rosa e cereja. Adicionou às suas joias um tipo de colar facilmente encontrado em mercados de rua junto com incenso e vidros de essências. Desistiu de suas rigorosas rotinas de exercícios em favor da ioga.

Os Homens

O Que Eles Dizem Sobre Madonna...

Madonna: "Nunca cheguei a ponto de ficar sem homens. Mas certamente tive momentos em que joguei as mãos para cima e disse 'Ugh! Homens! Eles são um desapontamento sem-fim'".

De acordo com Madonna, enquanto estava procurando pela pessoa perfeita, cuidar e compartilhar, esperteza, sensibilidade, sexualidade e "um bom corpo" eram "extremamente importantes". Caso ele fosse um bom dançarino e se vestisse bem, era um ponto a mais. Riqueza não era importante, "contanto que ele pudesse pagar seu próprio aluguel". Um carro de luxo era desejável, "contanto que viesse equipado com um bom estéreo". Altura e aparência não eram importantes.

Finalmente, Madonna encontrou seu par em Guy Ritchie. Antes disso, ela desfrutou de algumas ligações famosas.

Steve Bray

Madonna conheceu Steve Bray enquanto ainda estava na Universidade de Michigan, em 1976. Baterista de uma banda local, ele se tornou primeiro seu amante e depois um de seus colaboradores mais importantes.

Bray: "Se as pessoas se sentem exploradas por Madonna, esse ressentimento é por alguém que tem determinação".

Madonna: "Ele foi o primeiro cara que deixei que me pagasse uma bebida. Ele era irresistivelmente bonito".

Dan Gilroy

Na primavera de 1979, Madonna conheceu Dan em uma festa e juntou-se ao The Breakfast Club – a banda que ele tinha com seu irmão Ed.

Gilroy: "Lembro-me do primeiro momento que a vi nessa festa, ela estava usando um tipo de roupa de circo... muito curta com um tutu e *leggings* um tom mais escuro que o tutu. É claro que ela tinha um estilo incrível. Absolutamente. E ela tinha azeite no cabelo o que o tornava estranho e opaco, era o que as pessoas estavam usando, então. Ela era definitivamente influenciada pelo punk, mas era possível ver que ela estava seguindo um caminho próprio".

Mark Kamins

Kamins era um DJ cotado no badalado clube Danceteria de Nova York quando Madonna o escolheu como namorado em 1981.

Kamins: "Ela usava sua sexualidade como uma atriz, mas isso acontecia também fora do palco. Começamos quentes e ficou mais quente ainda... Madonna manipula de seu jeito próprio, mas não acho que há um único osso ruim em seu corpo... talvez uma junta ou outra."

Jellybean Benitez

O ano seguinte viu Madonna com o aclamado DJ e remixes Jellybean, que deu a ela a chance de aprender em primeira mão sobre a indústria da música.

Jellybean para o autor J. Randy Taraborrelli: "Por cerca de um ano e meio eu a amei muito. Ela era tudo para mim, minha mulher, minha artista favorita, a mais safada, engraçada, sabichona que já conheci. Sim, ela me usou para fazer sua rede de contatos no negócio da música. Mas eu fiz o mesmo por ela.

Acho que um dos maiores equívocos é que as pessoas que Madonna usou ao longo de seu caminho não ganharam também com isso. Mas só por associar-se com ela, se você jogasse bem suas cartas, poderia avançar na carreira. A posição dela era que, caso você pudesse ganhar alguma coisa a explorando, da mesma forma como ela fazia com você, então que fosse adiante".

Prince

Madonna começou a sair com Prince em 1985, depois de conhecer o estranho e tímido astro no American Music Awards. Não era o casal perfeito, embora ela tenha a respeito desse encontro memórias agradáveis e duradouras.

Madonna: "Desde que conheci Prince passei a relacioná-lo a um cheiro, que é lavanda, e não sei por quê. Ele exala a lavanda... é muito privado e tímido. Ele é ótimo quando você o conhece, charmoso e engraçado de seu jeito. Mais do que tudo, ele realmente vive quando está trabalhando... Acho que Prince leva uma vida muito isolada e eu não... e está é a grande diferença entre nós".

Sean Penn

Em um de seus primeiros encontros, Madonna e Penn visitaram a cripta de Marilyn Monroe. Casaram-se após um romance turbulento, em agosto de 1985 e divorciaram-se quatro anos depois.

Penn: "Ela é a mulher mais maravilhosa. Eu a amo".

Madonna: "Eu o considero um ator incrível que tem ido muito bem e eu me sinto honrada por conhecê-lo. É um ser humano incrível. É inteligente, talentoso e mesmo que as coisas não tenham funcionado para nós em termos do nosso casamento, não me arrependo de ter casado com ele nem por um momento".

Sean: "Admito, eu era um espertalhão. E ela também. Era uma relação perfeita, dois espertalhões juntos pela vida. Que romântico".

Madonna: "Sinto que ninguém queria nos ver juntos. Celebraram nossa união e então nos queriam separados. Havia rumores sobre estarmos nos divorciando uma semana após o casamento".

John Kennedy Jr.

Madonna esteve supostamente envolvida em um romance com o filho do ex-presidente durante os estertores de seu casamento com Penn. Como uma admiradora de Monroe, ela estava excitada com a ideia de namorar alguém cujo pai havia tido um caso com a trágica atriz. No entanto, a formidável Jackie Kennedy ficou horrorizada com a ideia de seu filho misturado à controversa Madonna e recusou-se a dar sua bênção a tal amizade. Kennedy, supostamente um "filhinho da mamãe", deixou-se levar pela pressão.

Warren Beatty

Warren foi supostamente outro dos interesses extramaritais de Madonna, e o par tornou o relacionamento oficial quando ela terminou com Sean em 1989. Houve uma grande desconfiança sobre a natureza do relacionamento de Madonna com o lendário mulherengo. Alguns pensaram que se tratava de publicidade para Dick Tracy, enquanto outros pensaram que Beatty era uma força na carreira cinematográfica para Madonna.

Vanilla Ice

Madonna passou a maior parte de 1992 na companhia do astro do rap com as maçãs do rosto cinzeladas. Nos círculos musicais, ele era motivo de chacota; dificilmente um genuíno rapeiro *gangsta*.

Ice: "Ela é muito *sexy*, quente e romântica. Tem um corpo ótimo para sua idade". (Madonna tinha 35 na época)

Dennis Rodman

Em 1994, Madonna teve um caso breve com o *bad-boy* e astro do basquete. E foi um encontro do qual ela arrependeu-se. Ele vendeu uma série de mensagens de fax que havia recebido de Madonna, publicou um livro pouco lisonjeiro sobre suas explorações entre quatro paredes e depois ainda declarou que ela queria ter um filho com ele.

Carlos Leon

O *personal trainer* e aspirante a ciclista profissional tem uma tatuagem no braço com a inscrição "September 8 forever". Foi o dia em 1994 que sua vida mudou: o dia em que encontrou Madonna no Central Park, em Nova York. Dois anos depois, ela deu à luz sua filha Lourdes.

Madonna: "Eu estava loucamente apaixonada por ele e é uma acusação ridícula (que ela o tenha usado como 'doador de esperma'). Não sei de onde veio isso. Não é justo. Não é justo comigo nem com ele... Ele é um excelente pai".

Leon: "Tudo o que posso dizer é que é ótimo ser pai."

Andy Bird

Depois de deixar Carlos logo após o nascimento de Lourdes, Madonna conheceu o ator e roteirista Andy Bird em 1997. Apesar de terem muito em comum, incluindo a Cabala, seu relacionamento foi deteriorando-se em meio a rumores de que Andy estava se mostrando muito descontraído para a determinada e ambiciosa Madonna. Ela ainda estava com Andy quando conheceu Guy Ritchie *chez* Sting e Trudie Styler, no verão de 1998.

Guy Ritchie

Madonna: "Levou apenas 40 anos para que eu achasse minha alma-gêmea".

"Estou *lentamente* revelando *minha* verdadeira *natureza.*"

No festival de São Remo, na Itália, em fevereiro de 1998, Madonna adotou uma figura friamente glamorosa para a apresentação de "Frozen". Foi o look da estrela mais declaradamente gótico, para combinar com o vídeo dirigido por Chris Cunningham, que lançou Madonna como um espectro vampírico.

A combinação de maternidade e *New Age* possibilitou que operasse mudanças dramáticas na forma de tecer sua fascinação no próximo álbum, *Ray Of Light*. Ainda mais surpreendentemente, esses elementos se misturaram harmoniosamente com as estruturas prospectivas da música.

Madonna tinha finalizado suas explorações sobre a cultura americana de rua em *Erotica* e *Bedtime Stories*. Esses álbuns haviam sido bem recebidos pela crítica e pelos fãs que identificavam Madonna a um pop inteligente e criativo, mas com vendas de cinco e seis milhões respectivamente, eles tinham ficado aquém dos triunfos comerciais de *Like A Virgin* e *True Blue*, com vendas de 19 milhões cada um, ou *Like A Prayer* (13 milhões). A trilha sonora de *Evita* havia restaurado a fortuna de Madonna com mais de 11 milhões de cópias vendidas. Ela queria combinar isso com um projeto próprio, o que conseguiu com *Ray Of Light*, lançado em março de 1998.

De olho no trip hop e nas novas batidas que tinham varrido a Europa, ela recrutou o renomado produtor William Orbit com sua equipe e seu velho colaborador Patrick Leonard. Dentro de um novo, atualizado e inteiramente convincente ambiente musical, ela renunciou à ideia de que

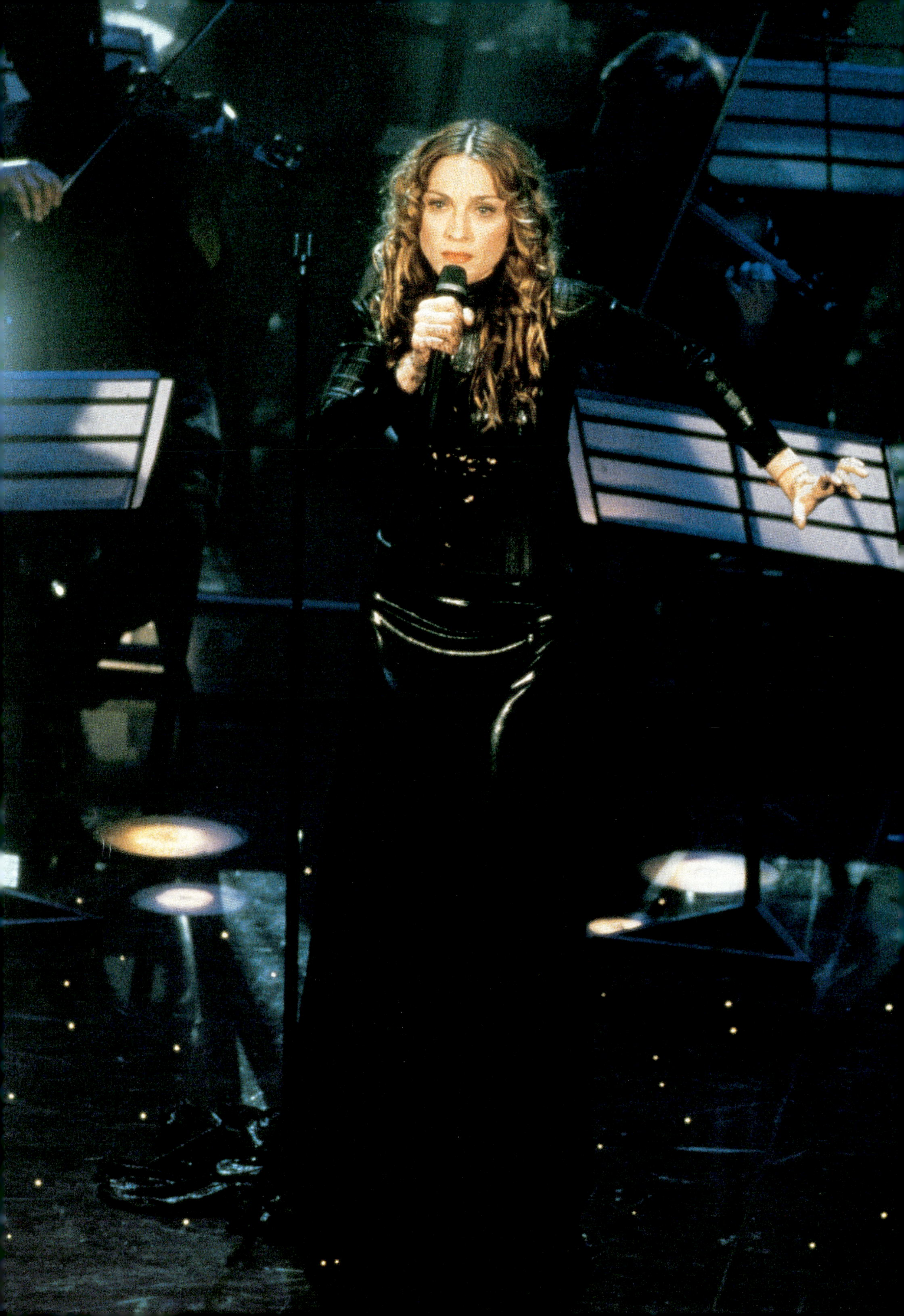

fama é igual à felicidade, citou professores de ioga, prometeu seguir um caminho mais iluminado através da vida, elogiou os poderes de cura da água, desejou o verdadeiro amor, e acenou um adeus definitivo para a velha e escandalosa Madonna. O modelo desse ano era considerado, compassivo, maternal, amigo da terra e estudante do grande além.

"Love is all we need" (Tudo o que precisamos é do amor), ela clama em "Nothing Really Matters", ecoando o idealismo dos anos 1960 dos Beatles. "Looking at my life/it's very clear to me/I lived so selfishly..." (Olhando para minha vida/fica muito claro para mim/que vivi de forma tão egoísta), ela confessa.

Mais tarde ela comentou: "Há uma qualidade sonhadora que produz um transe em muito da produção, e se é assim que as pessoas definem New Age, então está bem. Mas nunca pensei em música New Age como um ponto de vista. Acho que o New Age tem como objetivo criar o efeito de fazer com que você não pense em nada em particular. E a última coisa que eu quero é fazer um disco que faça com que as pessoas não pensem".

Quer as pessoas estivessem pensando ou não, elas compraram o álbum – apesar do ceticismo da crítica – e ele foi para o topo das paradas em 40 países diferentes.

Os videoclipes de Ray Of Light não eram consistentemente iluminados. Nas misteriosas terras incultas de "Frozen", nas despedidas taciturnas de "The Power Of Goodbye" e no pesadelo-fantasia em estilo japonês de "Nothing Really Matters", Madonna pretende o estilo acima da substância, a escuridão sobre a luz. Seu cabelo está preto e lustroso, suas roupas são pretas, com exceção do quimono vermelho em "Nothing Really Matters"; e sua atmosfera é poderosa e perturbadora. Ela dá, todavia, uma dica sobre seus progressos pessoais com suas mãos pintadas de hena em "Frozen".

Por contraste, "Ray Of Light" e "Drowned World" são brilhantes celebrações muito claras do que está realmente acontecendo com Madonna. Ela diz: "Acho "Ray Of Light" uma das minhas melhores canções". E acrescenta: "(Ela) fala sobre como me sinto pequena inserida no todo – mas então como tudo parece tão grande e como a vida parece seguir mais rapidamente que a velocidade da luz e ainda se você entrar em contato consigo mesmo e tornar-se sua própria testemunha, você pode pará-la".

De acordo com a ideia, vídeo move-se rapidamente, as imagens breves do passado das pessoas em sua rotina diária, enquanto Madonna canta e dança de forma desinibida sob um céu azul, um pôr do sol e as luzes estroboscópicas de uma pista de dança. Ela está radiante, feliz, em paz com o mundo com seu cabelo esvoaçante, jaqueta jeans, cinto brilhante e seu famoso umbigo exposto aos elementos.

"Drowned World/Substitute For Love" é inteiramente autobiográfico, o vídeo reconstrói cenas em que Madonna luta contra multidões de homens da imprensa e seus *flashes* e monstruosos estranhos em festas do *showbiz*. "I find I've changed my mind... this is my religion!" (Acho que eu mudei... esta é minha religião), ela canta, fechando a porta da frente de sua casa e apertando uma garotinha em seu coração.

Perguntada sobre sua última encarnação, Madonna rejeitou a teoria da reinvenção. "Estou lentamente revelando minha verdadeira natureza", ela disse. "Sinto que estou mais perto do coração de quem eu realmente sou."

Parte dessa verdadeira natureza era um senso de humor o qual, Madonna acreditava, seus críticos tinham consistentemente deixado passar. Contribuindo com "Beautiful Stranger", uma canção em parceria com William Orbit, para o filme *Austin Powers: O Agente "Bond" Cama*, Madonna filmou uma hilariante sequência ao estilo dos anos 1960 com o comediante e ator Mike Myers.

Vestida de preto, top de paetês e alças deixando o sutiã à mostra, calças na altura das panturrilhas e saltos altos, ela impressiona o nerd Power que está em uma boate, vendo-a dançar no palco. É uma dança alegre, descuidada, de braços atirados no ar, talvez como aquelas que ela dançava anos atrás nas discotecas de Nova York. E seus avanços em Powers no carro, com jaqueta de couro, recordam e satirizam os clássicos encontros desajeitados de adolescentes americanos.

Para selar a recente felicidade e sucesso, Madonna ganhou três Grammys por *Ray Of Light* na cerimônia de 1999 no Shrine Auditorium de Los Angeles. Foi honrada com o Melhor Álbum Pop, Melhor Disco Para Dançar e Melhor Curta de Vídeo Para Música, e apresentou-se com "Nothing Really Matters" em um quimono vermelho como o do videoclipe promocional, cabelos pretos e maquiagem para parecer japonesa.

No ano seguinte, com "Beautiful Stranger", ela levou outro Grammy: Melhor Música Escrita Para Filme.

Parecia que as coisas não poderiam estar melhores, mas na verdade podiam.

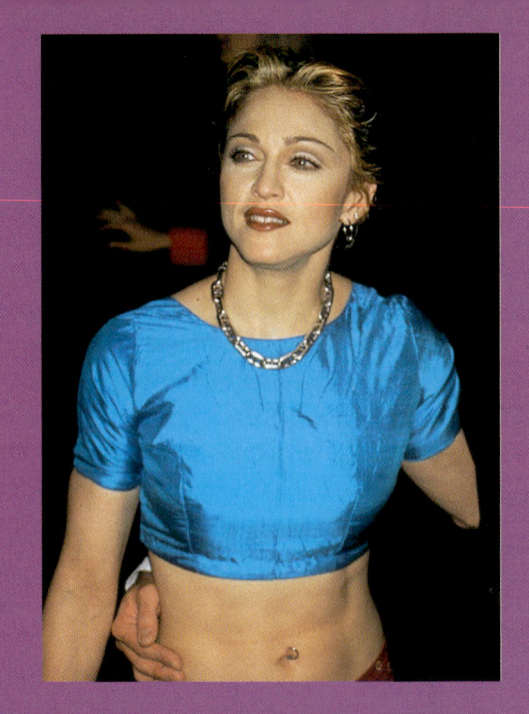

Recentemente Madonna tem experimentado tendências de diversas culturas, mas frequentemente não com sucesso. No VH-1 Fashion Awards, em outubro de 1998 (acima), Madonna apareceu como uma heroína gótica saída diretamente de Drácula. A primeira tentativa de Madonna de fazer a linha Indiana Chique foi em abril de 1994, quando colocou piercings no nariz e no umbigo (foto pequena). Em fevereiro de 1999 (página seguinte) viu a estrela revelar o novo *look* inspirado em uma gueixa para o vídeo de "Nothing Really Matters" e uma apresentação ao vivo no Grammy.

GIRL

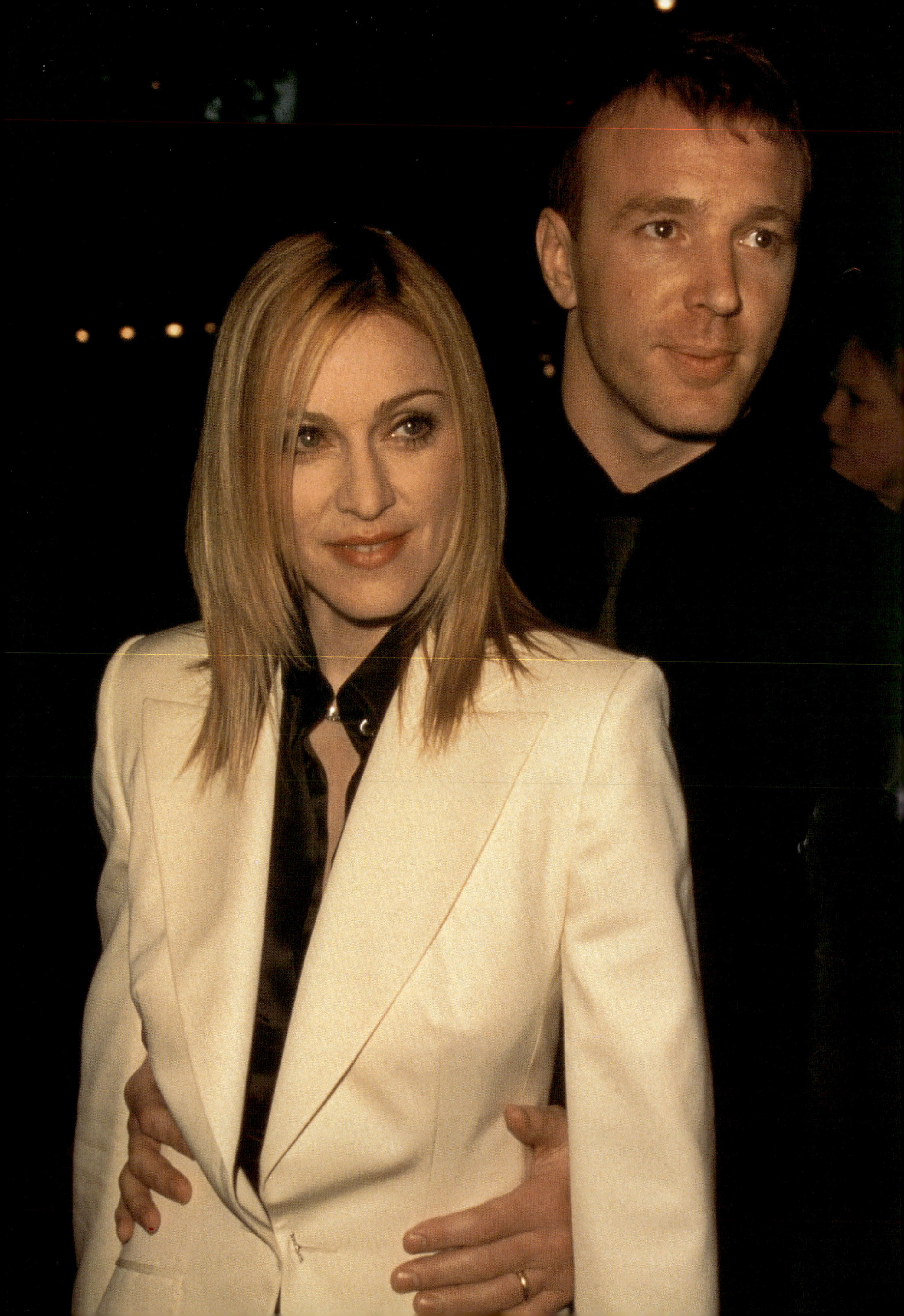

> *"Sinto como se ele fosse meu* **igual** *e isso é difícil encontrar. Ele me faz rir, é* **lindo, brilhante,** *e* **estamos** *muito* **apaixonados**.*"*

No começo dos anos 1980, em Nova York, tocando covers do Police com sua banda Emmy, Madonna nunca teria sonhado que um dia dividiria a mesma mesa de jantar com seu loiro cantor e compositor Sting.

Mas na época em que os anos 1990 chegavam ao fim, ela apontou Sting e sua mulher Trudie Styler entre seus amigos mais chegados. Foi na casa de campo do casal em Wiltshire, em uma festa no verão de 1998, que ela foi cativada pelo jovem diretor Guy Ritchie, diretor do sucesso britânico *Jogos, Trapaças e Dois Canos Fumegantes*.

Ritchie, dez anos mais novo que ela, nasceu em uma próspera família de Hatfield, Herts, embora seus pais tenham se separado quando ele ainda usava calças curtas. Ele cresceu em um cenário de caçadas, pescarias e tiro ao alvo, mas cultivou uma imagem de rapaz durão de Londres com experiência de vida das ruas.

De fato, ele viajou e trabalhou para sobreviver antes de entrar para o negócio da música, fazendo vídeos para bandas. Nas primeiras impressões de Madonna, "Eu sabia que ele era um ser humano formidável e um grande talento com uma mente brilhante".

Houve rumores na época que Madonna estava tendo um curto romance com o charmoso e machão Ritchie, que uma vez havia declarado: "Há algo honesto sobre a violência. Algumas coisas são melhores assentadas nela".

Eles passaram meses em lados opostos do Atlântico, com Madonna nos Estados Unidos, mantendo o contato por cartas. Ela terminou seu relacionamento com Andy Bird, enquanto Guy terminou com sua namorada Rebecca Green, apresentadora de tevê e filha do chefe da televisão Carlton, Michael Green.

No começo de 1999, Madonna e Guy estavam juntos, irradiando uma familiaridade fácil, da qual Ritchie se beneficiaria em breve com o raro privilégio de ser autorizado a entrar na intimidade de Madonna, na qual

Na estreia de Snatch – Porcos e Diamantes, Madonna usou um terno branco clássico Chloe. Elegante na frente, as costas do casaco estavam enfeitadas com a inscrição "Mrs Ritchie". Saindo (à direita) em Londres, Madonna grávida parece divinamente feliz nos braços do marido britânico.

ninguém mais podia entrar. Sem se intimidar com a imensa celebridade dela, ele a chama de Madge e "the missus", e sua personalidade sóbria e de boas maneiras parece temperar alguns dos instintos mais extravagantes dela.

Ela diria mais tarde: "Sinto como se ele fosse meu igual e isso é difícil encontrar. Ele me faz rir, é lindo, brilhante, e estamos muito apaixonados". Ela também adorava "seu jeito supermasculino".

A vida caseira de Madonna estava agora tão preenchida quanto seu esforço espiritual e suas mais recentes conquistas em música e no cinema. De bom humor, ela começou a trabalhar em seu próximo álbum *Music*, novamente com William Orbit e um novo colaborador, compositor francês e produtor Mirwais, que havia mandado um tape para a Maverick.

As sessões começaram no outono de 1999, continuando no novo milênio em Los Angeles, Nova York e Londres, onde Madonna agora assumia uma figura familiar. Havia um turbilhão de publicidade insistindo que Madonna tinha se tornado anglófila. Certamente, ela estava cheia de comentários como "Estou tendo um caso de amor com a Inglaterra". Ela estava procurando uma casa em Londres, era vista bebendo canecas de cerveja Guinness em *pubs*, estava afetando um divertido sotaque inglês, estava aprendendo a gíria nativa e construindo um círculo de amigos que incluía a filha de *Sir* Paul McCartney, Stella – que era uma figura de destaque nos círculos da moda internacional pelas roupas *sexy*, femininas e muito modernas que estava fazendo para a ChloeMas por mais que Madonna frequentemente professasse seu afeto por Londres, os táxis, as lojas de antiguidades e a monarquia, foi originalmente mais por causa de Guy Ritchie do que por si própria que ela visitava a cidade tão frequentemente. Ela disse: "Foi um tipo de 'Ok, não quero me mudar para a Inglaterra', 'Bem, eu não quero me mudar para os Estados Unidos'. É claro que, sendo a garota, fiz o primeiro compromisso... Peguei minha vida, minha filha e tudo, aluguei uma casa em Londres e mudei... E foi quando nosso relacionamento começou a funcionar. Mas foi um grande sacrifício para mim..."

Ela se recordaria em uma entrevista posterior: "Todos pensam e escrevem que me tornei uma completa anglófila. Dizem que eu não me interesso pelos Estados Unidos. Mas não é verdade. De fato, às vezes você tem que se afastar de alguma coisa para realmente apreciá-la e vê-la".

As canções de *Music* foram inspiradas pelos Estados Unidos ou ao menos em um período particular de sua história. Madonna declarou: "Adoro toda a iconografia do Oeste – o tipo de qualidade terral forte que essa região tem, a parte da terra rural. Mas tem que haver um limite também. Acho que há algo realmente *folk* sobre tudo o que já escrevi. É muito simples e lírico, mas então você combina com tecnologia moderna".

Guy estava trabalhando com Brad Pitt em seu segundo filme, *Snatch – Porcos e Diamantes*, e foi durante esse período que Madonna engravidou novamente. Felicíssima por estar esperando outro bebê, ela encolheu os ombros para as críticas negativas e quase sempre sórdidas que recebeu em março de 2000 por sua última aventura cinematográfica, um papel de coadjuvante com Rupert Everett em uma comédia romântica gay chamada *Sobrou Pra Você*.

Anunciando as boas novas em conjunto, Madonna e Guy aguardaram o nascimento em seu lar em Los Angeles, onde ela usou roupas para grávida desenhadas por Abe Hamilton.

Durante seu "confinamento", Madonna conseguiu ofender toda a Inglaterra declarando em uma entrevista de rádio que não gostaria de dar à luz em um hospital britânico, já que eles costumavam ser "velhos e vitorianos". E acrescentou: "Gosto de eficiência".

E, efetivamente, ela precisou de tratamento rápido e eficiente poucas semanas da data estimada para o parto. Madonna já tinha sido diagnosticada com uma condição anormal de placenta e ela correu para o hospital aos primeiro sinais de desconforto. Rocco nasceu por cesariana nas primeiras horas de 11 de agosto. Foi uma cirurgia delicada, com Madonna perdendo grande quantidade de sangue, enquanto seu filho teve que ser mantido em cuidados intensivos por vários dias até seus pulmões se tornarem mais desenvolvidos e sua icterícia tratada.

O nascimento de Rocco cimentou os laços entre Madonna e seu pai.

Tony Ciccone havia falado publicamente de seu orgulho por sua filha, frequentemente fazendo piada à custa de Madonna ou de si próprio: "Às vezes acho que sou melhor avô que fui pai.

190 Estilo Madonna

O Que Madonna Diz Sobre Eles...

Madonna e filhos

Lourdes, de 10 anos, não tem permissão para ver muita televisão ou comer seus doces Pop Tarts preferidos, mas é realmente uma senhorita quando se trata de estilo.

Dizem que Lola, como é conhecida, tinha 35 mil libras em roupas em seu guarda-roupa quando tinha 5 anos – Madonna teria dito que queria que sua filha fosse a menina mais bem vestida do mundo.

"Ela adora roupas, joias e vestir-se", acrescentou Madonna. "Ela é a garotinha mais feminina que conheço – perto de mim."

Ainda bebê, Lourdes desfrutou do melhor de tudo: seu berço era uma antiguidade que valia milhões, e lençóis Pratesi custando 700 libras.

Ela herdou algo do passado de sua mãe e gostos por presentes, com uma queda por roupas rendadas e jaquetas de couro. Uma de suas etiquetas infantis preferidas era Bunny London, especializada em jeans bordados e vestidos no estilo oriental, franjados com estampas florais e bolsas combinando. Também se tornou uma cliente bem-vinda na loja para crianças de Kensington What Katy Did.

Uma ciclista dedicada, como papai, está sempre bem suprida de shorts, frequentemente combinando com camisetas com *slogans*. E suas roupas esportivas incluem calças Maharishi de tamanho infantil.

Ocasionalmente, mãe e filha estão vestidas em cores coordenadas quando saem juntas, e os irmãos Caten fizeram para Lourdes calças de estilo oriental "Drowned World" como as de Madonna. Lourdes também não é insensível a joalheria.

Ela é frequentemente vista com colares de contas, finos braceletes de ouro, brincos e anéis nos dedos dos pés. Para ocasiões especiais, ela tem braceletes salpicados de diamantes e joias.

Acompanhando Madonna ao seu salão de cabeleireiro favorito, o IN 2001, de Daniel Galvin, Lourdes passava pela manicure e tinha as unhas pintadas.

Como toda garotinha que quer "vestir-se", Lourdes aventura-se com maquiagens e é a orgulhosa dona de alguns produtos divertidos para crianças de Miss Molly, comprados por Madonna em Paris.

Nenhuma filha de superestrela pode ficar sem um par decente de óculos escuros, e Lourdes, aos 5 anos, adorava seus minióculos de aviador da Christian Dior de 120 libras.

Em casa, Lola, de olhos e cabelos escuros, vive com estilo. Dizem que seu quarto é guarnecido de um tapete personalizado de lã de 34 mil libras e ela senta em poltronas de edição limitada, em seda cor-de-rosa, que custam 300 libras cada.

Fluente em francês, ela foi também especialmente instruída em arte e karatê.

Como Lourdes, seu irmãozinho Rocco viajou pelo mundo em jato privado e brilhantes limusines, fica nos melhores hotéis e janta nos melhores restaurantes.

Agora aos 6 anos, ele foi batizado em uma roupinha de Donatella Versace e usou um kilt com o padrão quadriculado Hunting Mackintosh da família de Ritchie para combinar com o de seu pai no casamento com Madonna.

Enquanto bebê, Rocco foi vestido com macacões, casaquinhos, camisas, camisetas, coletes, calças, roupas com estampa de camuflagem, casacos à prova de água, roupas xadrez, listradas, cintos elásticos, cachecóis, chapéus e calças esportivas para bebês.

Ele via o mundo a partir de um tradicional carrinho para bebês de quatro rodas ou, frequentemente, dos ombros de seu pai. Guy foi fotografado por todo o mundo com o loiro e fofinho Rocco, memoravelmente no Central Park de Nova York, em julho de 2001, onde o bebê de 11 meses, com macacão listrado em branco e azul de mangas curtas e meias combinando, mostrou sua nova habilidade: andar.

Acredita-se que ambas as crianças serão educadas, ao menos em parte, em escolas britânicas exclusivas.

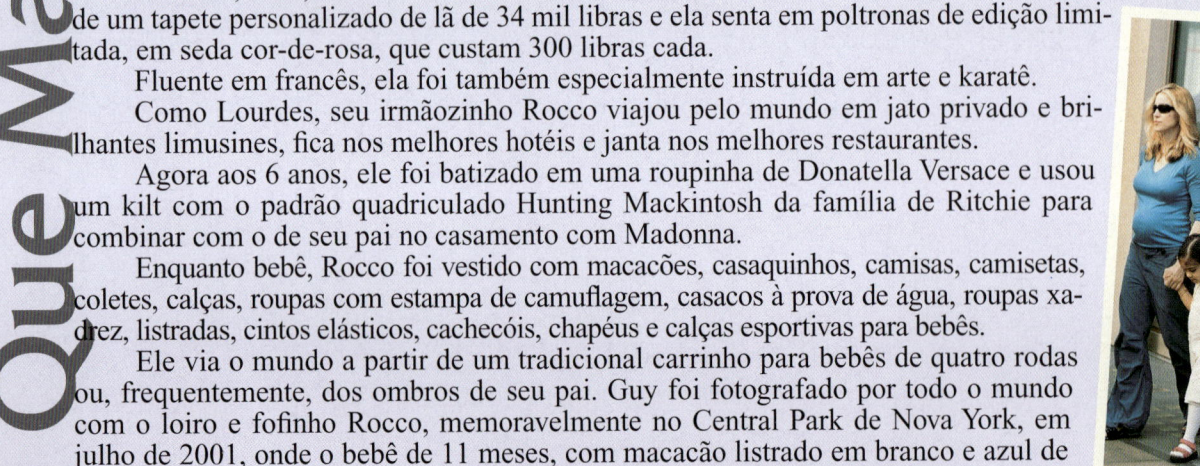

Estilo Madonna   191

Lourdes Ciccone será a menina mais invejada entre as coleguinhas com seu guarda-roupa de 35 mil libras e braceletes salpicados de diamantes. Frequentemente vestida para refletir o look de sua mãe, ela aparece aqui em traje indiano (foto principal) e (abaixo) em uma rara saída familiar pública em Versalhes.

O ano 2000 viu Madonna ressurgir com o aclamado álbum *Music* e uma surpreendente mudança de imagem. Desta vez, o visual era uma pura imitação de vaqueira, seja dedilhando uma guitarra durante a filmagem de 'Don't Tell Me' (página seguinte), posando no MTV Europe Music Awards em novembro de 2000 (abaixo), ou montando um touro mecânico para outra sessão de fotos. Na festa de lançamento do álbum em Los Angeles, ela trocou de lugar com Guy, promovendo seu último filme com uma camiseta cortada preta e permitindo que ele vestisse uma camiseta de Music encrustada de *strass* com uma jaqueta de brim feita por um estilista.

Mas Madonna era um caso especial. Acho que qualquer um simpatizaria com um pai que tivesse o trabalho de criar Madonna."

Da parte dela, as coisas se encaixaram quando se tornou mãe. Ela afirmou: "Amo meu pai... Qualquer um que me conhece sabe que sou meu pai. Ele é rígido, como eu. Amoroso, também, acho que como eu. Sua ética de trabalho está arraigada em mim. Agora que tenho uma família, tenho tanto respeito por ele e o modo como tentou nos manter unidos quando eu era bem pequena... é difícil enxergar isso quando não se tem filhos".

Por volta da mesma época, Madonna desfrutou outro nascimento bem-sucedido – seu single *Music*. Ele seguiu o lançamento de uma bizarra versão cover do sucesso do começo dos anos 1970 "American Pie" do cantor/compositor Don McLean para a trilha sonora de *Sobrou Pra Você*. Foi um sucesso, mas confundiu seus

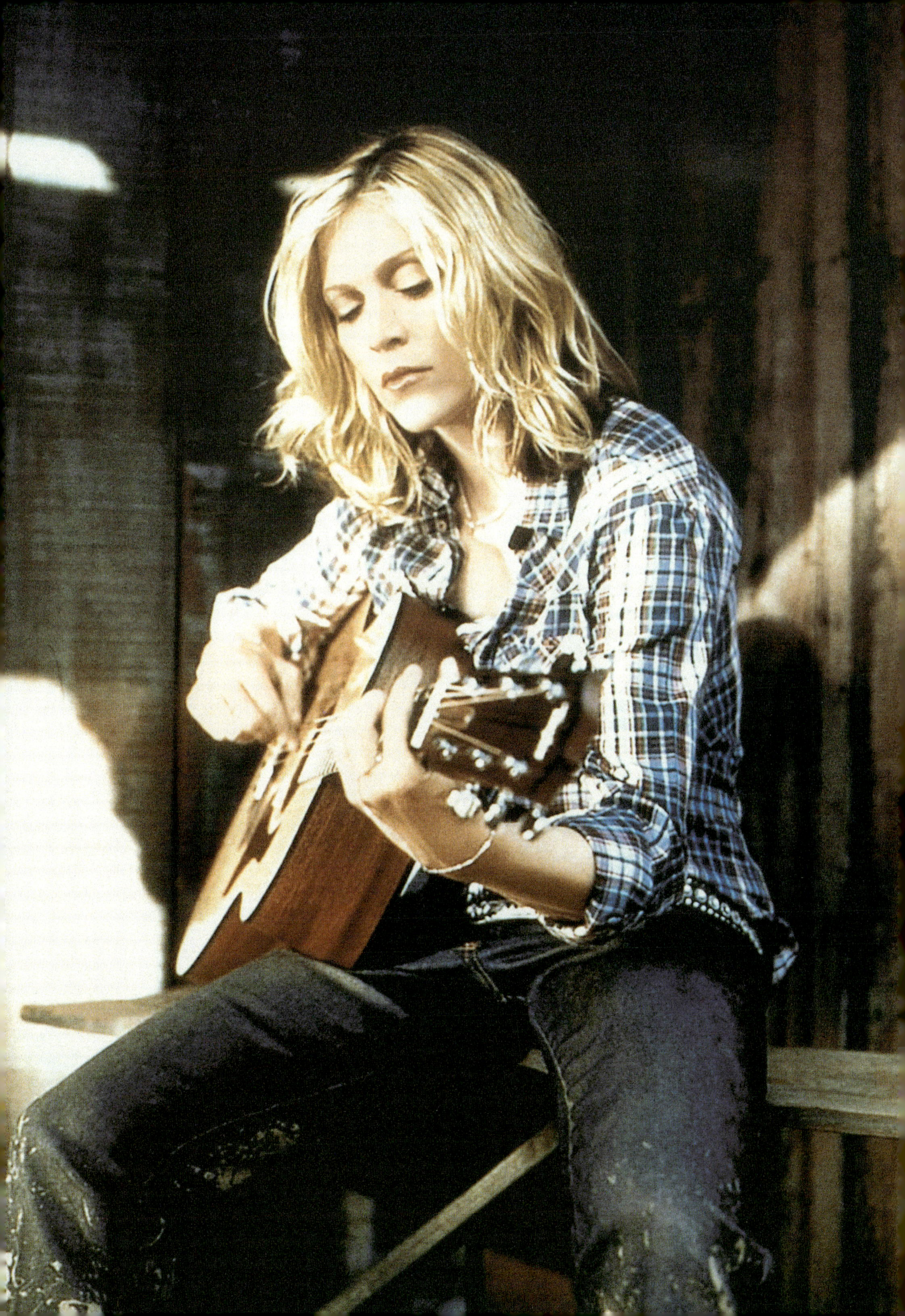

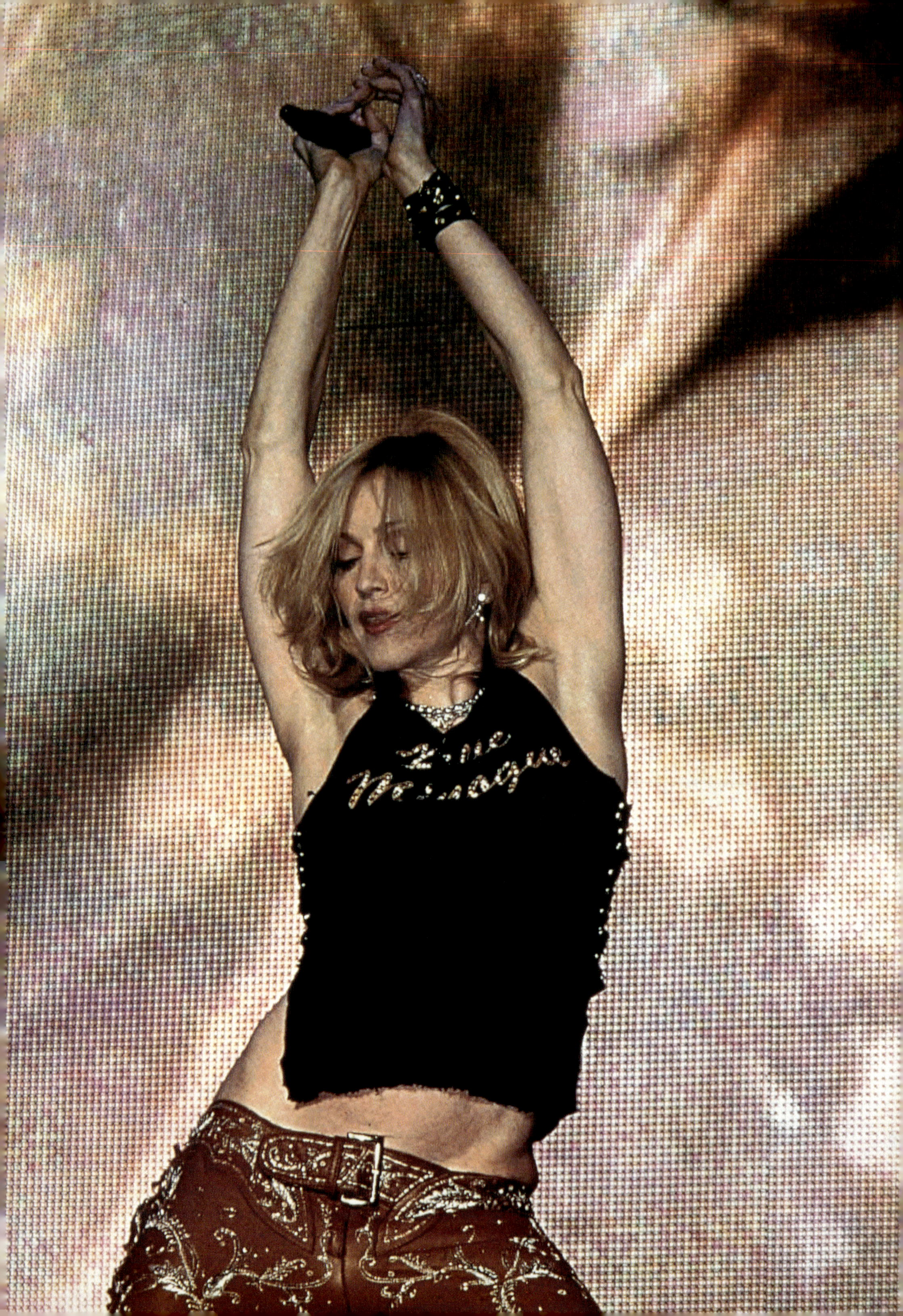

"...obviamente fiz isso porque sei que vai confundir as pessoas..."

fãs com sua letra de quebra-cabeça, indignou os velhos *hippies* que protestaram dizendo que a original era melhor e irritou umas poucas pessoas que ficaram imaginando por que ela tinha se incomodado em ressuscitar tal velharia.

McLean, no entanto, estava encantado. Perguntado sobre o que a regravação por Madonna significava para ele, respondeu: "Significa que eu nunca mais vou ter que trabalhar."

Music tinha uma proposta mais moderna. Os olhos de Madonna mais apurados que nunca para identificar novas tendências, escolheu trabalhar novamente com um comediante no vídeo promocional. Desta vez foi o apresentador britânico Ali G, no papel de motorista de limusine – com a inscrição na placa MUFF DADDY – para a *playgirl* Madonna, divertindo-se com suas amigas. (Duas de suas velhas amigas na vida real Debi Mazar e Niki Haris).

Não satisfeita em apenas lançar a moda "cowboy", Madonna popularizou as camisetas "irônicas" customizadas, promovendo Kylie Minogue no MTV Awards europeu em 2000 (página anterior), o bebê Rocco em sua lendária apresentação em Brixton, em novembro de 2000 (abaixo à esquerda) e, mais surpreendentemente, seu sucesso de 1984 "Material Girl" no Grammy (abaixo).

Envolta em uma pele falsa branca, tinindo suas joias e tomando champanhe, Madonna diverte-se enquanto seu motorista não consegue olhar as moças, quer no carro, quer no clube de *streaptease*. O fabuloso vídeo de gueto, em parte, remete-se à cultura DJ, transformando-se em desenho animado por alguns breves momentos. Dizem que ela descreveu Ali G como "brilhante" e "o Peter Sellers da nossa geração".

A Madonna real não tinha mudado alarmantemente. Seu cabelo permanecia longo e selvagem, e sua maquiagem enfatizava o batom rosa-claro e muitos cílios escuros, mas o item que mais sobressaía era o *stetson* (chapéu típico do Oeste norte-americano), símbolo de seu último tema.

O álbum *Music* foi lançado em setembro de 2000 com uma festa para 600 pessoas em um lugar típico de Madonna nos velhos tempos: um clube black e gay de Los Angeles. Lá ela saudou seus convidados em uma camiseta preta customizada celebrando o filme de Guy, *Snatch – Porcos e Diamantes*. Guy pagou o favor usando uma camiseta vermelha promocional de *Music*.

Ao contrário do que diz a opinião pública, Madonna não criou o fenômeno da camiseta – este começou em Londres – mas, com sua habilidade de localizar tendências e seu comprovado gosto por usar mensagens nas roupas ao longo dos anos, ela foi a primeira a divulgar e transformar em moda mundial que não daria mostras de acabar tão cedo. Por muito tempo cada banda feminina, apresentadora de tevê, estrela de telenovela e celebridades instantâneas proclamariam uma coisa ou outra em suas camisetas.

A mais famosa das camisetas de Madonna foi a preta que imortalizou o nome de Britney Spears. Ela a usou várias vezes em uma curta turnê promocional de *Music,* memoravelmente em um show ao vivo em Nova York e no programa de tevê de Letterman, em novembro de 2000. Alguns acharam que Madonna estava sendo irônica, fazendo troça de si mesma e de Britney. Outros acharam que era sua maneira de comunicar-se com uma geração de jovens compradores de discos.

A própria Madonna disse à revista *Elle:* "Adoro a Britney... Tornei-me fanática por usar camisetas (com seu nome). Durmo com elas também. É como se elas fossem me trazer sorte".

Ela elaborou para a jornalista Ingrid Sischy: "Bem, obviamente fiz isso porque sei que vai confundir as pessoas, mas a verdadeira essência dos meus sentimentos por ela é que me sinto verdadeiramente protetora em relação a ela. Não me perguntem por quê".

Ela exibiu as palavras Kylie Minogue em dourado e prateado em outra camiseta preta customizada usada com calças em tons de violeta, também em novembro, no MTV Europe Awards em Estocolmo, onde apresentou "Music" e ganhou troféus de Melhor Artista Feminina e Melhor Coreografia.

Em janeiro de 2001, Madonna expandiu o conceito para outras roupas, aparecendo na estreia em Hollywood do filme de Guy, *Snatch – Porcos e Diamantes,* em um terno branco Chloe com as costas brasonadas com seu nome em lantejoulas prateadas: Mrs Ritchie. Como efeito colateral, a roupa apareceu em uma série de artigos de moda saudando o retorno do terno branco.

Madonna celebrou a si própria no mês seguinte, apresentando-se no Grammy Awards em uma veste preta com a inscrição "Material Girl" em grandes letras prateadas. Ela não ganhou o Grammy, mas foi premiada com um Brit por melhor artista feminina internacional, também em fevereiro, e enviou um vídeo bem-humorado de agradecimento no qual aparece em um vestido com as iniciais de Guy Ritchie.

Em março, ela foi fotografada em uma camiseta branca de mangas curtas com a bandeira da Inglaterra e o logotipo Uncle Jack. Em julho, a mensagem em uma veste de cor clara, combinada a um par de jeans era "Punk" e, em uma nova controvérsia de moda, ela usou seu último acessório – uma minipistola de prata – acoplada ao seu cinto, com uma corrente. Também em julho, seu top declarava "You Suck" e "London, juicy couture for nice girls". Em agosto, ela ampliou a mensagem novamente, saindo com a legenda "Madge" sobre seu peito esquerdo em uma roupa esporte com zíper e capuz.

Em dezembro de 2000, como parte de sua turnê promocional, Madonna tinha ainda mostrado outra de suas camisetas em Londres, onde apresentou um concerto particular para fãs e gente da indústria de música no ambiente "íntimo" da London Brixton Academy.

Madonna tinha conseguido que Dolce & Gabbana desenhassem suas roupas e decorassem o teatro e o palco com o tema "Velho Oeste", apropriado para sua última personagem – a vaqueira do século XXI. Os amáveis italianos providenciaram cercas douradas, cactos prateados, letras M em todo lugar e chapéus *stetsons* à go-go.

E Madonna fez uma entrada para acabar com tudo – não no palco principal, mas na parede ao lado, onde uma bandeira da Inglaterra de repente caía para revelar Madonna e sua trupe, dançando animadamente sobre um grande Chevrolet branco com uma esfera de espelhos pendurada no para-brisas. A audiência mal tinha tempo para recuperar o fôlego e ela navegava diretamente sobre suas cabeças, surfando na multidão para o palco principal para um número em que deixava todos os seus velhos sucessos de lado e ia diretamente para "Holiday".

Cintilando o nome de seus filhos em dourado na frente e atrás, a camiseta preta, curta, mostrava o umbigo e os braços torneados. O visual era completado com um moderno jeans boca de sino preto e um grande cinto dourado.

Confete reluzente e dourado caía do teto quando o show terminava e críticos que nunca haviam particularmente gostado de Madonna já estavam babando palavras como "efervescente", "triunfante", "quente", "eufórico", "*sexy*", "frenético".

Mas ela tinha mais em mente que apenas as críticas. Com todo o barulho sobre o show, havia algo muito maior na agenda de Madonna.

Estilo Madonna

A Rainha do Pop...

O Que Eles Dizem Sobre Madonna...

Madonna e Diana, Princesa de Gales, poderiam ter sido grande amigas. Elas se encontraram uma vez e estavam planejando outro encontro antes do acidente de carro fatal no túnel de Paris.

Em face do que elas tinham muito em comum. Ambas amadureceram em meio a escândalos públicos, controvérsia e alguns fantásticos desastres de moda até tornarem-se líderes de estilo e modelos para milhões de pessoas.

Ambas eram rodeadas por paparazzi, e a representação de Madonna da perseguição de carro por fotógrafos em seu vídeo de "Drowned World/Substitute For Love" foi criticado pela similaridade às cenas que levaram Diana à morte. "Para começar, fui perseguida no mesmo túnel em Paris onde o acidente aconteceu mais vezes do que posso contar", disse Madonna.

...e a Princesa

"Qualquer um que tenha sido perseguido daquele jeito e tenha vivido aquele tipo de vida bateram contra o muro junto com ela. Acho que nossas vidas foram afetadas pela fama, a dela obviamente mais que a minha..."

Madonna interpretou Diana em uma cena de comédia abrindo a nova temporada do programa americano de tevê Saturday Night Life (acima, à esquerda e à direita) em 1985.

A dupla encontrou-se dez anos depois em uma festa em Londres, enquanto Madonna estava trabalhando em *Evita*, quando tiveram uma rápida conversa sobre os problemas da fama, mas planos

No Guarda-roupa

para uma visita de Diana foram cancelados por Madonna depois que seu perseguidor, Robert Hoskins, foi detido dentro de sua propriedade em Los Angeles, em 1995. Diana morreu em agosto de 1997.

Mais tarde, foi confirmado pelo porta-voz de Althorp House, lar da família de Diana e seu lugar de descanso final, que Madonna e Guy haviam perguntado sobre as possibilidades de realizarem seu casamento lá – mas a ideia foi cancelada por ambos os lados. David Fawkes de Althorp disse: "Não é verdade que Earl Spencer rejeitou a estrela, o problema é que não contávamos com todas as instalações necessárias".

Rob Seduski, chefe coordenador de guarda-roupa em várias turnês de Madonna.

"Trabalho com Madonna, e os estilistas para ter certeza de todos os trajes e acessórios estão prontos para serem usados, tornando-os fáceis de vestir e despir", ele disse em 2001. "Estamos falando de velcro, botões de pressão, ganchos, tudo.

"Temos quatro cópias para cada roupa. Temos sempre uma cópia da roupa estendida ao lado da original. Caso houver um desastre, é só substituir. É o tipo de coisa que pode acontecer em uma fração de segundo. Ainda não tivermos que lidar com nada desse tipo, graças a Deus.

A gueixa de "Drowned World" foi a mais difícil de vestir e despir. Ela tem que, primeiro, colocar um par de meias, as quais nós cortamos os pés. E meias tendem a enrolar e rasgar quando você veste muito rápido...

Então há o quimono vermelho, usado sob uma armadura. E as luvas sem dedos anexadas a longas mangas. Também há uma peruca e uma peça para ser usada sobre o quimono com longas mangas pretas. Essa troca, que é a segunda do show, necessita de cinco pessoas para fazê-la em três minutos e meio.

"Ela é muito disposta e dirige toda a operação. Nunca tive problemas com ela. Está sempre totalmente focada e acessível. Se você for em frente, ela é ótima. Gosto da forma como ela sempre mistura o que usa no palco com a moda. É algo que ela lançou. É sua marca."

Ensaiando para a turnê Drowned World no começo de 2001, Madonna é vista aqui lidando com aparelhos usados para fazê-la "voar" em sua coreografia de "Sky Fits Heaven".

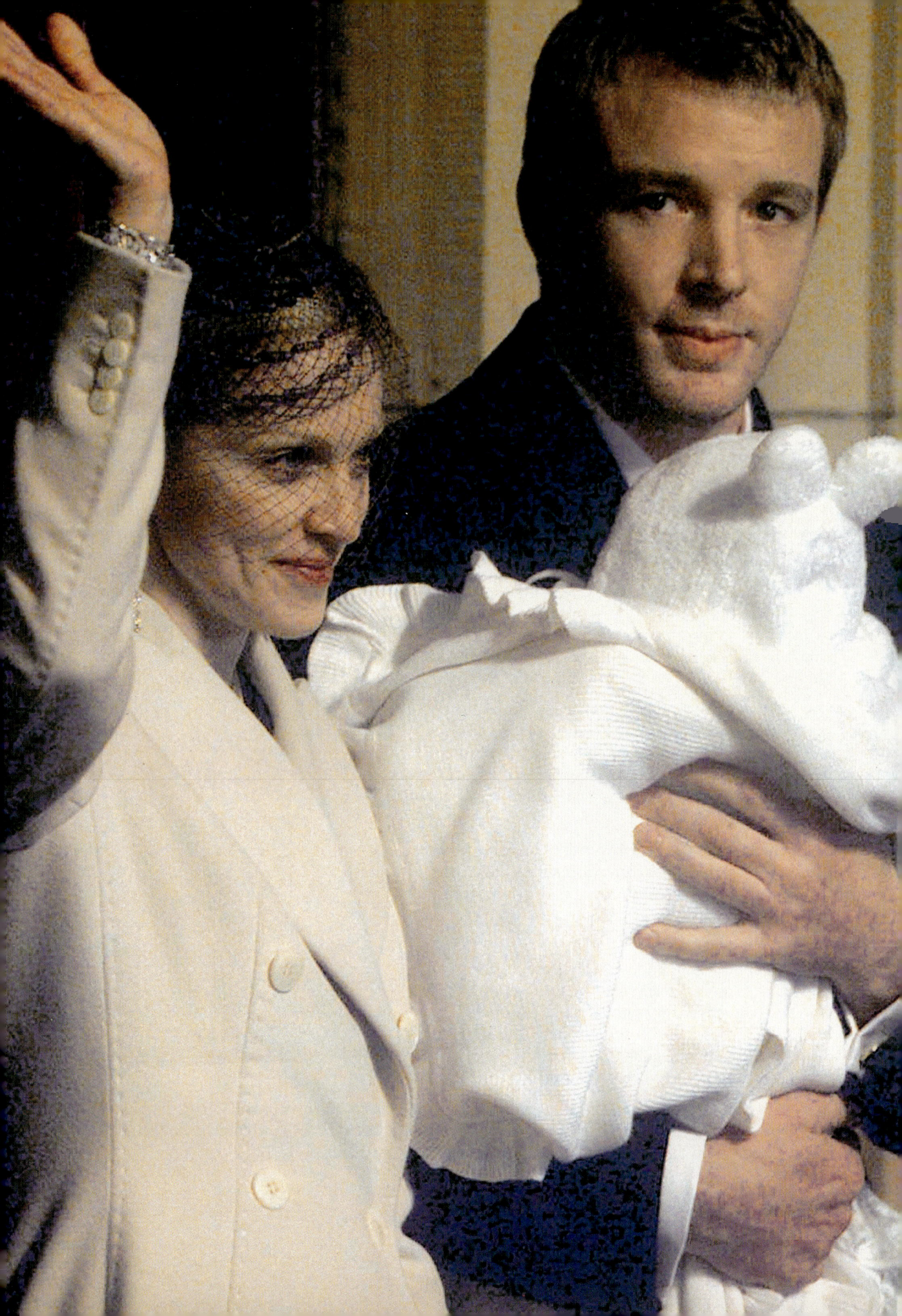

"Foi uma experiência verdadeiramente **mágica, religiosa,** *a* **semana inteira."**

Eles foram à Escócia batizar Rocco e casar. Seus convidados foram convidados a permanecerem por cinco dias no belo e remoto Castelo Skibo, nas colinas de Dornoch, Firth.

Guy reservou todos os quartos da propriedade enquanto durassem as celebrações, contratando uma equipe de 70 seguranças, e fez tudo o que era possível para proteger o casal do assédio da mídia.

Havia uma lista de convidados repleta de astros e estrelas, incluindo membros da família de Guy e Madonna e Carlos Leon, os casamenteiros Sting e Trudie, a amiga chegada de Madonna Gwyneth Paltrow, a dama de honra Stella McCartney, Donatella

Aparentando uma aristocrata em cada detalhe, até as joias mais simples, Madonna sai da catedral de Dornoch em dezembro de 2000 depois de batizar o bebê Rocco (página anterior). Madonna chega à Escócia vestida em tweed (à direita) como se os acordes de "Like a Virgin" estivessem sendo tocados por gaitas-de-fole.

Versace, Jean Paul Gaultier, Rupert Everett, Sacha Baron Cohen (Ali G), Jean Baptiste Mondino, os atores Jason Statham e Jason Flemyng e os padrinhos: o produtor de Guy Matthew Vaughn e Piers Adams, dono do clube Lond. Apreciado por centenas de locais, o grupo de ricos, lindos e famosos compareceu ao batizado de Rocco na catedral do século XIII em Dornoch, a poucos quilômetros do castelo, no fim de tarde de 21 de dezembro.

Rocco estava vestido em uma camisola branca bordada em ouro, desenhada por Donatella, enquanto Madonna sorria feliz para a assistência local e as câmeras em um casaco trespassado Chloe, um chapéu com véu preto e longos brincos reluzentes.

Desconhecido por Madonna e Guy, um homem conseguiu entrar na catedral 24 horas antes do evento e escondeu-se atrás de um órgão com comida, água e um saco plástico para usar como toalete. Robert Podesta, um consultor de seguros de 52 anos, de Gales, filmou toda a cerimônia, mas foi pego por guardas quando saía e mais tarde multado em mil libras.

Não haveria mais intrusos e o casal real não seria visto novamente até sair da Escócia – com Dornoch sabidamente 2,5 milhões de libras mais rico por sua visita e a indústria do turismo esperando capitalizar a publicidade obtida. "Faça como Madonna e case-se na formosa Escócia", dizia um suplemento de viagens.

O casal não lançou fotos oficiais de seu casamento em 22 de dezembro. Dizem que Madonna "parecia-se com uma princesa" enquanto caminhava pelo grande salão de entrada do castelo e subia por uma escada forrada com tapete vermelho com seu vestido de noiva desenhado por Stela McCartney. A peça tomara que caia, feita em seda cor de mármore, apresentava um corpete, uma longa cauda e um clássico véu rendado. Ela acrescentou ligas, sapatos de Jimmy Choo, um buquê de lírios do vale e algumas peças de joalheria valiosíssimas.

Entre elas, uma tiara com 767 diamantes incrustados, que Madonna emprestou de Asprey & Garrard, uma cruz de diamantes feita especialmente pela House Of Harry Winston e três braceletes de 7,5 cm de diamantes e pérolas de Adler. O anel que Guy colocou no dedo de Madonna quando eles estavam no alto da escadaria foi um aro de platina comparativamente modesto, com alguns poucos diamantes incrustados.

Antes da grande entrada de Madonna, Lourdes espalhou nas escadas pétalas de rosa, a menina usava um vestido longo, de mangas curtas e pescoço alto, também em tom de mármore e desenhado por Stella. O bebê Rocco usava um kilt de padrão verde e azul-escuro para combinar com o kilt de seu pai. E embora tenha sido dito que Guy não usava nada sob o kilt para respeitar a tradição, é justo pensar que seu filho usasse.

Madonna trocou seu vestido por outro, também em tom de mármore, desenhado por Stella, desta vez um conjunto de terno para dançar à noite, enfeitada de diamantes emprestados por Harry Winston. Ela apareceria em uma sucessão de vestidos maravilhosos desenhados por cada estilista presente no banquete.

Aproveitando o esplendor histórico do castelo, Guy e Madonna fizeram longas caminhadas nos seus 7500 acres. Dizem que Guy foi caçar enquanto Madonna participou de um tiro aos pombos e assistiu demonstrações de falcoaria com suas melhores amigas: Gwyneth, Stella e Trudie.

"A Escócia tem uma atmosfera úmida", disse em uma entrevista três meses depois. "É tão linda... Sabe, ando romântica. E meu marido e eu somos ambos obcecados por história e queríamos ir a lugares que tivessem história. Ele tem me ajudado a apreciar a crueza e brutalidade da natureza. Não dá para escapar disso quando se vai tão longe ao norte da Escócia. Realmente, nossa escolha foi resultado de uma combinação de coisas, então ele tinha que usar o kilt da família, o que foi ótimo...

Foi uma experiência verdadeiramente mágica, religiosa – a semana inteira."

Certamente Madonna parecia visivelmente animada pelas tradições românticas da Escócia – e pelo estilo de vida de classe alta que, ironicamente, Guy, seu marido, havia tentado esconder sobre si quando se envolveu no mundo barra-pesada do East End, com seus valentões e gângsteres.

Durante esse período, Madonna foi fotografada mais de uma vez usando casaco de padrão xadrez sobre seus jeans bordados, o que pode ter desencadeado uma reação de imitação: em meses, as garotas de estilo Courtney Love passaram a usar saias de estampa xadrez. Madonna também adotou a pompa das classes abastadas do campo, aparecendo vestida em *tweed,* casacos *Barbour*, galochas Hunter, jaquetas Holland & Holland e se locomovendo em um Range Rover.

A rainha do pop declarou sua admiração pela rainha da Inglaterra, socializando-se com o príncipe Charles – "um menino levado" – em um jantar, e demonstrando um interesse crescente sobre a aristocracia e em obter classe verdadeira em oposição à ostentação dos novos ricos.

No entanto, ela teve poucas oportunidades na época de desenvolver suas aspirações aristocráticas, movendo-se conforme as necessidades do trabalho entre os lares principais da família – uma fazenda em estilo espanhol em Beverly Hills e uma casa georgiana perto de Oxford Street, em Londres, ambas reformadas pelo casal.

204 **Estilo** Madonna

Quem é essa garota?

O Que Eles Dizem Sobre Madonna...

Madonna foi votada como a mulher mais inspiradora do mundo em uma pesquisa em 2001. Os votantes, na revista *Celebrity Bodies*, acreditavam que ela tinha o mais invejável estilo de vida e eram especialmente impressionados com sua atitude, talento, carreira – e conta bancária. Também achavam que ela era a mulher acima de 40 anos que tinha envelhecido melhor.

A editora da revista, Alison Hall, comentou: "Madonna pode estar às portas da meia-idade e não constar entre as mais belas, mas tem as qualidades que todas nós invejamos profundamente – talento sem-fim, confiança e originalidade. Além disso, é uma verdadeira *superstar* de apelo duradouro".

Madonna afirma em várias ocasiões que organiza e administra seus compromissos diários com precisão militar e dorme apenas poucas horas por noite. Assiste pouca televisão, quase sempre basquete, boxe e filmes. Escuta música clássica, joga xadrez, coleciona antiguidades e prefere dedicar-se à família, à cultura e ao relaxamento quando consegue algum tempo entre as demandas de seu trabalho. Também adora cavalgar, apesar de seu acidente em agosto de 2005.

Comida

Madonna admite que não tem o "gene de cozinheira". Mas se não vai a restaurantes ou em casa de amigos, tem seu próprio cozinheiro a postos. Em emergências, pode contratar um *chef* por mais de mil libras por dia.

Ela segue vários regimes alimentares severos, especialmente durante turnês. Procura comer alimentos saudáveis e vegetarianos, principalmente muitas saladas, em face de seu apetite por comidas nem tão boas, como queijo e manteiga, além de ser conhecida por sua queda por doces, especialmente chocolate branco e *fudge*.

Durante a turnê Drowned Word, foi dito que Madonna estava seguindo um cardápio de com muita proteína, pouca gordura e carboidratos – de acordo com a dieta recomendada por seus especialistas de Ayurveda.

No Madison Square Garden, em Nova York, sua mesa nos bastidores oferecia *amaretti* de flor de abobrinha, croquetes de risoto à manjerona, crostini de tofu, sashimi ao estilo italiano, ceviche de camarão, salame de pato, bolo de arroz, *conchiglione* de açafrão e bolinhos de carne de frango envolvidos em folhas de *shizo*. Tal cardápio causou horror nos especialistas em comida que classificaram a seleção de "pretensiosa e artificial". Um jornalista resmungou: "Ela tem mais proteína na mesa em um só dia que a maioria das pessoas come em um mês".

Em um de seus restaurantes nova-iorquinos preferidos, Nobu, que tem filiais em todo o mundo, Madonna tem preferência pelo Toto Tartar – nome sofisticado para atum cru com caviar – e sorvete de chá-verde. Em seu gosto por comida japonesa, Madonna também optou pelos alimentos saudáveis. Durante dietas macrobióticas, ela tem que cortar do cardápio os alimentos lácteos, além de doces tentações que adora. Em lugar deles, banqueteia-se com grãos, nozes e massas, peixes, frutas, sementes e alimentos à base de soja.

Mas na gravidez, ela às vezes satisfazia seus desejos: ovos pochê, pizza, batatas fritas e industrializadas, abobrinha no azeite ou na manteiga.

Em várias ocasiões, Madonna disse que gosta de pipoca, Rice Krispies (Sucrilhos de arroz) e peixe com fritas.

Ultimamente ela tornou-se bem mais flexível no quesito comida, dizendo à revista *Heat* no verão de 2001: "Se você para de se preocupar em ser gorda não será gorda, juro por Deus. Estou lhe dizendo. Como tudo o que quero".

Ela não bebe muitas bebidas alcoólicas como regra, mas não deixa passar alguns Martinis, um Cosmopolitan, uma taça de champanhe ou uma caneca de Guinness. Suas exigências para os bastidores da turnê Drowned World incluíam Red Bull e cappuccino Starbucks.

Saindo Por Aí

Quando está em Londres, Madonna é conhecida por levantar uma taça nos hotéis Sanderson e Claridges; e em vários *pubs*, incluindo o The Windsor Castle, em Notting Hill, o The Scarsgill Tavern em Kensington e o Punchbowl em Mayfair.

Entre os restaurantes que ela frequenta, estão o San Lorenzo, em Beauchamp Place; o The Pharmacy, em Notting Hill; o Kensington Place, na rua Kensington Church; o Circus, em Piccadilly; o Blakes, em Earl's Court; o The Ivy, em Covent Garden; e o Drones, na rua Pont, em Londres.

Ela tem aparecido em boates como a China White, em Piccadilly; o Kabaret, na rua Regent; e o Red Cube, na Leicester Place.

As compras a tem levado ao Koh Sumi, em Covent Garden; ao Voyage, na Fulham Road; ao Harvey Nicks, em Knightsbridge; e à joalheria de Solange Azagury Partridge, em Westbourne Grove.

Lendo e Escrevendo

Uma forte adepta de escrever cartas, Madonna conduziu o começo de seu namoro com Guy Ritchie pelo correio. Ela disse a um entrevistador: "Um pretendente tem que saber escrever antes de entrar no meu quarto. Ou seja, escreva-me uma boa carta ou dane-se".

Ela lê avidamente e lista entre seus livros favoritos *O Alquimista*, de Paulo Coelho; *Captain Corelli's Mandolin*, de Louis Bernieres; *O Pequeno Príncipe*, de Antoine de Saint-Exupéry; *Mulherzinhas*, de Louisa May Alcott; e *Memórias de Uma Gueixa*, de Arthur Golden, o qual inspirou o visual japonês da turnê Drowned World. Ela disse: "Às vezes acho que o que eu faço é ser uma gueixa moderna".

Seus escritores favoritos atravessam gerações, o globo e limites de estilo. E incluem James Joyce, Jack Kerouac, JD Salinger, Sylvia Plath, Lawrence Durrell, Raymond Carver, F Scott Fitzgerald, Charles Bukowski, Alice Walker, Ernest Hemingway, Henry Walke, Kurt Vonnegut Jr, Françoise Sagan, Honore De Balzac, VS Naipaul, Henry James, Louise Edrich, Guy de Montpassant, Noel Coward, Pablo Neruda, Anne Sexton e o poeta do século XIII Jalaludin Rumi, cuja escrita está sendo redescoberta.

Jellybean Benitez uma vez observou: "Muitas pessoas não imaginam o quanto Madonna é inacreditavelmente inteligente. Ela adora literatura inglesa – Shakespeare, Keats e Dryden – e costuma passar horas lendo suas obras..."

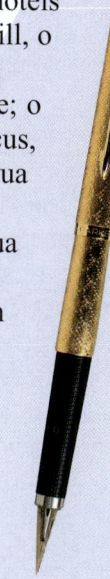

Ioga e Espiritualidade

Madonna desistiu de suas rigorosas sessões de malhação quando estava grávida de Lourdes e liberou-se das academias." Ela agora faz, durante cinco dias por semana, uma hora e meia de ioga Ashtanga, mesmo que tenha de levantar às seis da manhã para encaixar a sessão em seus horários. Descrita como uma ioga mais vigorosa, é um tipo de exercício aeróbico que envolve cantos de rezas e movimento contínuo que prové melhor músculos definidos e poderosos do que a rotina pesada de levantamento de pesos e exercícios convencionais de academia.

Ela diz: "Ensinou-me paciência e bom senso. Também me ensinou que se deve estar à altura de obter as coisas almejadas, que não basta querer para conseguir. Agora sei que a ioga é uma metáfora total da vida".

Em 2001, Madonna isolou-se em uma cabana que reservou nas montanhas de Colorado, com águas termais, lareira, antiguidades e uma caverna adaptada como espaço para praticar ioga.

Essa forma de ioga pode trazer acompanhamentos tais como roupas influenciadas pelo Oriente, contas indianas para rezas e arte corporal, incluindo tatuagens de hena *mendhi,* itens que Madonna tem usado.

No entanto, ela conseguiu aborrecer um grupo de "hindus sinceros, vaishnavas e praticantes de ioga de todo o mundo" quando apareceu no MTV Music Awards de 1998 usando sinais faciais sagrados e ao mesmo tempo mostrava os mamilos através de um top transparente e movendo "de maneira sexualmente sugestiva". Ela retorquiu que "a essência da pureza e divindade é o não julgamento".

Ela também revelou que estuda yoga Kundalini, que envolve meditação, cantos e respiração profunda, além dos suaves exercícios físicos Pilates, a modalidade do momento.

As explorações de Madonna no sentido de sua espiritualidade também a levou às filosofias orientais, incluindo o Budismo e o Hinduísmo, assim como o ancestral misticismo judaico da Cabala, que se tornou sabidamente seu sistema de crenças para guiar-se. Ela se manteve ligada a significantes elementos do Catolicismo por meio de lutas com a fé, valorizando alguns de seus crucifixos e rosários, incluindo um com turquesas dado a ela por sua avó, o qual Madonna considera "incomum e interessante".

Sobre sua prévia obsessão por crucifixos, ela disse na revista *Time*: "É um lindo tipo de simbolismo, a ideia de que alguém sofre, que é o que Jesus Cristo no crucifixo representa, e então não levar isso a sério. Ver o crucifixo como um ícone sem estar impregnado de religiosidade. Não é algo sacrílego para mim. Não estou dizendo "Este é Jesus e eu estou rindo".

Enquanto isso, Madonna ganhou a batalha final contra suas adversárias, as freiras. De acordo com comunicados da imprensa, ela exigiu e ganhou o endereço de seu *website* madonna.com, reivindicando que sua fama mundial deu a ela mais direito ao nome de Madonna do que teriam as irmãs do Madonna Rehabilitation Hospital em Lincoln, Nebraska.

Saúde

É dito que Madonna também tornou-se um expoente da ancestral ciência indiana, Ayurveda, no qual cada participante é identificado com um entre três tipos de personalidades e aconselhado a uma dieta apropriada e a óleos herbais e essenciais para tirar o estresse e revitalizar o corpo. Com meditação e relaxamento incluídos, o objetivo é ter o corpo e a mente trabalhando juntos holisticamente.

Madonna afirma praticar Ayurveda em conjunção com uma nova técnica de saúde chamada Análise do Terreno Biológico, praticada em primeira mão pelo doutor Laz Bannock. O procedimento, como a Ayurveda, está mais ligado à prevenção do que à cura, e é baseada na ideia de tornar o corpo saudável e harmonioso. Vários fluidos são analisados para descobrir possíveis áreas de fraqueza, e mudanças de dieta e de estilo de vida são então recomendados.

Também é dito que ela se consulta com o "médico descalço" do norte de Londres Stephen Russell, cujos tratamentos incluem acupuntura, cura com as mãos, massagem, hipnose, artes marciais, musicoterapia e taoísmo.

No entanto, Madonna é como qualquer mulher quando está com dor de cabeça. Os itens que não podem faltar em seu camarim incluem uma caixa de comprimidos Advil.

Terapia

"Tudo tem a ver com auto-observação e não faço isso apenas com terapia. Faço por meio de vários cenários diferentes: meu professor de ioga, quando olho nos olhos da minha filha. Há várias situações que ensinam."

Arte

Madonna é uma colecionadora particular de arte – e pendura os trabalhos nas paredes de sua casa. De acordo com um visitante, há pinturas de mulheres nuas por toda a sua fazenda em estilo espanhol perto de Sunset Boulevard.

Ela é conhecida por adorar o trabalho da artista mexicana Frida Kahlo, a heroína feminista, vítima de poliomielite e de um acidente de carro, que morreu em 1954. Seu trabalho preferido por Madonna é o sangrento "Meu Aniversário", de propriedade da estrela, que afirma que quem não gosta da pintura nunca poderá ser seu amigo. Ela recentemente emprestou outro quadro de Kahlo, "Autorretrato Com Macaco", para a mostra de arte surrealista "Desejo Solto", na galeria Tate Modern de Londres.

Madonna disse à revista *Grammy*: "Adoro suas pinturas porque elas falam de sua tristeza e sua dor, mas são tão lindas, e admiro isso no trabalho de uma pessoa. É que demoro um pouco para descobrir como traduzir a tristeza em uma canção". E acrescentou para o *The Observer*: "Interesso-me muito por duas coisas em arte. Uma delas é o sofrimento e a outra é a ironia e um certo senso de humor bizarro".

Ela admira Fernand Leger – de quem ela possui uma pintura, pendurada na parede de sua cozinha. "Gosto disso", disse Madonna. "É como ter um casaco de pele muito longo que se arrasta pelo chão."

Outros de seus favoritos são Tamara de Lempicka, Georgia O'Keeffe, Diego Rivera, Tina Modotti, Peggy Guggenheim, Edward Weston, Edward Hopper, William-Adolphe Bouguereau e o francês Gerard Priault. Dali e Picasso estão entre os *superstars* de sua coleção. Madonna também acompanha o trabalho de fotógrafos contemporâneos como Guy Bourdin, Nan Goldin, Inez Van Lamsweerde, Sean Ellis, Mario Sorrenti, Steven Meisel, Patrick Demarchellier, Mario Testino, Herb Ritts, Helmut Newton e Paolo Reversi.

No entanto, Madonna ainda tem um fraco por "toda a cena da arte urbana de Nova York" que a influenciou no começo da carreira e reconhece Andy Warhol, Keith Haring e Jean-Michel Basquiat.

Arte, cinema e viajar para lugares como Espanha e norte da África – são coisas que, de acordo com Madonna, lhe proporcionaram uma "verdadeira educação". Ela disse: "Mas você tem que se sentir atraído por elas à primeira vista. Em seguida, seus gostos começarão a apurarem-se conforme o tempo".

E acrescentou: "Muita da arte que possuo influenciou-me. E vários filmes que assisti inspiraram-me."

Estilo Madonna

"agora mesmo não há nada remotamente cool ou excitante sobre mim"

> Parecendo muito bem para seus 42 anos de idade, Madonna continua a favorecer a combinação jeans, correntes e uma falsa imagem punk reforçada por suas camisetas quando em ação por aí (acima), embora seu ultrafashion conjunto Prada azul-claro seja mais impressionante.

Tendo descrito a si mesma de forma autodepreciativa como uma "vaca domesticada", proclamando que "agora mesmo não há nada remotamente *cool* ou excitante sobre mim", Madonna, ao contrário, estava entrando no produtivo e bem-sucedido ano de 2001.

Verdade, ela andava passando tempo em *playgrounds* e na Disneylândia, e seu novo hábito de andar pelas ruas do bairro como uma mãe normal significava que ela não estava sempre preparada para o *flash* das câmeras.

Algumas fotos que não lhe faziam jus apareciam em colunas de fofocas de tempos em tempos: Madonna em Los Angeles com um cabelo lamentável, sem maquiagem e calças de abrigo; Madonna em Londres, chorosa e com os olhos inchados no assento traseiro de um carro com Guy; Madonna deixando uma festa em Londres, cansada e emocional. Na maioria, porém, ela parecia marcante como sempre, mesmo passeando com Lourdes, vestida com top e calças comuns.

Elegante usando itens da Chloe, de "virar-a-cabeça" em seu conjunto azul-claro de seda da Prada, de colarinho em estilo mandarim, em compasso com a moda em seu agasalho Adidas 83-C de edição limitada e vulgar em sua jaqueta de couro agarrada, echarpe e jeans, Madonna ainda mantinha os fotógrafos ocupados.

Aparecendo em uma série de revistas no começo do ano, Madonna, aos quarenta e tantos anos, aparecia glamorosa, sedutora. Prestando tributo à Debbie Harry e Catherine Deneuve em *InStyle*, ela aperfeiçoou o "olhar de gato" com cílios espessos e algumas pinceladas estratégicas

"É uma música nervosa, *e* eu *quis um* visual que combinasse com uma mistura de dança provocativa."

de delineador sob os olhos, e posou usando uma coleção de roupas de ares punk em seda, couro envernizado e *chiffon,* com predominância do preto, usados em amarrações, meias arrastão, luvas e botas de salto alto. Na *Elle*, as roupas eram ousadas, com franjas, mostrando o corpo e divertidas. Ela ainda lançava moda. "O chanel está de volta", anunciava uma manchete, em resposta ao corte reto, longo e em camadas dos cabelos

O videoclipe de "What It Feels Like For A Girl" foi dirigido por Guy Ritchie e teve problemas com a censura por sua representação de velocidade e violência. Como sempre, Madonna comentou que o vídeo havia sido projetado para provocar, embora violência fosse algo que Madonna anteriormente havia se recusado a glamorizar. Influência de Ritchie?

loiros de Madonna. Outro artigo admirava sua juventude, falando sobre os belos tons de bege e rosa de sua maquiagem e analisando seus segredos de beleza.

As ruas e passarelas de moda explodiram em Madonnamania no começo de 2001. Roupas com tecidos rendados relembravam a era "Like A Virgin" nas lojas de departamento a altos preços, assim como os tops cortados, os braceletes e cintos com rebites, pulseiras de borracha e outras tilintantes de sua inovadora imagem *trashy*.

Christian Dior recriou a famosa mistura de cores conflitantes, bustiês, meias-arrastão, minissaias e crucifixos, enquanto Moschino e Dolce & Gabbana desenharam a partir da inspiração mais recente das imagens da vaqueira, com todo o seu rosa e jeans, chapéus *stetson* – um favorito das ruas de moda. D&G também produziu camisetas cravejadas de diamantes estampadas com fotografias de capas de álbuns de Madonna. As camisetas customizadas, é claro, estavam em todo lugar. Talvez o tributo mais bizarro tenha sido feito pelo grupo de caridade que apertou as mãos do príncipe Charles em setembro usando perigosos sutiãs cônicos dignos da própria Madonna.

Com todo esse clima, Madonna provou em abril que não havia perdido a mão de boa artista de videoclipes: foi novamente censurada, desta vez em colaboração com seu marido, talvez inspirada pelo sucesso da aceitação de seu esquete filmado para o The Brit Awards.

Pela primeira vez, Guy Ritchie dirigiu um vídeo de Madonna – para "What It Feels Like For A Girl", lançado em abril de 2001. Em cenas que são ocasionalmente cabeludas, mas recheadas de humor, uma Madonna de *look* extremamente feminino, de cabelo chanel loiro curto, olhos muito maquiados e batom cereja, ela veste um macacão para assumir a personalidade de uma valentona em uma corrida de carro demolidora.

Voando de carro pelas ruas, com sua avó a reboque, em um Chevrolet amarelo roubado de placas onde se lê GAT e INHA, ela se choca contra outros veículos, bate em um garoto e comete vários crimes oportunistas com uma pistola de água. A cena da batida do carro no fim, no qual ela choca outro carro roubado contra um poste, foi considerada muito violenta para serem assistidas regularmente pela MTV e pela VH1. Ambas escolheram veicular o clipe apenas ocasionalmente, tarde da noite.

"É uma música nervosa e eu quis um visual que combinasse com uma mistura de dança provocativa", declarou Madonna, acrescentando que ela esperava que o clipe induzisse "as pessoas a fazerem perguntas e abrirem diálogos".

Resolutos, marido e mulher juntos quase imediatamente retornaram à ação filmando um anúncio para a BMW em outro drama de alta-velocidade, com Madonna tentando fugir dos paparazzi, sendo pega em uma corrida assustadora pelo ator Clive Owen.

Tendo marcado seu 24º disco de ouro nos Estados Unidos com "What It Feels Like A Girl", colocando-a no mesmo patamar que os Beatles, Madonna zarpou para a turnê de quatro meses Drowned World em junho para promover a melódica música eletrônica de *Music*.

A turnê, que abriu em Barcelona e chegou na Inglaterra em julho, encontrou Madonna revivendo alguns de seus estilos anteriores com uma espetacular virada – e, pela primeira vez, tocando guitarra no palco, tendo especialmente tomado lições para tanto, com a palavra "Foda-se" impressa na alça do instrumento.

Com ingressos esgotados, um público cheio de celebridades em suas seis noites no Earl's Court de Londres viu Madonna entrar por entre nuvens de gelo seco para abrir com "Drowned World"/"Substitute For Love" em um autêntico traje punk Kings Road/Gaultier – um top preto trespassado e sem mangas, um kilt, calças pretas com zíperes e tiras de bondage, uma gargantilha e uma pulseira com tachas. Encerrando a série punk com "Beautiful Stranger" e "Ray of Light", ela reaparece suspensa em um extraordinário traje de gueixa pintado à mão de Gaultier, com mangas de grande largura, que eram esticadas pelo palco proporcionando um efeito dramático.

Os arrepios e admirações vinham rápidos e volumosos enquanto Madonna voava fazendo algumas acrobacias de tirar o fôlego com sua equipe de dez dançarinos à frente de um fundo de árvores e céu vermelho, e então transformava-se em supermulher ninja do kickbox e lutadora de espada Samurai, suspensa por fios e, é claro, emergindo vitoriosa, a arma erguida – tudo com uma pitada de *Tigre Agachado, Dragão Escondido*.

Uma coruscante vaqueira Madonna em jeans, vestindo uma roupa de estrelas e listras, monta um touro mecânico durante "Human Nature", vestida grandemente pelos irmãos Caten, dançando entre fardos de feno e fazendo movimentos de flamenco durante "La Isla Bonita", seus cabelos loiros à altura dos ombros puxados para trás enquanto ela mostrava glamorosos, reveladores vestido e calça pretos de señorita. Determinantemente latina, ela cantava uma versão em espanhol de "What It Feels Like For A Girl".

Fechando o show com "Holiday" e "Music", ela adotava um visual de "garota do gueto", com um casaco de pele falsa, um chapéu fedora, calças de couro pretas e sua camiseta D&G na mesma cor, com as brilhantes inscrições prateadas "Mother", na frente e "F*cker" atrás.

A turnê Drowned World abriu em Barcelona, em junho de 2001, e Madonna estava ansiosa para mostrar suas novas habilidades na guitarra em "Candy Perfume Girl". Na abertura dos shows europeus, Madonna vestiu uma roupa de Gaultier que incluía um kilt xadrez em preto e vermelho, que foi substituído por outro preto e branco nos Estados Unidos.

DROW

WORLDED

DROW

WORLD
DROWNED

Assim como as anteriores, a turnê Drowned World foi uma produção teatral de cinco partes e coreografias elaboradas. A mais impressionante era a de estilo Tigre Agachado, Dragão Escondido para a canção "Sky Fits Heaven", enquanto "Human Nature" via a diva cavalgando um touro mecânico.

"*Trata-se* de **teatro**, *drama, surpresa* e suspense."

Em "Holiday" Madonna usou um casaco de pele, um chapéu fedora de feltro e uma camiseta customizada (abaixo). O foco das mensagens trazidas na peça rapidamente mudava quando Madonna tirava o casaco. Embora a estrela tivesse reconhecidamente parado com as exaustivas malhações do começo de sua carreira, ela parecia decididamente tonificada para uma mãe com 42 anos e dois filhos.

Madonna, caracteristicamente, tinha querido tudo "absolutamente perfeito", mas um probleminha ou dois aconteceram durante a temporada. Uma noite, sua peruca preta de gueixa escorregou de sua cabeça, deixando a estrela embaraçada com cara de trovão. Em outra noite, um fã bêbado conseguiu driblar os seguranças, subiu ao palco e chegou a centímetros de Madonna.

Alguns críticos reclamaram que faltaram no show clássicos como "Like A Prayer", que estava muito concentrado em material de *Ray Of Light* e *Music*.

Essa, no entanto, tinha sido a intenção de Madonna. Novamente o show havia sido concebido mais como um musical do que um concerto tradicional, e sua coreografia e visuais eram frequentemente inspiradíssimos.

Antes de começar a turnê, Madonna tinha prometido: "Não vejo razão para fazer um show a menos que se esteja oferecendo algo completamente inusitado para os sentidos. Não basta ir ao palco e cantar uma música. Trata-se de teatro, drama, surpresa e suspense".

E como de costume, o show foi tão bom quanto suas palavras.

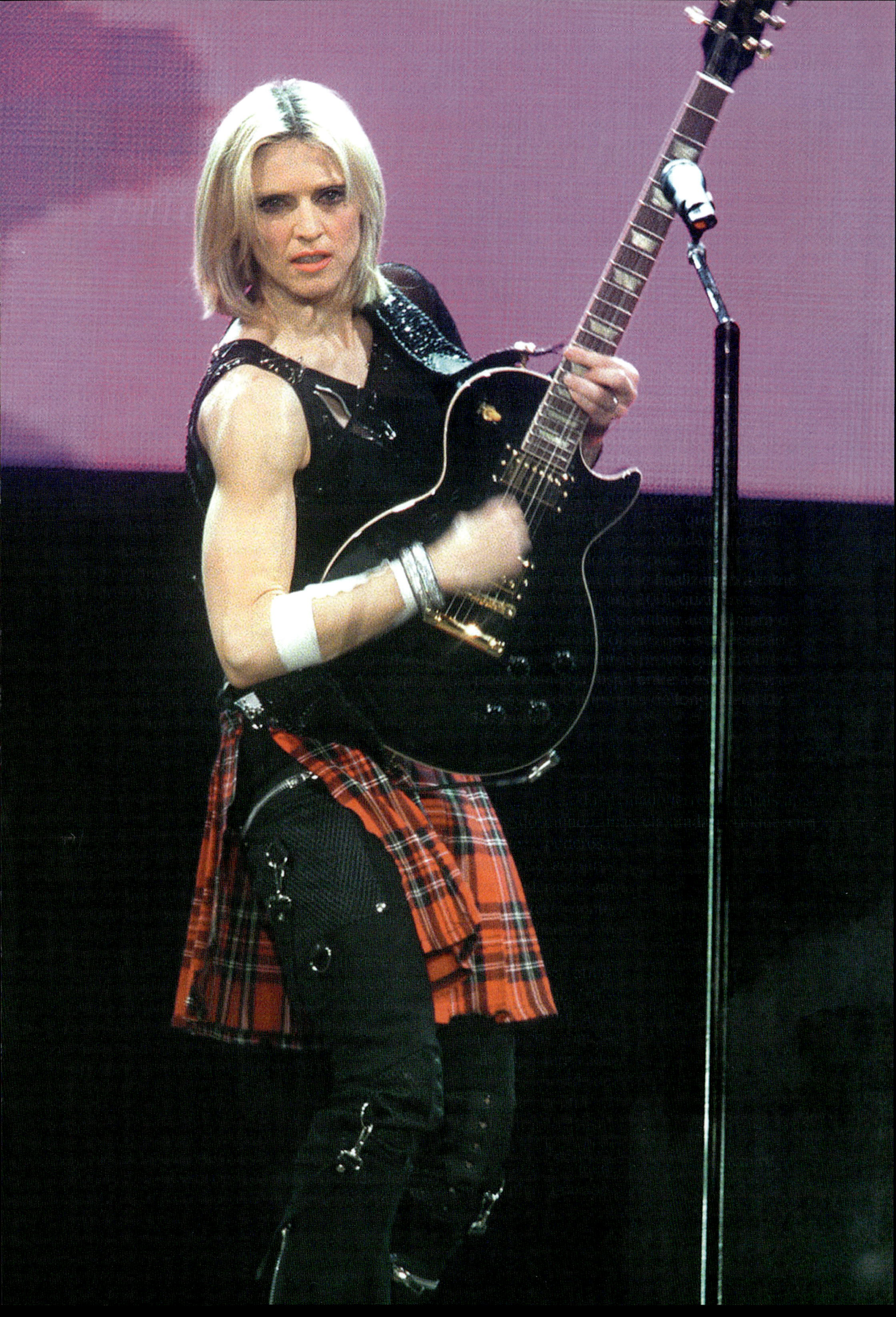

Estilo Madonna

Cuidando dos Negócios

O Que Eles Dizem Sobre Madonna...

Madonna lançou um selo de discos, o Maverick, em abril de 1992 com 60 milhões de dólares da Warner Bros e uma ideia clara de como iria conduzir as coisas: "Minha meta, é claro, é ter *hits* na nova companhia", disse. "Não sou um desses artistas estúpidos que ganham um selo para manterem-se calados. Pedi uma companhia de discos. Então não vou ficar invisível ou simplesmente telefonando para os meus sócios. Não há honra ou satisfação em apenas forçar alguém a fazer o trabalho chato."

Os sócios de Madonna eram seu amigo Guy Oseary, que se encarregou das responsabilidades de A&R (Artistas e Repertório) e Ronnie Dashev. O presidente era seu empresário, Freddie DeMann. Oseary era sabidamente um ex-namorado de uma das filhas de DeMann.

Madonna envolveu-se pessoalmente em aspectos da organização e fez uma espécie de diplomacia, trazendo um toque humano aos negócios da Maverick com artistas que eles queriam contratar.

No entanto, houve ocasiões em que o famoso charme de Madonna não foi suficiente. Há boatos de que os três primeiros artistas que receberam propostas – a banda Hole, de Courtney Love; Rage Against The Machine e os The Presidents Of The USA – recusaram a oportunidade da Maverick.

Em 1993, os Candlebox, uma banda de rock alternativo, vendedora de milhões, marcou o primeiro sucesso da gravadora, e houve grandes aclamações da crítica e seis indicações do Grammy para o cantor negro Me'shell Ndegeocello. Mas foi com Alanis Morissette que a Maverick tornou-se uma força maior, vendendo 30 milhões de cópias em todo o mundo de seu álbum *Jagged Little Pill*.

Morissette conta sobre suas negociações iniciais com Madonna: "Tivemos uns dois encontros de garotas. Estávamos muito entusiasmadas, falávamos o tempo todo. Somos tão parecidas em tantas coisas. Não temos o mesmo gosto para homens, mas temos as mesmas filosofias sobre como lidar com homens..."

Não houve encontros aconchegantes com o Prodigy. Eles vinham sendo perseguidos por vários selos Americanos, mas escolheram o Maverick porque gostavam de Oseary e DeMann, que eram tranquilos, articulados e honestos.

Madonna, tipicamente, compareceu às reuniões, impressionando os representantes do selo britânico com suas incomuns mas relevantes perguntas.

Então o que havia aí para Madonna? No fim das contas, sete álbuns com um adiantamento de 5 milhões de dólares para cada um, a serem lançados pela Maverick Entertainment. Ela ficaria também financeiramente responsável pela Warners, que poderia recuperar seu investimento por meio dos *royalties* dela.

O plano original era que a Maverick fosse uma companhia multimídia, mas depois de algumas aventuras malsucedidas no cinema, com *Olhos de Serpente* e *Operação Canadá*, foi decidido que ficariam apenas na música.

Houve tropeções ao longo do caminho. Em 1997, DeMann deixou de ser empresário de Madonna e tornou-se chefe executivo da Maverick. No ano seguinte, deixou o selo também depois de algumas disputas legais. Há boatos de que Madonna deu a ele um generoso "aperto de mão" quando ele deixou o prédio.

Então, ela recrutou Caresse Caresse Henry como seu gerente pessoal (desde então substituído por Angela Becker) e contratou o poderoso time de empresários de Peter Mensch e Chris Bernstein.

Foi dito que a Maverick viu-se em algumas dificuldades quando sua estrela, Alanis Morissette, não alcançou as vendas fenomenais de *Jagged Little Pill*. De fato, a porta-voz de Madonna, Liz Rosenberg, admitiu que houve "algumas questões relativas a Alanis e seu relacionamento com a Maverick", mas que foram resolvidas amigavelmente. Enquanto isso o Prodigy tinha resolvido fazer uma pausa extensa em suas atividades musicais.

Madonna, idealisticamente, estivera interessada em contratar artistas de valor artístico, mas credibilidade não é sempre igual a vendas, e muitos desses talentos nunca decolaram.

Em julho, manchetes de jornais em todo o mundo diziam que Madonna tinha autorizado um balanço no qual seis executivos tinham deixado a companhia. Entre eles, o presidente Bill Bennett. Ronnie Dashev, da Maverick, disse no New York Post: "Madonna está envolvida em todas as decisões mais importantes da companhia".

A *Reuters* disse que receitas do segundo trimestre fiscal da Maverick tinham caído em 11% para 895 milhões de dólares e o fluxo de caixa tinha mergulhado em 30% para 87 milhões de dólares. Em 2004, a Warners comprou as partes de Madonna e Dashev na companhia. Oseary mantém-se como seu CEO.

A Maverick não foi a primeira aventura de Madonna nos negócios. Determinada a controlar cada aspecto de sua carreira e conhecida por dedicar longas horas às suas finanças, ela já tinha lançado sua linha de roupas, a Wazoo; Boy Toy, Inc., uma companhia negociada por meio de seus *royalties* de música e disco.; a Slutco, uma companhia produtora de vídeo que ela liquidou e substituiu pela Siren Films, voltada para produção de cinema e vídeo; a Webo Girl para edição de música e a Music Tours, Inc. para trabalhos ao vivo.

Em 2001, a lista da Maverick incluía Alanis Morissette, Amanda Baxter, Binocular, Candlebox, Cleopatra, Dalvin Degrate, Deftones, Ebba Forsberg, Erasure, Insolence, Jude, Love Spit Love, Madonna, Me'shell Ndegeocello, Mest, Michelle Branch, Muse, Neurotic Outsiders, No Authority, Olive, Onesidezero, Prodigy, The Rentals, Showoff, Solar Twins, Summercamp, Swimmer, Tantric, Unloco e William Orbit. Em 2006, apresentava artistas como The Wreckers, Jack's Mannequin, Lillix, Paul Oakenfold, Deftones, FF5, Story Of The Year, Clear Static e Mozella.

Artistas da Maverick (na página ao lado, desde o alto, à esquerda, em sentido horário): Candlebox, No Authority, Muse, Erasure. (Nesta página em sentido horário desde o alto, à direita): Prodigy, Michelle Branch, Deftones, Insolence, Madonna com Cleópatra.

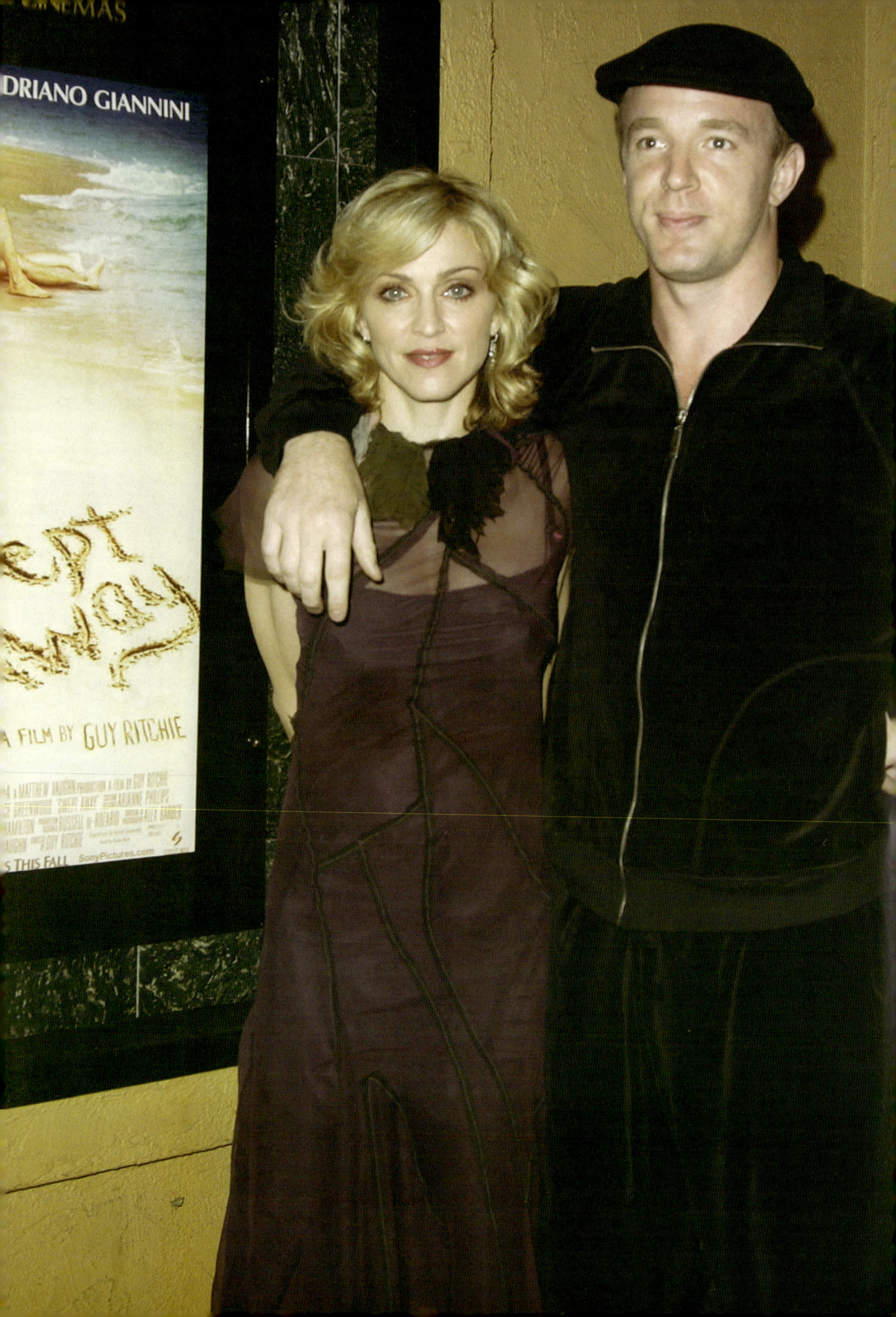
DRIANO GIANNINI
A FILM BY GUY RITCHIE
SonyPictures.com

"Nunca *fui* particularmente interessada *em* filmes de gângster"

Na manhã de 11 de setembro de 2001, terroristas atacaram os Estados Unidos. Tomaram o controle de três aviões de passageiros e atingiram com eles as torres norte e sul do World Trade Center, em Nova York, e do Pentágono, em Washington, DC, matando milhares de pessoas. Um quarto avião caiu em um campo na Pensilvânia depois que os passageiros tentaram invadir a cabine de comando.

Nessa época, a turnê Drowned World estava chegando ao fim na costa oeste dos Estados Unidos. Madonna, devastada como todo mundo pelas imagens que foram transmitidas para telespectadores em todo o mundo, imediatamente cancelou o show daquela noite – o segundo de quatro shows de ingressos esgotados no Staples Center, em Los Angeles.

Dois dias depois, ela retomou seu cronograma de shows no espaço e dedicou o daquela noite a fundos de caridade criados quando ocorreu o desastre. Sua doação alcançou 2 milhões de dólares.

Durante o terceiro show no Staples Center, em 14 de setembro, ela liderou uma prece pela paz e pediu ao presidente, George W Bush, que fosse comedido na resposta às atrocidades. E isto assinalou o começo de uma nova fase em sua carreira.

Até agora, Madonna tem sido direta em sua ajuda a várias causas. Já defendeu os cuidados com a aids, os direitos dos gays, igualdade para as mulheres e a cruzada contra a fome e a pobreza no mundo. Encorajou a autoexpressão. E se opôs à destruição das florestas tropicais e, mais tarde, assumiu a campanha para persuadir os jovens a votarem em seus próprios shows.

Mas em 11 de setembro ela se tornou especificamente política pela primeira vez. George W Bush não estava interessado em nada do que Madonna havia dito no palco em Los Angeles, três dias depois do atentado terrorista mais apavorante do mundo, mas ela ainda permaneceria uma voz poderosa, juntando-se a outras vozes poderosas em sua oposição contínua ao belicismo do presidente.

Por essa atitude, ela foi tão criticada como elogiada, seus críticos contestando a postura cada vez mais hostil de Madonna contra a administração Bush. Em abril de 2003, ela sacaria o vídeo que tinha gravado

Madonna em despojado look boêmio, chegando a Los Angeles para a estreia de *Destino Insólito* em outubro de 2002 – um ano após a filmagem – com um Guy Ritchie notavelmente vestido inapropriadamente (página anterior). A roupa de Madonna recebeu um comentário ácido da comediante Joan Rivers, que dedicou atenção especial ao sapato da estrela, aberto nos dedos dos pés.

Madonna estava quase finalizando a turnê Drowned World, em 2001, quando os eventos de 11 de setembro atordoaram o mundo (abaixo). Foi dito que sua decisão de completar a turnê provocou uma breve porém amarga rusga entre a estrela e sua assessora de imprensa de longa data, Liz Rosenberg.

"Tão *longe*, quando se *possa* ver, *não há outra casa* nos arredores."

> O vestuário de Madonna fora dos palcos durante Up For Grabs (abaixo, à direita) estava em forte contraste com suas roupas no palco, que incluíam criações de alta-costura de Stella McCartney e Versace. Ela achou uma gloriosa propriedade no campo, a Ashcomb House em Wiltshire (página seguinte) e poderia desempenhar o papel de nobre, apesar de não ter recursos para abrigar andarilhos que reivindicaram o direito de passagem a poucos metros de sua porta da frente, para o aborrecimento de Ritchie.

para "American Life", explicando que sua imagem militar podia ser erroneamente interpretada como desrespeitosa pelas forças armadas no Iraque.

Um ano depois, não haveria tanta diplomacia. Parte do público e dos críticos presentes na turnê "Re-Invention" de 2004 dividiria-se sobre seus protestos gráficos contra a guerra do Iraque, e houve ainda mais indignação quando no Madison Square Garden ela disse a seus fãs para assistirem ao controverso filme de Michael Moore, *Fahrenheit 9/11* – uma amarga acusação da forma como Bush lidou com os eventos antes e depois da ocorrência da catástrofe em Nova York, Washington e Pensilvânia.

Em 15 de setembro, Madonna completou a data final da turnê Drowned World no Staples Center, usada para repor a que havia sido cancelada no dia 11. Suas quatro noites haviam vendido 61.464 ingressos e reunido 8.303.165 dólares.

Foi durante essa turnê que Guy Ritchie, na estrada com Madonna, telefonou ao seu velho amigo David Reid, diretor-assistente de *Jogos, Trapaças e Dois Canos Fumegantes* e *Snatch – Porcos e Diamantes*. Ritchie queria falar sobre um novo projeto com Reid e Adam Bohling, que havia sido seu diretor de produção.

Reid mais tarde recordaria: "Guy disse que queria fazer esse filme. Queria oito atores, um luxuoso iate e uma ilha deserta, e queria começar a rodar em dez semanas."

Exatamente dez semanas depois, apenas alguns dias depois do término de Drowned World, Madonna chegou a Malta para começar a filmar o papel principal na refilmagem de Guy do filme italiano dos anos 1970, *Destino Insólito*. Era a primeira colaboração do grupo em um longa e seria um desastre, embora Ritchie, o elenco e os coprodutores Reid e Bohling tivessem entrado no projeto com grande entusiasmo.

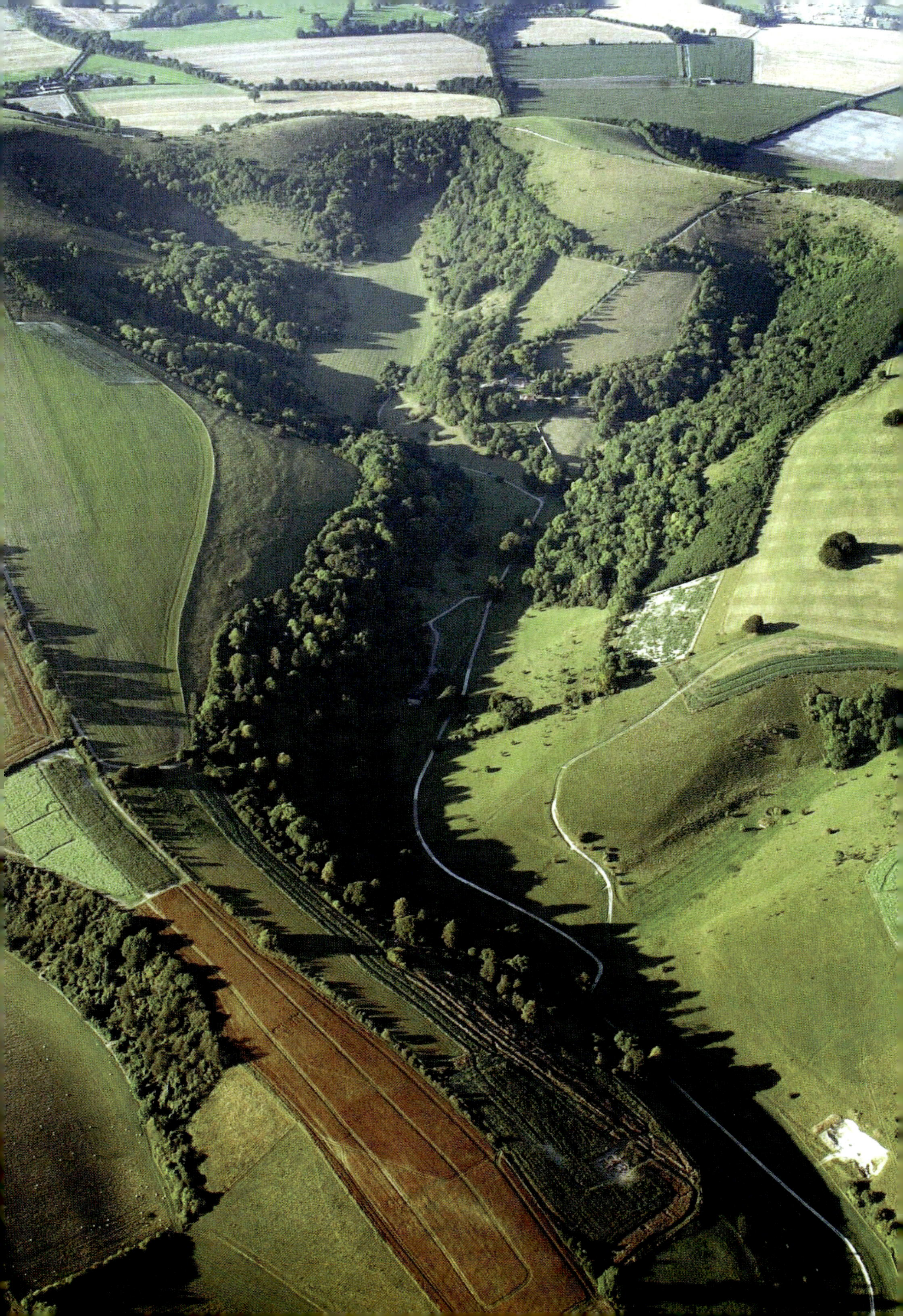

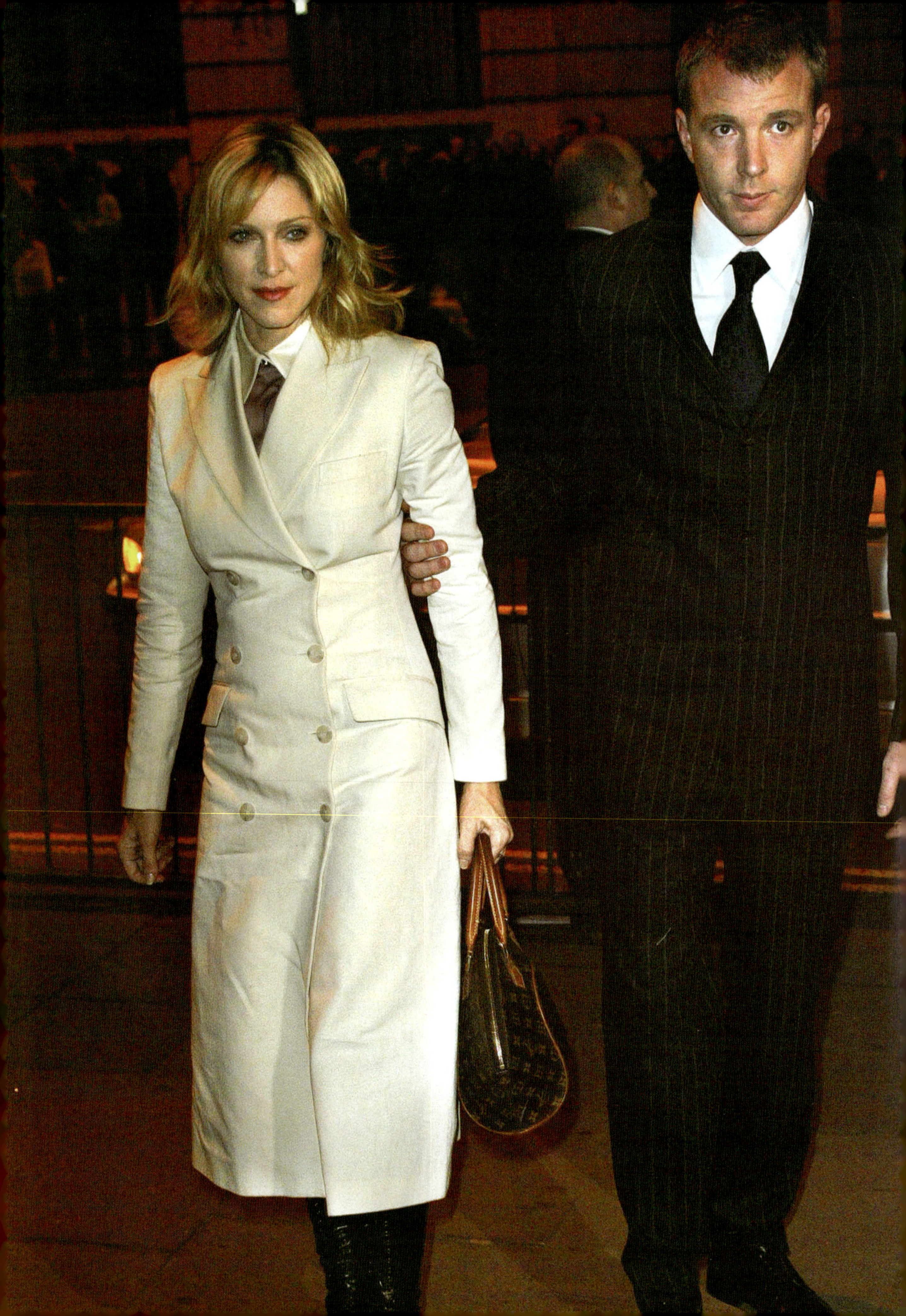

"Quero apoiar *todo artista* que não *tenha* apenas algo *a dizer...*

Destino Insólito conta a história de uma *socialite* arrogante e mimada chamada Amber (Madonna), que é deixada em uma ilha deserta com Guiseppe (Adriano Giannini), o pescador e o primeiro homem a quem tinha humilhado e abusado durante um cruzeiro luxuoso. O enredo gira em torno da troca de papéis que ocorre quando Amber descobre que tem de começar a confiar em sua antiga vítima.

Vendido como comédia romântica, mas depois massacrada pelos críticos como nunca, *Destino Insólito* foi filmado em seis semanas em Malta, na Sardenha. Era o terceiro longa-metragem de Ritchie. Tendo feito sua estreia como diretor com grande sucesso no gênero dos filmes de gângster, ele explicou sua mudança: "Nunca fui particularmente interessado em filmes de gângster. Apenas achei que era uma boa forma de começar. Quero cobrir o maior número de gêneros pelos quais me interessar o possível..."

As cenas de naufrágio ofereceram uma pequena oportunidade para *glamour*, embora uma sequência de fantasia noturna na praia com Madonna cantando e dançando em frente a uma banda latina vestida de smoking produziu o vestido mais memorável do filme. A estilista Ariane Phillips disse mais tarde: "A cena da fantasia era quando a celebridade de Madonna, seu talento e o personagem somam-se para um glorioso momento. Era incrível ver a equipe reagindo a ela. Queríamos um look clássico – Ginger Rogers encontra Carmen Miranda.

Um visual suave e elegante na festa de Mario Testino na National Portrait Gallery de Londres, em janeiro de 2002 (página anterior). Ela estava menos sóbria na galeria Tate Modern apenas um mês antes, quando entregou o Turner Prize a Martin Creed (abaixo), prefaciando o prêmio com um discurso que tirou o fôlego dos executivos do Channel 4.

... *mas que* tenha *coragem de* dizer."

Madonna acrescentou: "Vi o filme original pela primeira vez quando estava no colegial, mas tivemos a ideia de fazer a refilmagem quando foi sugerida por amigos nossos e Guy adorou. A premissa do filme é quase a mesma do original, mas o fim é bem diferente, e acho que tem mais humor".

Ritchie disse que trabalhar com Madonna era "ouro sólido" e acrescentou: "Decidi fazer *Destino Insólito* porque me dei tão bem com ela fazendo os outros projetos (o vídeo, o comercial da BMW e uma comédia curta chamada *Star*). Ela é uma verdadeira profissional e não faz corpo mole como certos atores – nos demos muito bem".

O vestido que ela usou foi um Versace amarelo. Queríamos que ele fosse divertido e bem-humorado."

Phillips já tinha desenhado roupa para mais de 15 filmes, bem como trabalhado com Madonna em seus vídeos e, mais recentemente, na turnê Drowned World. Ela disse: "Videoclipes são minifilmes, então a oportunidade de trabalhar com Madonna

Chegando para a noite de abertura de Up For Grabs no teatro Wyndham, em Londres, com Guy Ritchie, em 23 de maio de 2002. Celebridades assistiram à peça, incluindo Joan Collins, que foi embora durante o intervalo.

em um longa teve grande apelo...

Madonna tem uma maravilhosa compreensão do personagem que faz; está comprometida com Amber com todo respeito. Ela também é em geral uma pessoa que não tem medo de correr riscos e é cheia de ideias, o que é sempre intrigante. Não gosto de trabalhar em um vácuo, então Madonna trabalhou comigo como uma espécie e consultora estética, o que tornou tudo melhor."

Ela acrescentou isso criando o visual de Amber para as cenas anteriores às da ilha deserta, concentrou-se em cor, silhueta e textura: "É como posso ilustrar traços sutis ou fortes em uma personagem. Por exemplo, Amber é bastante escura em suas cores e muito chique de uma forma..."

Durante o período de filmagem, Madonna também encontrou tempo para lançar um selo latino subsidiário, o Maverick Musica.

Em 17 de novembro, um grupo de proprietários em Ohio conseguiu uma barganha quando compraram a antiga casa da infância de Madonna em Rochester Hill, em um leilão de 12 minutos, por meros 331 mil dólares. Os Ritchies tinham gasto substancialmente mais que isso – 9 milhões de libras declarados – em Ashcomb House, sua vasta nova propriedade em Wiltshire, onde a família poderia desfrutar da vida no campo aos fins de semana e durante as férias escolares.

Este foi o momento em que Madonna realmente entrou para as classes altas inglesas, que era o que, aparentemente, ela tinha aspirado, mesmo que o tenha feito com dinheiro em lugar de herança de classe; o que daria a seus críticos uma maravilhosa munição pelos meses e anos que viriam. Era irresistível, essa imagem de tabloide da antiga rainha de *Sex* vagando pelos campos com uma espingarda, a mão cheia de alimento para as galinhas, assando na cozinha, dando festas de fim de semana para seus compadres de primeira e em geral posando de pessoa acomodada. Seria essa outra invenção, uma moda passageira, ou era matéria concreta de seus sonhos?

Madonna estava firme sobre seu direito de viver em um lugar que ela adorava e no qual declarava ter descoberto a humildade. Vários anos depois, ela ainda estava dizendo coisas como esta: "Eu era uma pessoa muito egoísta. Você passa por períodos da sua vida em que o mundo gira ao seu redor, mas não se pode passar a vida assim. A última coisa que pensei que faria seria casar-me com alguém com uma natureza de garoto, que gosta de caçadas e de frequentar bares. E a última coisa que ele pensou é que iria casar-se com uma garota descarada do meio oeste americano que não aceita não como resposta. Mas agora eu adoro a Inglaterra e quero estar aqui e não nos Estados Unidos. Encaro a Inglaterra como meu lar".

Ela disse sobre Ashcombe: "No verão, é o lugar mais lindo do mundo", explicando que "É um lugar muito natural, um lugar para aventura. Tão longe quanto se possa ver, não há outra casa nos arredores. É um tipo de proteção contra o mundo. Fico sempre melancólica quando estou indo embora".

Há indicações de que em Ashcombe Madonna encontrou um mundo perfeito para seus filhos crescerem, e enquanto Guy fazia amigos entre os locais no *pub* da vila de King John, ela entrou no novo ambiente de corpo e alma, como de costume, investindo em roupas tradicionais, os *tweeds* feitos sob encomenda e as peças à prova de água, que sua nova posição exigia.

Estilo Madonna 227

Aparentando uma aristocrata em cada centímetro, Madonna estava propriamente vestida para os nove da estreia real de Um Novo Dia Para Morrer no Albert Hall de Londres, em novembro de 2002, fotografada aqui com Pierce Brosnan (acima). Quando a Rainha do Rock ficou cara-a-cara com a Rainha da Inglaterra (à direita), ela fez uma mesura. Não se sabe se a rainha respondeu com outra.

Era um visual rústico que ela adaptou para suas aventuras em Londres, aparecendo no fim de 2001 vestindo uma variedade de capas e extravagantes chapéus de peles, pesados casacos cinza (seu favorito era um trespassado que ela continuaria usando no ano seguinte), parcas, jeans desgastados e remendados e calças camufladas.

Ao mesmo tempo, ela não tinha intenção de desistir de seu interesse em design de moda ou seu *status* como ícone de estilo.

Famosamente, no verão de 2005, ela abriu Ashcombe para a revista *Vogue*, posando na frente da lareira; com as galinhas, usando amarelo pálido, com uma sobrecasaca tipo anos 1950 de Alexander McQueen, com decote em "V", cintura ajustada e saia rodada, um cardigã de caxemira combinando – um sensível par de saltos altos!

Ainda, muito foi feito para o seu novo guarda-roupa Barbour e Burberry, que continha várias sugestões infelizes. As peças podem ter transmitido certa confiança e praticidade campestre, mas eram indissociavelmente ligados à participação da estrela em esportes sangrentos, à sua visível ambição de tornar-se mais inglesa que uma inglesa, à sua sede de ascensão social e à sutil demonstração de riqueza observada em membros da aristocracia e da família real.

No começo, Madonna e Guy estavam entusiasmados para fazerem parte de todas as atividades à sua disposição. Da mesma forma como cuidavam de galinhas e ovelhas, também pescavam e davam festas de caça para seus hóspedes, com um café da manhã inglês completo.

Madonna uma vez comentou: "Eu pulava o farto café da manhã. Uma vez que você o come, não sei como pode ser possível levantar e andar. Eu mantinha-me na minha sopa macrobiótica e então ia atirar em uns faisões."

Ela parou de fazer isso quando teve acesso a um pássaro que havia ferido seriamente e pôde observar horrorizada sua agonia. Ela também havia sido repreendida por essa atividade pela Cabala.

Ian Broadmore, no comando da escola de Cabala em Hellingly, East Sussex, disse a repórteres: "Há trezentos anos era bastante aceitável que as pessoas atirassem e caçassem para comer, mas há um mundo de diferenças entre isso e atirar em pássaros por diversão. Os pássaros são parte da criação, criados por Deus, e como tal, são parte de Deus".

Madonna, enquanto isso, estava adquirindo um perfil notável no mundo da arte contemporânea. Uma nova leva de *Young British Artist* (Jovens Artistas Britânicos) – YBAs – como Tracey Emin e Damien Hirst haviam criado tempestades de controvérsia com instalações audaciosas e frequentemente chocantes. Mas para cada tradicionalista indignado, havia alguém que se apaixonava por essa geração desregrada que aborrecia tanto o *establishment*. A arte contemporânea e de vanguarda tinha capturado largamente a imaginação do público, o que ficou evidente com a abertura e sucesso contínuo da galeria Tate Modern e pela absorção de alguns de seus artistas pela cultura popular, bem como por estilistas, supermodelos e celebridades pop e do esporte.

Madonna, colecionadora de longa data de artes das galerias britânicas, escolheu sabiamente quando aceitou um convite para entregar o Turner Prize de 2001 para o artista minimalista Martin Creed pelo seu trabalho "The Lights Going On And Off" – uma galeria vazia com um par de luzes que piscavam.

Premiando os *enfants terribles* da arte mundial, a senhora original do choque e da reinvenção estava mostrando-se empática com, e lado a lado, com os desenvolvimentos culturais mais excitante do dia. Ela formaria mais tarde uma sociedade de admiração mútua com Emin.

Madonna cumpriu sua parte com perfeição na cerimônia do Turner Prize em 9 de dezembro, dizendo ao público: "Quero apoiar todo artista que não tenha apenas algo a dizer, mas que tenha coragem de dizer. Em um tempo em que o politicamente correto é um valor acima da honestidade, também gostaria de dizer: 'É isso aí, seus filhos da mãe!'". O Channel 4, transmitindo o discurso ao vivo, desculpou-se rapidamente com seus telespectadores.

Ela estava simples, mas efetivamente vestida em um terno preto de Stella McCartney. Seu cabelo estava liso e à altura dos ombros – muitos disseram que parecia um pouco despenteado – e ela usou uma boa quantidade de sombra azul-cinza esfumaçada nos olhos. Ela foi fotografada com Stella na mesma noite, quando ambas foram jantar no restaurante Mirabelle em Mayfair, fazendo com que o Daily Express soltasse a manchete "A rixa entre o par parece ter terminado. Stella tinha se oposto ao uso de peles por Madonna e à participação de Guy em festas de tiro."

No fim do ano, Madonna estava ganhando prêmios e aparecendo no topo de todos os tipos de listas. A agência de propaganda Euro RSCO Worldwide a nomeou como Pessoa Mais Influente do Mundo e em outra honraria, ela ganhou seu próprio padrão xadrez de kilt da Scottish Highland Tourist Board pela sua contribuição ao turismo – e seu primeiro aniversário de casamento.

Os primeiros meses de 2002 trouxeram uma série de aparições nas quais Madonna normalmente usava preto ou branco, ou ainda uma combinação dos dois. Chegando a Paris para os desfiles de alta-costura de janeiro, e acompanhada da amiga Gwyneth Paltrow, ela abriu caminho no desfile de Donatella Versace usando uma jaqueta longa, de crochê branco com franjas dramáticas, um conjunto de gola polo com enormes óculos escuros. Ela estava de preto, confortável, dos pés à cabeça no desfile de Jean Paul Gaultier, e em preto e branco em um casaco trespassado de alfaiataria perfeita com bolsos à altura dos quadris, combinando com botas pretas em uma exposição de fotografias de Mario Testino na National Portrait Gallery de Londres, em 29 de janeiro.

A monocromática mamãe continuaria nesse estilo na maioria das aparições oficiais e não oficiais que faria ao longo do ano.

Em abril, Madonna começou a ensaiar para o papel principal no West End de Londres – sua primeira peça de teatro desde *Speed The Plow*, há 14 anos. Os ensaios da produção de *Up For Grabs*, do australiano David Williamson, aconteceram no Sadler's Wells, e o teatro estava rodeado todos os dias por fotógrafos esperando pegar a chegada da estrela. Mais frequentemente que não, ela vestia-se em branco e/ou preto, embora tenha sido vista uma vez em um nada atrativo abrigo azul-claro e, em outra ocasião, em um esplêndido casaco em tom de mel com lapelas largas que logo viraria moda.

Houve problemas. Madonna logo cancelou todas as suas participações na matinê da peça depois de ser convidada para gravar a música tema do novo filme de James Bond, *Um Novo Dia Para Morrer*, estrelado por Pierce Brosnan e Halle Berry. E durante as pré-estreias de *Up For Grabs* no teatro Wyndham, Marcus Sessions, um vendedor de sorvete, foi suspenso quando se soube que ele era um fã obsessivo de Madonna.

Finalmente, a produção abriu no teatro Wyndham em 23 de maio diante de um público que incluía Stela McCartney, Sting e sua mulher Trudy Styler, Elton John e Donatella Versace. Madonna teve uma recepção arrebatadora que continuou pelas sete semanas em que a peça esteve em cartaz. Os críticos não estavam tão entusiasmados, com o crítico do *The Guardian* sugerindo que "o que o público está aplaudindo não é a peça, e sim algum conceito sagrado de celebridade".

Muito foi escrito a respeito do "controle de bizarrices" de Madonna, sua insistência em mudar o roteiro e o cenário da peça, e era previsível que muitas das críticas iriam aproveitar-se alegremente das cenas que envolviam lesbianismo, brinquedos sexuais, orgias e cocaína. O *The Daily Telegraph* aventurou-se, timidamente: "Ela deu seu melhor na peça". O *The Guardian* afirmou que "Madonna não é de todo mau: apenas tecnicamente desajeitada", enquanto a BBC achou que ela era "palpavelmente difícil... tentativa, desastrada e surpreendentemente pequena tanto na voz quanto na estatura".

No entanto, seria grosseiro insultar os sentimentos genuínos do público, do qual a maioria das pessoas jamais tornariam a ver Madonna na vida real tão de perto. Sua próxima aparição seria nas telas.

Madonna passou a primeira parte de outubro dando entrevistas de tevê e coletivas de imprensa promovendo tanto *Destino Insólito* quanto *Um Novo Dia Para Morrer,* o single, o vídeo e o filme.

Ela e Guy foram à estreia mundial de *Destino Insólito* no teatro Vista em Los Angeles no mesmo mês, e enquanto Mr Ritchie parecia determinadamente casual de boina preta, jaqueta de zíper e calças baggy, sua esposa usava um intrigante vestido roxo. Ajustada com uma bainha de lenço, sua metade superior aparecia muito espalhafatosa, com a rede crescente do decote ao pescoço – o qual por sua vez era amarrado com tecido verde, preto e branco. Para combinar, sapatos roxos de tira no calcanhar, aberto nos dedos, fazendo com que a venenosa Joan Rivers perguntasse: "Fico pensando se ela imagina que Bette Midler construiu sua carreira com sapatos como aqueles?"

O filme foi lançado nos cinemas americanos em 11 de outubro. Duas semanas depois, foi retirado pela Sony Pictures, tendo arrecadado a quantia desapontadora de 598.645 mil dólares nas bilheterias. Na Inglaterra, foi direto para o vídeo. O público tinha votado com suas carteiras e a crítica também odiou o filme.

No entanto, foi um grande sucesso para casa Hermès, tanto quanto a grife francesa de moda pode lembrar. Madonna lançou moda com a echarpe Hermès verde e dourado que ela usa no filme e logo eles estavam voando das prateleiras da loja. Um porta-voz disse: "Todos ficaram bastante surpresos, mas obviamente satisfeitos. Ter Madonna usando uma de nossas peças em um filme – mesmo em um ruim – é o tipo de propaganda que não se pode comprar".

O material promocional de *Destino Insólito* falava de uma troca de papéis "apaixonante e engraçada" entre a rica e desdenhosa Amber de Madonna e o forte e humilde pescador que ela humilha no cruzeiro, o mesmo que leva a ambos para uma ilha deserta. Com Amber tornando-se dependente e então subserviente a um vingativo e violento Guiseppe antes de ambos se apaixonarem, o filme destinava-se a ser um comentário político de classe e riqueza, e da natureza de homens e mulheres quando reduzidos ao básico.

Os críticos rejeitaram a noção de que amor verdadeiro poderia nascer de tal "caldeirão de crueldade", como um deles descreveu a relação. Ritchie foi atacado por misoginia e Madonna por representar a degradação feminina como base para qualquer tipo de "epifania" (palavras dela) ou emoção nobre. Desde a era de *Sex* não havia tanto barulho sobre seu perceptível desserviço às mulheres.

Ela foi muito melhor em *Um Novo Dia Para Morrer*.

O single – tema do filme – foi lançado justamente quando a Sony Pictures estava tirando *Destino Insólito* dos cinemas. "Die Another Day" (título do filme em inglês e nome do single), rapidamente subiu nas paradas dos dois lados do Atlântico, alcançando o Número Três na parada britânica. Madonna havia se tornado a segunda, perdendo apenas para Elvis Presley, nos Estados Unidos, no Top Ten Hits.

O tom musical de *Um Novo Dia Para Morrer* dificilmente era típico dos filmes do personagem Bond. Madonna, com Mirwais à reboque, contrariou a velha tradição dos dramáticos arranjos orquestrais tornando a canção mais alinhada com o que vinha fazendo em *Music* – uma faixa eletrônica de funk com vocais tratados e muita repetição da frase do título.

O vídeo cheio de ação provavelmente deu sorte de não ser proibido, Madonna luta contra seus captores que a haviam arrastado para uma sala de interrogatórios com uma cadeira elétrica. Enquanto é espancada, duas outras Madonnas – a "má" em um *catsuit* preto e a "boa" em um vaporoso terno branco – lutam entre si até o amargo final. Tudo casa com seu estilo recente em branco e preto. Fazendo referência a *Die Another Day*, bem como a outros filmes de James Bond, a sequência mais chocante do vídeo mostra Madonna enrolando nos braços as tiras de contenção da cadeira elétrica como fazem os viciados em heroína.

Nesse meio tempo, Madonna fez uma ponta no filme como instrutora de esgrima, tornando-se assim uma Bond Girl. Seus cabelos, curtos e com cachos superficiais, e sua maquiagem – glamorosa, com delineador e cílios perfeitos, e um tom coral nos lábios – contrastou com o tom masculino de suas roupas.

Enquanto Brosnan e outra aluna de esgrima estão vestidos corretamente em branco, Madonna está, surpreendentemente, de preto, usando um top de combate de couro sem mangas, completado com o colarinho polo, uma longa braçadeira preta, uma pulseira fina e calças justas. Provavelmente tenha sido sem intenção que o traje recorde seus flertes com a moda de bondage.

O filme teve sua estreia mundial no Royal Albert Hall em Londres, em 18 de novembro de 2002, em presença de sua majestade, a rainha. Madonna e Guy estavam sensacionais andando pelo tapete vermelho, ambos de preto, Guy impecável, levando "sua senhora" em um casaco luxuriante com grandes lapelas e brilhante pele preta curta, combinando com meias pretas e saltos altos. Em ambiente fechado, ela tirou o casaco para revelar um simples, mas bonito corte – um vestido de coquetel na altura dos joelhos, com um generoso decote. Entre os acessórios, brincos e colar de diamantes. Os cabelos estavam puxados para trás em um coque leve tipo "colmeia". Madonna estava deslumbrante e foi a primeira da fila a apertar a mão real. Mais tarde, ela observou que não ficou nervosa durante seu curto diálogo com a rainha, o que não é surpreendente — já haviam dito que Madonna tornara-se mais real que a realeza.

Um Novo Dia Para Morrer foi lançado no cinema em 22 de novembro. Em dois dias tornou-se Número Um nas bilheterias arrecadando 47 milhões de dólares em seu fim de semana de abertura nos Estados Unidos. Já que a aparição de Madonna era curta e doce, não chamou tanto a atenção dos críticos, embora alguns se perguntaram o que ela estava fazendo em um filme de James Bond. Imaginando que ela tivesse sido admitida no elenco como um favor ou como algum tipo curioso de saudação ao panteão dos superastros, concluíram que isso minava a integridade do roteiro e do filme em si.

Não havia sido o melhor ano para Madonna como atriz ou ícone de moda. Houve a publicação de algumas fotos memoráveis. Um episódio aconteceu na edição de fevereiro da revista *Pop*, que apresentou Madge em uma série de poses eróticas, mas estilosas, amarrada sugestivamente com cordas e seus mamilos visíveis sob a camisa. Outra, na *Vanity Fair* de setembro, prestava tributo aos gloriosos dias de Dietrich. Madonna foi meticulosamente e os cabelos encaracolados nas pontas e repartidos do lado esquerdo. Aí, ficavam atrás da orelha, enquanto no lado direito caíam sobre a face. Sua maquiagem era pálida, com batom cor-de-rosa, e a maquiagem dos olhos tinha sido elaborada para criar o significativo olhar de pálpebras pesadas.

O Que Eles Dizem Sobre Madonna...

Cabala

Um dos mais controversos aspectos da carreira de Madonna até hoje foi sua conversão à Cabala.

Ela foi introduzida à mística e ancestral tradição judaica em 1997 por Sandra Bernhard e foi imediatamente admitida, adotando o nome de Esther das escrituras hebraicas. No álbum *Ray Of Light* do próximo ano, ela agradeceu a orientação criativa do Dr Philip Berg – um antigo vendedor de seguros que fundou a rede moderna de Cabala com sua esposa Karen.

Madonna acabou tornando-se a embaixadora mais famosa do mundo da organização, recrutando todos, desde seu – à época – futuro marido, Guy Ritchie até jovens atrizes doidivanas de Hollywood como Lindsay Lohan, sendo fotografada em encontros em centros por todo o mundo, e formando uma sólida amizade com a colega-estudante Demi Moore. Enquanto Britney Spears, Jerry Hall e David e Victoria Beckham tiveram algum contato com a Cabala, Elizabeth Taylor, Roseanne Barr, Naomi Campbell, Barbra Streisand e Jeff Goldblum estão entre os famosos adeptos, que exibem com orgulhoso comprometimento as pulseiras vermelhas que dizem proteger o usuário do "mau-olhado" de influência maligna.

Prática espiritual aberta a pessoas de qualquer religião, a Cabala propõe-se a ensinar o relacionamento entre a pessoa e o Universo, Deus, vida e morte.

Madonna coloca muito simplesmente: "O que você quer na vida você tem que retornar", acrescentando: "Até agora, a Cabala foi a única coisa que funcionou comigo".

Em 2005, o *Daily Telegraph* citou uma velha figura da Cabala enquanto dizia que Madonna "quer entender como trabalhar com suas crianças melhor.

Ela quer entender como controlar o humor melhor, como ser mais feliz. Como ser mais tolerante com seu marido e manter o relacionamento".

Madonna diz que antes de dormir pratica rituais que incluem preces e leituras do *Zohar*, o texto essencial da Cabala. Entre 2001 e 2004, ela doou mais de 2.3 milhões de libras à organização, embora seus investimentos nela sejam estimados em mais de 18 milhões de dólares, incluindo a fundação de centros em Londres e Nova York onde, dizem, ela fundou uma escola.

Ela também prometeu os lucros de sua série de livros para crianças.

Líderes judeus uniram-se para denunciar a Cabala como uma construção charlatã, desprovida de qualquer conhecimento significativo da cultura hebraica e do Judaísmo. Em 2004, alguns fãs e críticos que assistiram à turnê Re-Invention incomodaram-se com seu proeminente uso de imagens da Cabala e, no próximo ano, Guy Ritchie foi detonado pela imprensa por usar seu filme *Revolver* para divulgar a filosofia.

Em outubro de 2005, um grupo de rabinos disse que Madonna seria "punida" pelos "céus" por sua música "Isaac" de *Confessions On A Dance Floor*, supostamente sobre o místico do século XVI Yitzhak Luria. O rabino Rafael Cohen disse: "As leis judaicas proíbem o uso do nome do sagrado rabino para obter lucro... tal mulher cometeu um grande pecado por meio da Cabala".

Publicações sérias que incluíam os veículos *The Observer, The Independent, The Daily Telegraph* e o *Radar* de Nova York fizeram investigações sobre a organização durante 2005 e 2006. Os artigos resultantes reclamavam contra o preço exorbitante das pulseiras (17 libras), da água "de cura" (4 libras por garrafa) e das consultas (iniciais 150 libras). Jornalistas ergueram as sobrancelhas às afirmações, à descrição e ao estilo de vida fabulosamente rico dos Bergs, às promessas de amor irreais, saúde e riqueza para os seguidores, alguns dos quais usados alegadamente como mão de obra escrava. Também acusaram Madonna de fazer-se superior diante dos outros devotos e de receber tratamento preferencial. O *Financial Times* classificou a Cabala de tolice *new-age*.

Madonna permaneceu impenitente, dizendo ao *New York Daily News* que "se eu me juntasse ao partido nazista haveria menos controvérsia". A Cabala, ela continuou, não "machucava ninguém" e objeções quanto à sua participação eram "muito estranhas". Ela disse: "(a Cabala) assusta as pessoas. Então tentam denegri-la ou trivializá-la. Isso faz mais sentido". E ainda, o *The Independent* afirmou em julho de 2006 que "amigos" de Madonna acreditam "que ela está a ponto de desligar-se da seita à qual deu milhões". Até agora, não há confirmações a respeito.

Trabalhando em conjunção com a Cabala nas buscas espirituais de Madonna estão a ioga, o Budismo e o Hinduísmo.

A chegada de Madonna em Israel para a conferência de Cabala em Tel Aviv, em setembro de 2004, causou uma celeuma, provocando a necessidade de maior segurança no auditório do hotel David Intercontinental (à esquerda). Sua fidelidade ao culto provou ser, nada surpreendentemente, controversa, porém deu dinheiro a um equivalente britânico do Centro de Cabala de Beverly Hills (página anterior) e continua a frequentar suas cerimônias. Ela é vista abaixo saindo de um encontro em Nova York no alto-verão de 2005. Quanto ao famoso fio vermelho (página anterior), supostamente abençoado no túmulo de Rebeca, funcionários que trabalham em sua administração negam que sequem um único ritual da seita tenha sido realizado lá.

Estilo Madonna

"É meu desejo *encontrar uma* alternativa *à* violência, à guerra e à *destruição.*"

Roupas Versace para uma exposição Versace – Madonna e Lourdes chegam estilosas no londrino Victoria & Albert Museum, em outubro de 2002.

Ela começou a fazer algumas aparições públicas com Lourdes, notavelmente na abertura da exposição de Versace no museu Victoria & Albert de Londres, em 14 de outubro. Nessa ocasião o visual de Madonna era casual, mas muito elegante com uma jaqueta de couro, blusa de lã de gola olímpica e calças pretas.

Ela também recebeu um incentivo à sua credibilidade quando a pirralha preferida do Reino Unido, Kelly Osbourne, lançar um cover de "Para Don't Preach" como single.

Mas as memórias mais duradouras de Madonna em 2002 são as de seus momentos de folga, passeando em Londres de bicicleta ou em seu Mini Cooper preto vestida desleixadamente, com os cabelos enfiados dentro de um boné ou andando com sua família na Inglaterra, em Nova York ou Beverly Hills, em roupas esportivas de grife. Ela era frequentemente fotografada em um nada atraente abrigo Adidas de cor laranja, combinado a uma variedade de chapéus e bonés.

Tweeds e abrigos esportivos, incluindo o ofensivo laranja, seriam suas roupas favoritas do dia a dia no próximo ano.

Uma renovada Madonna morena estava começando a trabalhar em seu próximo álbum com Mirwais. Em fevereiro de 2003, em Los Angeles, ela começou a colaborar com o diretor sueco Jonas Akerlund em um vídeo para "American Life", o primeiro single e a faixa-título. Não foi muito antes começarem a pipocar boatos sobre seu conteúdo violento e dramático antiguerra.

O vídeo é ambientado em um show de moda, onde modelos femininos e masculinos mostram roupas de combate glamorizadas na passarela enquanto cenas de fundo brilham em vermelho com imagens de chamas e explosões. Então as coisas mudam com a chegada na passarela de uma garotinha com aparência de Oriente Médio, usando um cinto de balas cruzado no peito e duas meninas em tradicionais roupas muçulmanas. As imagens tornam-se gradualmente mais terríveis até que a ação na tela traz a realidade para o show de moda – junto com Madonna vestida de general em roupa de camuflagem, no topo de um Mini Cooper com uma bandeira americana. No corte do diretor, a coisa toda vai se aproximando do fim com corpos sangrando ao longo da passarela e as telas mostrando bombardeios, aviões de guerra, helicópteros do exército, nuvens de cogumelo e pessoas mortas, machucadas e enlutadas.

Um final alternativo mostra Madonna jogando uma granada no colo de um sósia do presidente Bush, que a usa como isqueiro para o seu cigarro. Ela disse que essa cena ilustrava "meu desejo por paz e por tornar uma arma de destruição, a granada, em algo completamente inofensivo". Ela também falou de "meu desejo de encontrar uma alternativa à violência, à guerra e à destruição".

Madonna emitiu um comunicado insistindo que o vídeo não deveria ser interpretado como crítica aos Estados Unidos ou ao presidente Bush. Então, em 20 de março, os Estados Unidos e seus aliados perpetraram a invasão do Iraque, e no próximo dia Madonna anunciou que estava reeditando, mas não cortando o vídeo.

Em 31 de março, o vídeo teve sua estreia mundial no canal alemão VIVA de música, mas apenas horas depois, Madonna o retirou do ar, afirmando: "Decidi não lançar meu novo vídeo. Foi gravado antes de a guerra começar e não acho que seja apropriado mostrá-lo nestas circunstâncias.

Madonna recuperou o colante e as meias-arrastão no portfólio de Steven Klein, em março de 2003 na revista W e na exposição, a X-STaTIC PRO=CeSS, em clima de pesadelo. Em outras imagens da mesma sessão ela usou uma máscara ornamentada e um pesado vestido de brocados de Christian Lacroix e posou com um vestido de noiva queimado e cães comendo carne crua. A sessão foi incorporada a um filme usado para abrir a turnê mundial Re-Invention, de 2004. Acima: Queen. Abaixo: Kidney.

Em consequência do estado volátil do mundo e por sensibilidade e respeito às forças armadas, a quem apoio e rezo em seu favor, não quero correr o risco de ofender ninguém que pode interpretar erradamente o significado deste vídeo."

Ela então filmou uma alternativa, mantendo a roupa militar e o conceito do original, mas desta vez apenas cantando à frente de uma sucessão de bandeiras. Muitos de seus fãs ficaram desapontados com a impressão de que ela teria voltado atrás.

Apesar – ou talvez por causa da – controvérsia política cercando o vídeo, "American Life" teve um começo vagaroso nos Estados Unidos, vendendo apenas 4 mil cópias e registrando o Número 90 na parada Hot 100 singles da Billboard. Era uma performance desastrosa para um single de estreia de um novo álbum de Madonna. Acelerou ligeiramente no US Top 40 por apenas uma semana, enquanto subiu rapidamente para o segundo lugar no Reino Unido. Sem dúvida uma de suas grandes canções, "American Life", é suavizada por um arranjo gracioso e contagiante, uma estrutura melódica sutil e uma imprudente influência do rap de Eminem que faz referências ao seu Mini Cooper, ioga e pilates.

Não há menção à guerra na letra. Parece mais ser uma composição autoanalítica, um questionamento do sonho americano e do quanto a própria Madonna acreditou nele, tendo agora mudado para uma posição mais filosófica: *I tried to stay ahead, I tried to stay on top/I tried to play the part, but shomehow I forgot/Just what I did it for and why I wanted more.* (Eu tentei estar à frente, eu tentei estar no topo/Eu tentei fazer o papel, mas de alguma forma esqueci/Por que fiz tudo isso e porque eu queria mais).

Assim como na faixa principal, era um presságio inquietante para todo o álbum, que foi lançado por volta do fim de abril.

Madonna saiu em uma extenuante maratona promocional em Los Angeles e Nova York, e depois na Europa, dando entrevistas no rádio e na televisão, cantando em vários shows de tevê, gravando especiais, fazendo sessões de autógrafos e apresentações em lojas. Ela tinha adotado o estilo revolucionário de Che Guevara com uma boina preta, óculos escuros, cabelos escuros e lisos, embora às vezes trocasse a boina por um de seus vários bonés. E usou uma animada camiseta listrada de mangas compridas na sua apresentação na MTV em abril. Também encontrou tempo de fazer uma participação especial nos sitcoms televisivos *Will And Grace* e *Live With Regis & Kelly*.

Talvez por conta do cronograma puxado ela tenha declinado os convites para receber seus troféus no 23º Prêmio Anual Framboesa de Ouro no hotel Four Points Sheraton, em Santa Monica, em 22 de março. Ela "ganhou" nas categorias Pior Atriz (*Encontro Insólito*), Pior Atriz Coadjuvante (*Um Novo Dia Para Morrer*) e Pior Dupla Das Telas com Adriano Giannini (*Encontro Insólito*).

Madonna passou a maior parte de maio em Londres, onde continua sua campanha promocional para o álbum e seu próximo single, "Hollywood". Ela apareceu nos programas da BBC *Tonight With Jonathan Ross* e *Top Of The Pops*, e no *CD:UK* da ITV. Cantou sete canções para 500 fãs na loja HMV da rua Oxford. Deu uma entrevista para o rádio para Jo Whiley da Radio 1. Estava incomumente acessível. Encontrou tempo, também, para ser convidada de honra da abertura da loja de roupas de sua amiga Stella McCartney na rua Bruton. E foi toda embrulhada em um casaco escuro brilhante e acinturado.

Maio também viu a publicação, na revista *W*, de uma série de fotografias tiradas com a colaboração do celebrado fotógrafo de moda de Nova York Steven Klein. O trabalho fotográfico e de vídeo que eles criaram formou a base de uma instalação de galeria chamada X-STaTIC PRO=CeSS, o qual Kelin ainda estava mostrando ao redor do mundo em 2006. Madonna também usaria fotos e vídeos do projeto como panos de fundo em sua turnê Re-Invention no próximo ano com outros efeitos, como chamas, supridos por Klein. "X-Static Process" também tornou-se nome de uma música de *American Life*.

Mais uma vez Madonna escolheu seu parceiro cuidadosamente. Klein era um nome fabulosamente bem cotado, um fotógrafo *antiglamour* que tinha construído sua reputação por desafiar a irracionalidade das fotografias padrão de moda. Seus métodos eram ousados, seu trabalho, soturno: ele posicionava seus objetos em poses pessoais, eróticas e às vezes não atrativas, em ambientes austeros e sombrios.

Madonna foi fotografada e filmada em um ambiente fechado, que pretendia representar um espaço para ensaios. Ela era a artista no trabalho, contorcendo-se em posições de ioga com suas pernas escancaradas em direções opostas, usando meias-arrastão rasgadas, seu cabelo loiro preso com clipes de metal e seus olhos emoldurados por camadas de delineador e sombra pesados.

No mesmo mês, ela era destaque na revista *Q* em seu "Guevara-chique", novamente mostrando cabelos castanhos ondulados – e ela foi flagrada caindo de sua bicicleta em Los Angeles, para deleite dos tabloides.

As críticas de *American Life* estavam mornas. A maioria dos críticos concordavam que era um álbum dance/pop perfeitamente aceitável, excepcionalmente benfeito. Mas eles reclamavam que faltava a inovação que esperavam de Madonna. Ela estava, eles achavam, desgastada pela primeira vez em sua carreira. E quando havia tentativas ocasionais de introduzir elementos incomuns, eles não funcionavam. O rapping em "American Life" e "Mother And Father" foi motivo de riso da cidade e o coro em "Nothing Fails" realmente falhou; soava como uma vinheta colocada na canção por capricho.

Houve outras críticas: as batidas eram muito repetitivas e o som era limitado, normalmente confiado a uma guitarra acústica e aos típicos efeitos *acid* de Mirwais – como "a suíte eletrônica de folk artificial funde a introspecção de *Ray Of Light* com pitadas de *dance fast-food* de *Music*", de acordo com Spin. Houve acusações, também, de egocentrismo, com Madonna refletindo sua fama, riqueza, ambição e conquistas amorosas, testando a paciência de alguns críticos. A *Mojo* disse que, embora o álbum fosse "revelador e divertido... no final as besteiras de psicologia barata venciam".

A revista *Stylus* resmungou, "Pela primeira vez, Madonna não tropeçou porque foi longe demais, mas porque não foi longe o bastante" – nem tão ruim, de acordo com *Vibe*: "Pode ser a primeira vez que Madonna não se dedicou a explorar novos territórios, mas ao menos ela escolheu um bom lugar para descansar."

Havia, no entanto, um tom mais sério na crítica da *Rolling Stone*, que observou: "*American Life...* soa como uma sequência desnecessária, um *Homens de Preto II*, realizado porque, ora bolas, se ainda não quebrou... E este é exatamente o problema de Madonna atualmente. Ela simplesmente fez tudo o que havia para fazer, fez mais que qualquer outro astro pop jamais terá ideia de fazer, fez com glórias e ódios. Já não será o suficiente?"

Este tipo de reação não era o tipo ao qual Madonna estava acostumada, e as más notícias ainda não tinham acabado. Embora o álbum tivesse atingido o Número Um em todo o mundo, incluindo a Inglaterra e os Estados Unidos, ficou apenas 14 semanas nas paradas da Billboard e vendera apenas 666.000 cópias nos Estados Unidos até o fechamento dessa edição. Era a pior *performance* de todos os álbuns de Madonna até então.

"Hollywood", uma canção inócua e melodicamente repetitiva, cheia de banalidades líricas sobre alpinistas sociais em Los Angeles, foi lançada como single em julho de 2003. Conseguiu um inacreditável Número 2 na Inglaterra, não conseguiu entrar na Hot 100 da *Billboard*, apesar da direção do vídeo ter ficado nas mãos de Jean-Baptiste Mondino, o que trouxe de volta um velho favorito – sexo. Após tirar da cartola promoções violentas para "What It Feels Like For A Girl", "Die Another Day" e "American Life", Madonna estava novamente contorcendo-se em vários estágios entre a vestimenta e a nudez, de *lingerie* e em vestidos glamorosos, com os cabelos escuros e desgrenhados e com um familiar toque à Monroe, loira e linda. Essas eram cenas inspiradas pelas fotografias de Guy Bourdin, embora seu filho não tenha visto o vídeo como qualquer tipo de tributo e processado Madonna por usar as imagens de seu pai sem permissão. O caso foi resolvido fora da corte.

BOINA

"Qual é o objetivo de Madonna atualmente?"

Comercialmente ela se saiu tão mal quanto nos Estados Unidos com "Nothing Fails", um single que não foi lançado na Inglaterra, e com "Love Profusion". Atingiu o Número 11 na Inglaterra, no fim de 2004, e falhou completamente nos Estados Unidos em março próximo. Ainda assim os fãs de Madonna gostaram do vídeo, uma deliciosa fantasia dirigida por Luc Besson, em que ela está rodeada por fadas e flores, e nada em um oceano claro com os peixes, seu cabelo loiro mel caindo belamente sobre os ombros.

De seus quatro singles oficiais de *American Life* (descontando "Die Another Day"), três haviam falhado em entrar na Hot 100 da Billboard. Nada assim tinha acontecido com Madonna em 20 anos.

Parecia que ela estava perdendo o pique em outras áreas de sua carreira também. Não contente em ser fotografada em abrigos e bonés virtualmente todas as vezes que saía pela porta da sua casa, Madonna aceitou ser o novo rosto de uma campanha internacional da Gap, com o rapper Missy Elliott.

Anteriormente, Madonna tinha criado modas que influenciavam altas grifes internacionais; agora estava emprestando seu nome para uma marca estabelecida há tempos e que era conhecida por suas roupas casuais e pouco excitantes – jeans e calças combate, lãs, cachecóis e suéteres.

Johnny Davis da revista *NME*

Madonna usou sua boina preta nas promoções de 2003 para American Life, aparentando uma combinação de Che Guevara, Patty Hearst e Edith Piaf. Aqui ela comparece à festa de lançamento de 72 Names Of God do rabino Yehuda Berg, no Museu de Arte Contemporânea, em 24 de abril de 2003.

Casuando comoção no MTV Music Awards de 2003, Madonna fez o papel de noivo, enquanto Britney e Christina fizeram uma homenagem à primeira aparição de Madonna no MTV Awards em 1984, cantando "Like A Virgin" e adotando sua imagem nada virginal.

Possivelmente antecipando o anúncio de seu contrato de 10 milhões de dólares, ela disse à revista *People*, em abril de 2003: "Cresci. Não quero mais que as pessoas se vistam como eu... Quero que elas pensem como eu. Vistam-se como Britney Spears e pensem como eu – e tudo estará bem".

Vestida em jeans, corpete branco e boné cinza, a senhora Ritchie e a Missy Elliott começaram a filmar comerciais de tevê em Los Angeles em junho, ironicamente dias antes da homenagem à Madonna feita pela revista *Elle* em Munique, que a elegeu a Maior Lançadora de Moda do MunEla ainda estava encantada com Britney, três anos após ter dito que se aconchegava na cama usando uma camiseta grafada com o nome de Spears. O julgamento de Madonna, seu legendário instinto para saber quem e o que é *cool* em qualquer época estava começando a abandoná-la. Sua associação com Missy Elliott poderia ter sido uma boa ideia, caso não tivesse sido unida com uma corrente de rapper, embora seja improvável que em qualquer situação ela subitamente tenha se tornado apreciada por uma nova leva de fãs do rap. Isso certamente não aconteceu quando ela defendeu Eminem, a quem ela adorava, em 2001, escrevendo no *Los Angeles Times* para defender o brilho do rapper de Detroit em termos de "ele está botando as coisas para cima, fazendo o sangue das pessoas ferver, ele reflete o que acontece na sociedade agora mesmo".

A estrela de Britney já começava a cair quando Madonna dividiu com ela um beijo de boca aberta em frente a milhões de telespectadores durante o 20º MTV Video Music Awads em Nova York, em 28 de agosto. Madonna, Britney e Christina Aguilera tinham apresentado uma coreografia de abertura de "Like A Virgin" e "Hollywood" inspirada na performance histórica de "Virgin" na primeira cerimônia do prêmio em 1984. Tanto Britney como Christina emergiram de um bolo de casamento vestidas de noiva, para eventualmente rasgarem seus vestidos e revelarem suas reduzidas *lingeries* brancas rendadas.

"Estou *beijando* e passado minha energia para ela. *Como* em um conto de fadas **mitológico**"

"Vista-se *como* Britney Spears *e pense* como eu...

Como final adequado à apresentação, Madonna e parceiras trocaram beijos, embora as câmeras de tevê tenham perdido o momento de Christina (à direita), enquanto focaram freneticamente o rosto congelado de Justin Timberlake. Madonna culpou Britney pela língua, algo que ela disse não ter sido ensaiado.

Madonna, "o noivo", aparece no alto do bolo com jeito esquivo, predatório, vestindo cartola e casaca, os canos de sua bota justa brilhante sobre a calça agarrada no corpo. Tirando a casaca, ela revela um top preto acinturado, sem mangas, mostrando seus famosos bíceps. Foi justamente antes de Missy Elliott juntar-se a elas no palco para interpretar o padre no "casamento" e para contribuir com o rap "Work It" que Madonna beijou Britney. Ela também trocou um selinho comportado com a infinitamente menos enigmática Aguilera. É claro que foi o amasso em Spears que rendeu manchetes por todo o mundo e desviou toda a atenção do evento da MTV.

Mas o furor não prestou nenhum favor a Madonna. Muito provavelmente, ela havia encarado a performance como um entretenimento, um pouco de diversão e um reconhecimento válido do 20º MTV Awards, dada a referência direta ao seu papel no evento inaugural. Isso, ela deve ter sentido, justificaria o valor de choque das cenas de beijo. Para o mundo, no entanto, ela pareceu meramente desesperada, jogando na mesa a desgastada carta do lesbianismo – novamente – e aparentando querer pegar o trem da juventude por meio da celebridade de suas coadjuvantes.

Alguns observadores apontaram uma qualidade paternalista, com Madonna simbolicamente passando adiante o bastão para a nova geração – agora eram Britney e Christina que usavam os vestidos de noiva – enquanto assegurava seu *status* de toda-poderosa. Aguilera, nitidamente, não precisava de tal endosso, mas a fonte de Britney estava secando e ela já estava na estrada seguindo direto para um desastre, assombrada por uma notoriedade nada auspiciosa dos quais sequer o patronato de Madonna pôde resgatá-la.

Foi rapidamente sugerido que a ideia do beijo tenha partido de Britney. Um tabloide britânico publicou o seguinte dizendo que teria partido de uma fonte da MTV: "Percebemos que Britney vem tentando sexualizar sua imagem recentemente, mas isto está fora de seu mundo. Ela lançou a ideia para as meninas durante os ensaios. As outras duas estavam mais do que felizes em fazerem parte porque sabiam da atenção que receberiam e acharam que seria engraçado... Era um importante ponto de partida para Britney

... e tudo vai ficar bem."

ENGLISH

porque ela tem essa coisa de 'garota que mora ao lado'. Mas ela queria mostrar que era mais mulher que menina – e certamente conseguiu".

Os danos colaterais foram Britney e Christina entrando para o mundo das poderosas nos eventos noturnos. Aguilera reclamou para a revista *Blender* que Britney tinha tentado abafar sua presença dando um beijo de língua em Madonna e, além disso, tinha sido a única a utilizar no palco a sincronia labial em lugar de cantar ao vivo. No próximo número, Spears devolveu, acusando Christina de ter se ressentido por seu beijo em Madonna ter merecido mais atenção do que o dela. Ela também dizia que Christina tinha querido beijá-la, mas que ela, Britney, tinha recusado. Aguilera depois admitiu que era verdade.

Em tempestades de publicidade que cercaram a história toda, um detalhe foi geralmente deixado de lado, que foi o papel de Lourdes no show. Ela tinha estado no palco também, no papel de menina-flor, com outra amiguinha menor. E, eventualmente, ela questionou sua mãe sobre o conteúdo lésbico da coreografia. Madonna disse à revista *Out* em 2006 que tinha explicado a Lourdes: "Sou a mamãe estrela do pop e ela (Britney) é a bebê estrela do pop. E eu estou beijando e passando energia para ela. Como em um conto de fadas mitológico".

O conto de fadas mitológico ainda não tinha terminado.

O visual de Madonna no lançamento de As Rosas Inglesas, no Kensington Roof Gardens, em setembro de 2003, estava mais para professora do que dominatrix roqueira (página anterior), neste e em eventos promocionais subsequentes. No prêmio NRJ de Cannes (abaixo), ela estava mais parecida com uma clássica estrela de cinema, até o detalhe dos óculos escuros.

Madonna concordou em aparecer como convidada no próximo single de Spears "Me Against The Music", e o vídeo era uma fantasia erótica lésbica mostrando Madonna em um terno branco de três peças. O vídeo termina com as duas cantoras em um corpo a corpo contra a parede, prestes a beijarem-se, quando Madonna de repente desaparece. O single alcançou o número 35 na parada Hot 100 da Billboard – o melhor resultado que tanto Madonna como Britney já tinham tido nos Estados Unidos há um bom tempo – e Número 2 na Inglaterra. Porém, as pessoas se perguntavam se Madonna, em seu próprio direito, estava tratando de recuperar sua velha forma que facilmente liderava as paradas.

Ela tornaria a aparecer com Britney em janeiro de 2004, quando ambas dividiram o segundo lugar na 44ª lista de Mr Blackwell das mulheres pior vestidas do ano, em 2003 e, em circunstâncias mais felizes, quando Spears presenteou Madonna com o Lifetime Achievement Award, no Quinto Prêmio Anual NRJ Music Awards, na Conferência de Música MIDEM, em Cannes, na França, em 24 de janeiro.

De outras formas Madonna estava indo muito bem. Ela tinha decidido diversificar tornando-se autora de livros infantis. No começo de março de 2003, assinou um contrato com a Callaway Editions por cinco livros de histórias ilustrados. Menos de duas semanas depois, assinou um acordo com a Creative Artists Agency para cuidar de sua carreira em música, tevê, cinema e livros.

O primeiro livro, *As Rosas Inglesas*, ilustrado por Jeffrey Fulvimari, foi publicado em 100 países e 30 línguas diferentes. Madonna lançou o livro em um chá inglês no Kensington Roof Gardens, em 14 de setembro, em Londres. Cabelo cor de mel preso atrás, ela estava muito bonita e natural, ela própria uma verdadeira rosa inglesa, em um modesto vestido branco estampado com flores azuis e verdes, embora estivesse exalando um ar de diretora de colégio, uma impressão reforçada quando ela colocou um par de óculos de leitura com inadequada armação pesada e marrom, como aros de chifre. Na livraria Barnes & Noble de Nova York, duas semanas depois, ela combinava uma saia plissada de tweed com uma blusa escura simples e um pulôver sem mangas, cor de creme e gola em V, deixando os cabelos soltos.

Este seria o visual adotado por ela em todos os eventos de leitura e assinatura de livros infantis ao redor do mundo, uma atratividade sensível e autoral há quilômetros do senso de moda controverso que a havia tornado famosa.

As Rosas Inglesas tornou-se instantaneamente o livro de vendas mais rápidas de todos os tempos, deslocando mais de 50 mil cópias nos Estados Unidos e 10 mil cópias na Inglaterra na primeira semana de lançamento. Permaneceu Número Um na lista do *New York Times* de *best-sellers* infantis por sete semanas.

Mais tarde, em novembro de 2003, Madonna negociou com a empresa Signatures Network o lançamento de produtos de *merchandising* dirigidos a crianças entre 7 e 12 anos, baseados em *As Rosas Inglesas*.

O livro foi visto por muitos como a primeira história cabalística para crianças, usando seus personagens e situações para encorajar retidão moral. Previsivelmente, os críticos literários alinharam-se para atacar os esforços de Madonna, assim como os autores infantis. No *The Guardian*, Michael Rosen deplorou as ilustrações, declarando que eram "repulsivas e terrivelmente desagradáveis... igualmente passivas e sexuais". Francesca Simon disse que a história era desprovida de charme, muito parecida com uma lição, enquanto os personagens não tinham personalidade. Concluiu que as pessoas que compravam o livro eram adultos – fãs de Madonna com crianças.

Subestimada, Madonna lançou outros dois livros em um ano – *As Maçãs do Sr Peabody* (com a ilustradora Loren Long) e *Yakov e os Sete Ladrões* (Gennady Spirin) – e conduziu todas as promoções necessárias. Ambos estrearam no Número Um da lista de mais vendidos do *New York Times*. Os três livros juntos venderam mais de 1,5 milhão de cópias em todo o mundo. O livro número quatro, *As Aventuras de Abdi* – publicado em 2004 e ilustrado por Andrej Dugin – seria o menos bem-sucedido da série. O volume final, *Enrico de Prata*, de 2005, com fotos de Rui Paes, entrou na lista do *New York Times* como Número Três.

Na época em que os escreveu, Madonna estava preparando uma sequência para *As Rosas Inglesas*.

O ano novo de 2004 trouxe outro projeto literário – uma edição estritamente limitada de 52 páginas da revista *Nobody Knows Me*, chamada assim por conta de uma faixa de *American Life*.

Disponível apenas por meio de pré-encomendas via internet e não fornecida em lojas, era recheada de suntuosas fotografias coloridas e em branco-e-preto de Madonna por Jeremy Valarezo, acompanhada por seus comentários sobre sua vida e trabalho. Vestida de tudo, desde vestidos ultraglamorosos até meias e peças sexuais e os coletes brancos que haviam se tornado seus favoritos, Madonna sorri, arde e encara nas páginas, em humores e estilos diferentes que prestam tributo à sua gloriosa carreira.

Era um bom começo e conforme as semanas passavam, Madonna, de fato, reintroduziu um estilo mais atrevido de volta a seu guarda-roupa. Ela chegou ao NRJ Music Awards em Cannes em 24 de janeiro, em um casaco preto comprido com uma daquelas lapelas enormes que ela gostava tanto. Era realmente uma peça dramática, com gola, punhos, cinto e bolsos com arremate salpicado em preto, branco e cinza. Seus cabelos fluíam em cachos suaves e, apesar dos óculos de marca, seu rosto parecia radiante, a pele em condições maravilhosas, com batom em tom coral.

Recebendo o prêmio pelo conjunto de sua obra das mãos de Britney, ela entrou no palco em um memorável vestido verde com pequenas estrelas brancas. Uma grande estrela prateada brilhava à altura do umbigo, e abaixo dele se dependuravam dois arcos. Sobre a bainha havia uma grande inscrição preta, como um autógrafo. Madonna usou como acessórios botas e um boné preto, que também combinaram com o detalhe preto no decote. Havia algo estranho sobre esse excêntrico vestido com suas mangas curtas e largas e seu solto flutuar, mas era ao mesmo tempo elegante e cativante. Ela o usou bem.

A Vida Na Mansão

O Que Eles Dizem Sobre Madonna...

O grande romance de Madonna com a Inglaterra tem seus altos e baixos, como qualquer caso de amor, e antecede seu relacionamento com Guy Ritchie. Alguns dizem que seu comportamento tornou-se arrogante e até mesmo régio, sem ela sequer ter visto o Príncipe de Gales trinchar uma salada na mesa de jantar. Ela valoriza sua amizade com astros britânicos como Sting, em cuja mansão em Wiltshire ela desfrutou do estilo rico e elegante do campo – e também, em 1998, encontrou o futuro marido.

Em Ritchie, o diretor de cinema que se tornara definitivamente bem cotado com o sucesso de *Jogos, Trapaças e Dois Canos Fumegantes*, ela encontrou alguém que respondia aos seus instintos e à sua ambição. Com uma queda por *bad boys*, Madonna foi certamente atraída pelo sotaque *cockney falso* de Guy, sua forte masculinidade, sua personalidade de bebedor de cerveja e sua familiaridade com gângsteres e homens durões que vivem na periferia dos círculos de seus filmes. Pode-se supor que ela também impressionou-se com o berço privilegiado de Guy, criado nos campos de caça, de tiro, nas pescarias. Ele passou os anos de formação da infância, desde os cinco anos, morando na propriedade de seu padrasto Sir Michael Leighton, o parque de cervos Loton Park, perto de Shrewsbury, em Shropshire.

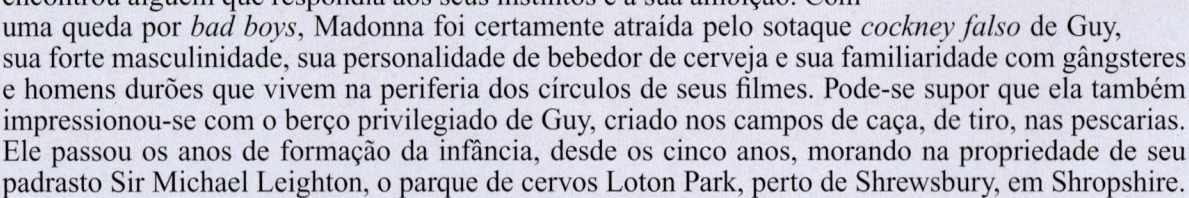

As tentativas de Madonna imergir na cultura britânica começaram antes dela conhecer Ritchie, com jornalistas e personalidades de tevê brincando afetuosamente com seu forte sotaque norte-americano. Apenas mais tarde ela começou a aprender a gíria rimada cockney – com um senso de humor autodepreciativo, verdade seja dita – sob a tutela de Guy e Stuart Price, com quem ela escreveria e produziria em parceria *Confessions On A Dance Floor*.

A nova senhora Ritchie, instalada na casa da família no centro de Londres, tentou manter as aparências. Falou sobre seu amor pela Inglaterra e era vista em *pubs*, às vezes fazendo piadas sobre seu gosto por cerveja inglesa. Ao mesmo tempo, os fãs sabiam que ela nunca havia sido boa bebedora: era uma dançarina, disciplinada, fanática por manter a forma física. Em turnês, ela não bebia álcool, nem mesmo um pequeno gole de vinho, quanto mais uma caneca de cerveja.

O DVD de 2006, *I'm Going To Tell You A Secret*, revela um certo cansaço na atitude de Madonna quanto ao grande pub britânico. Filmado em The Punchbowl, uma taverna de Mayfair, ela parece entediada a ponto de cair dormindo enquanto Guy entra em uma cantoria irlandesa com o maior gosto. E em uma cena capturada durante a turnê "Re-Invention", Madonna desabafa sua frustração de que Ritchie prefira ir ao *pub* com amigos a ir a seus shows.

Todo o conceito de Madonna como uma anglófila foi questionado quando ela declarou que poderia dar à luz Rocco em Los Angeles e não no Reino Unido, onde ela considerava os hospitais inaceitáveis. Ela também confessou a um jornalista que não queria mudar-se para a Inglaterra a princípio, e só o havia feito como um enorme sacrifício para acomodar seu relacionamento com Guy.

No entanto, com a compra dos Ritchies da propriedade rural de 9 milhões de libras no sul de Wiltshire em 2001, Madonna pareceu ter encontrado seu nicho na sociedade inglesa. O antigo lar do celebrado fotógrafo de moda Cecil Beaton, Ashcombe House – perto de Tollard Royal – é uma mansão georgiana de seis quartos construída no século XVIII, com 1.200 acres de terra.

Lá, Madonna assumiu-se na vida rural como a senhora da mansão, percorrendo suas terras, dando de comer às galinhas, andando de bicicleta e fazendo longas caminhadas em seus tweeds, casacos Barbour, sapatos sensíveis ou botas de plástico Hunter verdes. Também tornou-se uma anfitriã distinta, dando festas de fim de semana para amigos que incluem Gwyneth Paltrow, Chris Martin e Stella McCartney.

Mas Guy, um caçador de elite, e Madonna, vegetariana de longa data, estavam então, controversamente, no comando de uma propriedade empregando para cuidar dos animais dois funcionários de tempo integral e ainda uma equipe de 50 funcionários de meio período em seus tiros em faisões e perdizes.

Para o alívio desses locais, mas horror de ativistas pelos direitos dos animais e contra a caça, bem como de certos membros da cabala, essa era uma tradição que os Ritchies pretendiam manter. Ela tomou lições de tiro com os especialistas em armas exclusivos Holland and Holland, gastou milhões em armas, e providenciou um novo guarda-roupa em caxemira, lã e pele de animais, incluindo roupas de caça, casacos para o campo, chapéus e calças à altura do joelho. Brad Pitt e Vinnie Jones estiveram entre os convidados para festas de tiro em Ashcombe.

Em algum momento posterior, Madonna parou de atirar em alvos vivos quando a criatura que ela havia atingido caiu à sua frente – ainda viva. "O pássaro realmente sofreu", ela lembra. "O sangue jorrava de sua boca." Ela agora atira em pombas de argila.

Porém os Ritchies continuam alugando as melhores partes de suas terras para pessoas ricas pagando 10 mil libras por dia pela licença para atirar em sua propriedade, entre as dez mais do país dedicada ao jogo do tiro em aves.

Setembro de 2003 trouxe outra confusão com Ashcombe importando mil filhotes de faisões da França, além de 31 mil pintos de Gales. Andrew Tyler, diretor da Animal Aid comentou: "É uma vergonha para Madonna... isto não é harmonia com a natureza. Isso é produção de pássaros para prover uma galeria de tiro". Madonna disse que não haveria mais importações da França.

Não era a primeira vez que seu novo estilo de vida no campo tinha criado problemas. Em junho de 2004, ela e Guy ganharam sua batalha para expulsar andarilhos da parte maior de suas terras apesar da nova legislação garantir o "direito de vagar", alegando que apesar dos projetistas terem identificado boa parte de suas terras como uma propriedade aberta, caminhantes iriam tirar sua privacidade. Mais tarde, naquele ano, a Agência do Campo estabeleceu que os caminhantes também deveriam ser excluídos de campos dedicados à morte de aves durante a estação de tiro, pelo perigo de acidentes.

Mais problemas chegaram quando Madonna sofreu vários ferimentos em Ashcombe depois de cair de um cavalo em seu 47º aniversário – em 16 de agosto de 2005. Uma entusiasmada e relativamente inexperiente amazona que havia tomado lições de montaria nos estábulos de Richmond Park foi levada de helicóptero para o hospital em Salisbury com três costelas, a clavícula e uma mão quebradas.

Logo depois disso, Madonna disse à revista *Vogue* que estava finalmente encarando a Inglaterra como seu lar, acrescentando: "Para mim, Ashcombe é um reflexo de mim e meu marido... porque reflete nossa vontade de manter um compromisso".

Mas quando o casamento atingiu uma fase áspera, no começo de 2006 – o boato de um tabloide aparentemente confirmado pelo pai de Guy, John – a família não se retirou para Ashcombe, e sim para Los Angeles. Lá, dizem, o casal encontrou o ambiente certo para reconstruir ser relacionamento.

Desde que casou-se com Guy Ritchie, Madonna imergiu na cultura britânica, e é vista (página anterior) com Sting e Trudy Styler, que inicialmente apresentou o casal e (página anterior, abaixo) deixando o pub Waxy O'Connors com Guy. Stella McCartney (à esquerda) tornou-se sua confidente mais próxima enquanto Vinnie Jones (acima), o durão do futebol, é um amigo improvável que veio através de Guy.

"Sinto *que* agora sei *muito mais* coisas que antes."

O boné Von Dutch e o abrigo foram a marca registrada do guarda-roupa de Madonna em 2004. Ela aparece abaixo deixando o Centro de Cabala em Los Angeles, em 29 de maio.

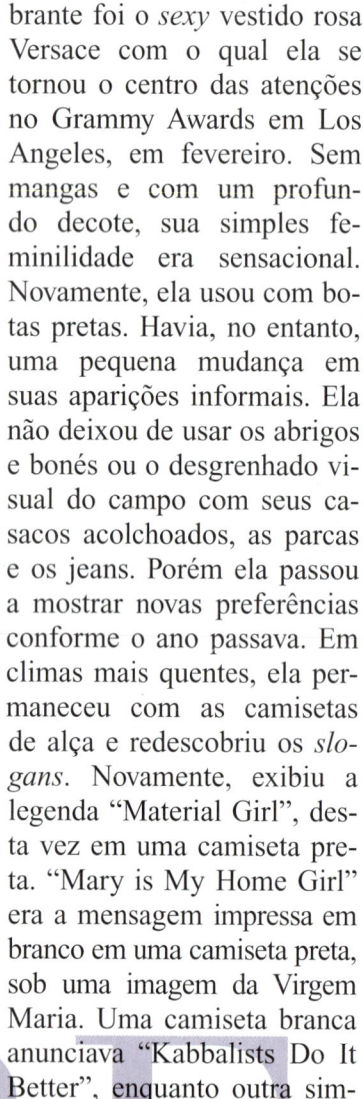

Ainda mais deslumbrante foi o *sexy* vestido rosa Versace com o qual ela se tornou o centro das atenções no Grammy Awards em Los Angeles, em fevereiro. Sem mangas e com um profundo decote, sua simples feminilidade era sensacional. Novamente, ela usou com botas pretas. Havia, no entanto, uma pequena mudança em suas aparições informais. Ela não deixou de usar os abrigos e bonés ou o desgrenhado visual do campo com seus casacos acolchoados, as parcas e os jeans. Porém ela passou a mostrar novas preferências conforme o ano passava. Em climas mais quentes, ela permaneceu com as camisetas de alça e redescobriu os *slogans*. Novamente, exibiu a legenda "Material Girl", desta vez em uma camiseta preta. "Mary is My Home Girl" era a mensagem impressa em branco em uma camiseta preta, sob uma imagem da Virgem Maria. Uma camiseta branca anunciava "Kabbalists Do It Better", enquanto outra simplesmente dizia "Cult Member", referindo-se à desaprovação de Madonna pelo uso da palavra "culto" usada para descrever a Cabala.

Ela era sempre vista estreando um novo acessório – o boné Von Dutch – e, em climas mais frios, ela se aquecia em tricôs modelados com diamantes e estampas pied-de-poule.

Os ritmos e rotinas da vida de Madonna continuavam como antes, fosse qual fosse a parte do mundo onde estivesse. Ela ia a conferências de Cabala e eventos especiais, malhava em academias, corria, andava de bicicleta, persistia no Pilates, fazia compras, almoçava com Gwyneth Paltrow e Stella McCartney (a cujo casamento, na ilha escocesa de Bute, ela compareceu em 2003), frequentava os melhores restaurantes e ia a *pubs* com Guy, mantinha a amizade com Sting, Trudi Tyler e Missy Elliott, e passava dias em família em parques ou praias.

Basicamente, porém, 2004 foi o ano da espetacular turnê Re-Invention, dirigida e organizada por Jamie King.

Madonna uniu-se a uma trupe de 12 dançarinos e uma banda que incluía o tecladista Stuart Price, que também era o diretor musical. A cantora Niki Harris, backing vocal desde a turnê "Who's That Girl?", tinha optado por ficar fora desta vez para concentrar-se na maternidade, e Siedah Garret tomou seu lugar ao microfone com Donna DeLory.

Madonna montou um time de estilistas, incluindo Stella McCartney, Karl Lagerfeld e Christian Lacroix para trabalhar nos trajes da turnê, que teve início na Califórnia em maio e abriu caminho pelos Estados Unidos antes de viajar para a Inglaterra, Irlanda, França, Holanda e, finalmente, Portugal em setembro.

Ainda apesar da riqueza de talentos contribuindo nas roupas, nenhum traje ou ideia genial destacou-se a ponto de representar a turnê – ao menos não do jeito como os cones de Gaultier haviam feito com a turnê Blond Ambition ou mesmo sua mescla de saiote escocês e estilo punk com a turnê Drowned World.

A assinatura e a peça central da turnê Re-Invention foi um grande amálgama de guarda-roupa, cinema, efeitos, canto, dança, teatro e encenando aquelas cenas de guerra, no palco e em telões, que eram agora bastante inequívocas em sua mensagem. A paz ainda era o prêmio, mas Madonna, sonora e orgulhosamente em sua roupa de camuflagem e boina preta, movendo-se sobre o público em uma passarela móvel elevada, não adulava mais a Casa Branca: Bush estava errado e o Iraque estava errado. Todas as guerras eram erradas. As pessoas tinham que responsabilizar-se pelo mundo à sua volta e tentar viver em paz com aqueles de outras religiões ou culturas. "American Life" nunca tinha soado tão relevante, e os personagens andando ao redor do palco vestidos como freiras, cardeais, rabinos e muçulmanos chamavam para o ponto central da questão.

Quando a turnê chegou ao Madison Square Garden em Nova York, em junho, o diretor de cinema e ativista antiguerra Michael Moore assistiu ao show. Madonna disse ao público que deveriam assistir ao documentário do diretor, *Fahrenheit 9/11*, que critica a "Guerra ao Terror" de Bush/Blair. Moore comentaria mais tarde: "Naquela noite ela arriscou o pescoço por mim. Foi uma coisa maluca para se fazer".

> A turnê Re-Invention prestou homenagem ao passado da própria Madonna, atualizando a famosa camiseta "Italians Do It Better" do vídeo "Para Don't Preach" e retrabalhando "Vogue" como uma mistura das apresentações da turnê Blond Ambition e do MTV Music Awards de 1990. As roupas de combate com as quais ela protestou contra a invasão do Iraque contrastavam com os divertidos trajes de circo.

Madonna também usou alguns dos shows nos Estados Unidos para fazer campanha para que os jovens votassem, já que em breve aconteceriam as eleições presidenciais.

Visuais contrastantes no palco da Re-Invention concentravam-se em símbolos e palavras da Cabala, invocavam paz e esclarecimento. E Madonna conspicuamente evitava concertos nas noites de sexta-feira porque a filosofia professa que as famílias devem comer e passar tempo entre si nessa noite.

RE-INV

ENTION

Estilo Madonna

Madonna (acima) chega à cerimônia de introdução ao UK Music Hall Of Fame no Hackney Empire, em Londres, em 11 de novembro de 2004. Seu traje contrastava fortemente com os simples Burberry e boné que ela usou no túmulo do rabino Yehudah Leub Ashlag em Jerusalém dois meses antes (à esquerda).

pretas de salto alto que compunham um de seus trajes principais. Eles não sabiam o segredo do espartilho Lacroix, revelado por Madonna em *I'm Going To Tell You A Secret*, o documentário da turnê lançado em DVD em 2006. "Isto está ficando meio fedorento", ela disse da peça coruscante que não era lavada há algum tempo.

Ela retoma os kilts quando, com sua trupe, apresentam a sequência de gaita-de-foles e tambores, todos de túnicas brancas (despidas depois pelos dançarinos) e kilts xadrez três-quartos, de padrão predominantemente verde e branco. Com esse traje Madonna mostrou também a seleção de camisetas pretas revisitando nas costas a era "Papa Don't Preach", com variações do tema "Do It Better" – "Italians Do It Better", "Brits Do It Better", "Irish Do It Better" e sua favorita, "Kabbalists Do It Better" ("Italianos Fazem Melhor", "Ingleses Fazem Melhor", "Irlandeses Fazem Melhor" e "Cabalistas Fazem Melhor"). Outras mensagens incluíam "Vote Or Die" ("Vote Ou Morra") e "Who Is The Best Performer Ever?" ("Quem É A Melhor Artista De Todos Os Tempos?"). Chuva de papel sobre o palco e bandeiras de Israel e da Palestina tremulando juntas, ao som do tocador de gaita-de-fole Lorne Cousin, finalizavam o show com "Holiday".

Outras peças-chave de Madonna no show eram um conjunto masculino de colete e calça risca-de-giz de Stella McCartney, usados em conjuntos com acessórios extraordinários: um adorno nos cabelos e um espartilho com listras verticais vermelhas e brancas e franjas pretas, do tipo que se vê em sofás, usado com uma calcinha preta cintilante de *pin-up*. Era o apelo de uma apresentadora de circo maliciosa e, realmente, o número com tema de circo era enormemente divertido, com os dançarinos entrando com seu próprio sapateado de circo, com bastões de fogo, girando suas cabeças, andando de *skate* e fazendo incríveis acrobacias.

Entre os vários momentos memoráveis do show, Madonna, em seu apelo listrado, cantava "Die Another Day" em uma cadeira elétrica, reforçando a mensagem da turnê com uma discreta interpretação de "Imagine", de John Lennon, vestida mais sobriamente com colete e calças.

O *Washington Post* comentou: "Madonna criou uma nova apresentação híbrida, uma que pega e mistura elementos da Broadway, do Cirque

O restante da apresentação, popularmente preenchida com canções de todos os álbuns de Madonna até então, atinha-se ao puro entretenimento. O público relacionava-se bem com o espartilho branco de borlas douradas, enfeitado com joias, calcinha de *pin-up*, meias-arrastão e botas

"Agradeço a Deus todos os dias *por ter casado com um homem que me faz pensar.*"

du Soleil, de campanhas pelo Voto, de instalações de arte, de eventos de esportes extremos, de sermões de igreja, de danceterias e de exercícios militares. Em algumas canções, também se parece com um show de rock."

Outros críticos e membros do público reclamaram sobre o conteúdo cabalístico, preferindo não receber sermões em shows pop, e também sobre os elementos antiguerra da apresentação. Por outro lado, Re-Invention foi laureada pela *Billboard* como a maior turnê do ano, com um público total de cerca de 880 mil fãs e arrecadação de renda estimada em 124,5 milhões de dólares.

O documentário, *I'm Going To Tell Your A Secret*, lançado depois, foi como uma atualização de "Na Cama Com Madonna", seguindo exatamente a mesma fórmula, as cenas gravadas entre sons e cenários de bastidores: Madonna discutindo com Guy (como com Warren Beatty); sendo a matrona e brincando com seus dançarinos; as preces em círculo com sua trupe antes das apresentações; lendo um poema que compôs para sua assistente; reclamando de seu pai; entrando no espírito da coisa quando é presenteada com um boneco inflável masculino (o equivalente da cena de "jogo da verdade" no vídeo anterior) por seu aniversário; e cai em lágrimas no fim da turnê.

A turnê Re-Invention foi assim nomeada por conta da capacidade de Madonna de mudar, mas ela revelou no DVD que, para ela, re-invention significa autoaperfeiçoamento. Ela explica que "The Beast Within" (o vídeo da introdução do show) refere-se ao "mundo moderno em que vivemos... o mundo material", prevendo que "e acabará por ser nossa ruína". Em um de seus círculos de preces, ela fala da luta para balancear as demandas do trabalho e da família, sua vida de celebridade e sua espiritualidade, e fala longamente sobre o poder de transformação da Cabala:

"Vamos dizer que tenho esses altos e baixos na minha vida. Quero dizer, não vou mentir... tive fases muito boas durante toda a minha vida, mas também fui um tipo de roda da fortuna em muitos aspectos. A vida parecia ser uma série de eventos casuais para mim. Às vezes estava felicíssima, às vezes deprimida. Eu parecia ser um pouco menos cuidadosa com os outros naqueles dias, e uma pessoa não muito boa. Não sinto falta de ser uma idiota. Apenas sinto que agora sei muito mais coisas que antes, e às vezes digo a mim mesma, 'O que

Madonna conversa com a imprensa após ter recebido sua indução ao UK Music Hall Of Fame das mãos da igualmente controversa artista britânica Tracey Emin.

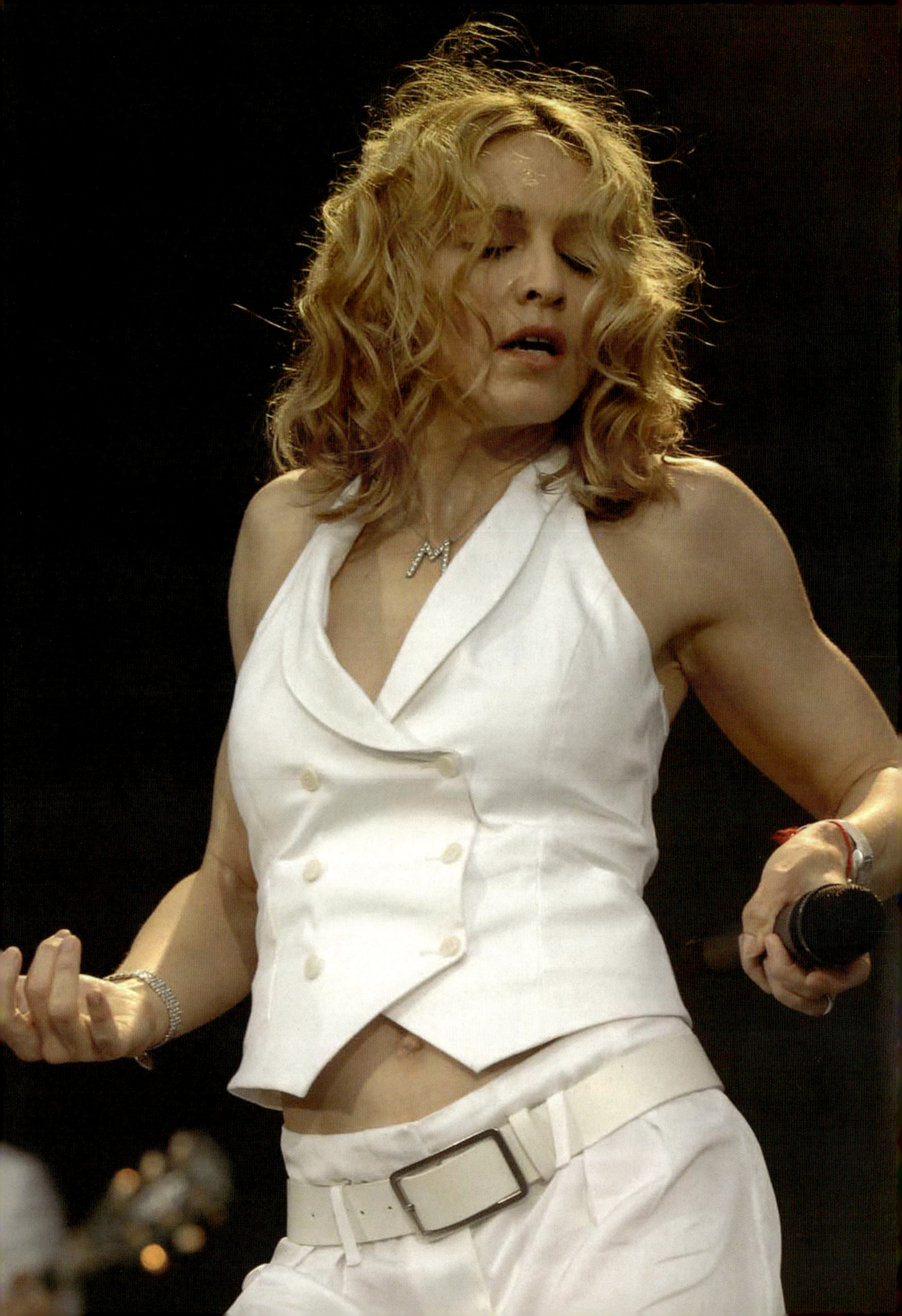

eu estava pensando antes de estar pensando?' Mas não vou dizer que eu não me divirto, mas, sabe, às vezes a diversão é hipervalorizada."

Madonna também fala candidamente sobre seu casamento em falas que eram citadas apenas em parte e transmitidas em sinistras manchetes para o mundo todo. O que ela disse, integralmente, foi: "Casei por todas as razões erradas. Quando meu marido não se revelou tudo o que eu achava que ele fosse, quis terminar tudo. Não existe essa história de alma gêmea. Se você encontra alguém e acha essa pessoa perfeita, melhor correr o mais rápido que puder em outra direção, porque sua alma gêmea é a pessoa que aperta todos os seus botões, pisa em você regularmente e faz você encarar suas besteiras.

Não é fácil ter um bom casamento, mas não quero nada fácil.

As coisas fáceis não fazem você crescer. Não fazem você pensar. Agradeço a Deus todos os dias por ter casado com um homem que me faz pensar. Essa é minha definição de verdadeiro amor".

A turnê Re-Invention incluía originalmente três shows na arena Nokia em Tel Aviv, mas foram cancelados quando Madonna recebeu uma série de cartas ameaçando não apenas ela, mas a seus filhos, caso se apresentasse em Israel.

No entanto, quando a turnê acabou em Portugal, em 14 de setembro, ela e Guy voaram diretamente de Lisboa a Tel Aviv – desafiando o conselho de seus seguranças – para participar de uma conferência de Cabala com mais de 2 mil participantes de 22 países.

Madonna viu sua peregrinação a Terra Sagrada como uma missão "positiva", observando que "A única coisa que irá mudar o mundo é a espiritualidade, não a política". E acrescentou que era necessário "mudar a energia de Israel".

Ela foi fotografada indo jantar com Guy e um grupo armado de guarda em 17 de setembro, em Tel Aviv, usando um top rosa pálido rendado com um grande decote – onde havia um colar com uma letra E de Esther pendurada – e jeans normais.

Entre várias atividades durante sua visita, os Ritchies estiveram em partes segregadas da sinagoga improvisada no hotel David InterContinental para uma sessão de preces e canções de celebração de *Rosh Hashana*, o Ano-Novo judaico, e ouviram uma palestra do professor

A garota vai de branco – um deslumbrante terno de três peças para a apresentação do Live 8, no Hyde Park de Londres, em 2 de julho de 2005. A pureza da roupa não combinou com sua linguagem, a qual, como de costume, deu o que falar.

de Cabala de Los Angeles, Eitan Yardeni. Assistiram a um show da banda israelense Sheva, com Madonna usando um vestido preto justo e chapéu. Eles visitaram o túmulo do judeu místico, rabino Yehuda Ashlag em Jerusalém, ao abrigo da escuridão, com a não obstante presença colorida de Madonna que usou um boné xadrez e um suéter com estampa de losângulos e decote em V, novamente usado com jeans e o colar com o E de diamantes. Ashlag – o autor de *The Sulam*, um comentário do *The Zohar* – era, como disse Madonna, "um ser humano incrível... um professor incrível". Seu cortejo continuou, então, para o Muro das Lamentações, onde foram saudados por fãs e um grupo de manifestantes gritou: "ela não tem direito de estar aqui!" Madonna e Guy permaneceram no carro, que foi conduzido para fora do local depois de uns poucos minutos.

Madonna encontra a mulher etíope Birhan Woldu, sobrevivente da fome de 1985, que incitou o Live Aid original (acima). Uma hábil introdução para "Like A Prayer". Madonna lança *Enrico de Prata* (abaixo), outro conto cabalístico para crianças, em Nova York, em junho de 2005.

O evento principal era uma cerimônia de "Espiritualidade Para Crianças" no hotel Tel Aviv. Um *press-release* oficial da Cabala explicou que a cerimônia "vai marcar o começo de um movimento pela paz que irá mostrar a crianças e adultos de todo o mundo que o caminho em direção à paz começa com a união da sua voz e a do próximo com compaixão, respeito e aceitação". Modestamente trajada com um vestido estampado em verde e banco de mangas compridas, à altura do joelho, com decote em V, Madonna dirigiu-se ao público observando que "estou aqui como estudante de Cabala".

E acrescentou: "Sei que há muitas pessoas poderosas aqui nesta noite; pessoas de influência, com trabalhos importantes, com dinheiro, com capacidade efetiva de mudar o mundo, de dar um futuro melhor a estas crianças. Então estou aqui para perguntar a estas pessoas uma só coisa – o que vocês estão esperando?"

Em novembro de 2004, retornando ao mundo cintilante das celebridades, Madonna foi introduzida ao primeiro UK Music Hall Of Fame, recebendo seu prêmio honorário de Tracey Emin e Jo Whiley no Hackney Empire de Londres. Ela assistiu a um vídeo tributo gravado por Stella McCartney e Gwyneth Paltrow, ambas vestidas com trajes famosos de Madonna – Stella com o vestido rosa de "Material Girl" e Gwyneth no corpete dourado e bojos em forma de cone da turnê Blond Ambition. A própria Madonna estava vestida mais estilosamente, em um glamoroso *tailleur* preto com atrativos detalhes decorativos, fendas laterais na saia e uma papoula vermelha, por conta do Dia do Armistício. Outras estrelas que prestaram tributo a ela no vídeo incluíram Nile Rodgers, Seymour Stein, Sharleen Spiteri do Texas e Anastascia.

Uma semana depois, em 18 de novembro, Madonna estava usando o que parecia ser o mesmo traje, sem a papoula, para apresentar o vídeo do single de caridade Band Aid 20 – uma gravação feita por astros de "Do They Know It's Christmas?" – quando foi ao ar pela primeira vez, simultaneamente em todos os cinco canais abertos da televisão britânica.

O ano chegou ao fim com boas notícias. Madonna tinha completado uma sessão com o fotógrafo Mario Testino para a campanha de primavera/verão 2005 da Versace. Madonna e Testino não trabalhavam juntos desde a metade dos anos 1990 para a mesma casa de moda.

Donatella Versace comentou: "Ela (Madonna) é uma grande amiga pessoal e de minha família, porque é uma grande estrela que sabe reinventar-se o tempo todo e cada vez com mais charme e feminilidade mesmo que não esteja mais com 20 anos. E ela nunca desiste, assim como eu. Talvez por isso sejamos amigas".

As fotografias – eventualmente publicadas em revistas e usadas como vitrine em lojas por todo o mundo – capturavam Madonna como uma secretária, usando uma peruca bufante de tom loiro-claro, em um escritório ultraluxuoso decorado em tons de branco, bege e outras cores neutras. Em uma foto, ela descansa em um sofá-cama usando uma camisa estampada e jeans preto decorado com finas correntes. Em outra, está ajoelhada no chão lambendo um envelope, usando um provocante vestido acinturado, cor de ferrugem. Então ela recosta-se com os pés em sandálias descansando sobre uma mesa de tampo de vidro, um *notebook* no colo, visual Barbie com uma saia rosa e suéter branco de decote em V. E uma pose "pegando o telefone" mostra uma camisa de estampa vigorosa em vermelho, branco e preto combinando com calças brancas boca de sino. As peças de vestuário mais dramáticas

"Tenho apenas Uma Semana com a tipoia."

são um vestido cor de laranja berrante bem justo e sem mangas e um cintilante vestido longo marrom com uma grande fenda, usado por ela deitada no chão.

Um artigo do *website* da *Vogue* comentou: "Embora as deslumbrantes imagens de escritório da Material Girl não nos lembre de nenhum ambiente de trabalho já visto, não as teríamos feito de outro jeito".

As fotos eram *cool*, chiques e contemporâneas. Isso era melhor que a *Gap*. E era símbolo da virada da sorte que Madonna estava para ter.

O ano 2005 seria importante, seria o ano em que ela recuperaria suas raízes e sua inspiração, e foi saudado de coração pelos críticos de uma forma como não acontecia há tempos. E tudo isso aos 47 anos.

Não que ela tenha escorregado muito além da elevada posição no topo das listas A. Ela era muito respeitada, muito estabelecida, muito real, muito bem articulada e, de fato, muito rica para que algo assim lhe acontecesse.

Mas tinha havido tempos difíceis.

A simpatia e o escárnio distribuídos em igual medida para Madonna e Guy sobre *Destino Insólito* tinha sido irritante, e o horrível fracasso continuava jogar água fria sobre as aspirações cinematográficas do casal.

Da mesma forma, o fiasco do beijo em Britney Spears e Christina Aguilera recusava-se a desaparecer, ressurgindo periodicamente em forma de gracejos ou de retrospectivas desabonadoras.

O *glamour* de Madonna tinha começado a sumir. Ela ainda podia acionar o fator "uau" quando queria, mas havia sido fotografada em seus abrigos e roupas campestres centenas de vezes e continuava a promover seus livros infantis com elegância madura e pose de diretora de colégio. Seu sucesso mundial como autora infantil era ainda, em algumas instâncias, visto com desaprovação. As fábulas modernas de Madonna, apesar das enormes vendas e seus momentos de humor, foram consideradas em descompasso com as novas gerações de pré-adolescentes e foram criticadas por serem datadas, ingênuas e moralistas. Mamãe, não faça sermão! (em referência ao título da canção "Papa Don't Preach"). A sua conhecida rigidez quanto à criação dos filhos e devoção crescente à Cabala eram

Um deslumbrante visual com lantejoulas de Madonna na estreia inglesa de *Revolver*, em setembro de 2005, que felizmente desviou a atenção tanto de sua tipoia quanto de seu descaso com os fãs que haviam esperado horas fora do Leicester Square Odeon para saudar sua chegada.

"Eles tiveram que pensar a respeito, o Benny e o Bjorn. Eles não aceitaram na mesma hora.

coisas a que alguns fãs achavam difícil reconciliar com a antiga, ousada, ostensiva Madonna.

E havia *American Life*. Não era um álbum ruim – longe disso – mas não havia nada de sensacional sobre simples batidas pop. Ela parecia estar fazendo água enquanto sua parceria com Mirwais andava inexoravelmente morna.

"Nós dois fomos pegos pelo redemoinho do existencialismo francês", ela mais tarde explicaria ao *The Observer Music Magazine*.

A turnê Re-Invention com a qual ela promoveu o álbum tinha sido um triunfo comercial, visual e pessoal, com Madonna dizendo à *Billboard* que "Foi de longe a experiência mais criativa e satisfatória que já tive."

Mas nem todo mundo havia ficado tão impressionado. Agora até mesmo seus contemporâneos a estavam criticando, incluindo artistas de primeira linha como *Sir* Elton John. Ele havia atacado Madonna no Q Awards, em outubro de 2004, em Londres, durante o discurso de aceitação de seu prêmio Compositor Clássico, dizendo: "Qualquer um que faz dublagem em público, no palco, quando se paga 75 libras pelo show, deveria levar um tiro."

Madonna, que havia sido nominada para um prêmio ao vivo, rapidamente retaliou.

"Ela canta cada nota de sua turnê Re-Invention ao vivo", devolveu sua assessora de imprensa Liz Rosenberg, negando a todas as acusações de dublagem. "E ela também não gasta seu tempo denegrindo outros artistas."

Posteriormente, *Sir* Elton desculpou-se. No entanto, ele não estava entre os convidados da família no Natal em Ashcombep. 201

Talvez tenha sido outro indício de coisas boas vindouras que Madonna tenha sido vista na tevê britânica em janeiro de 2005 sendo honrada com um prêmio raro – um distintivo Blue Peter. A menção tinha sido feita na verdade algumas semanas antes por Matt Baker, apresentador do programa para crianças da BBC há muitos anos, quando Madonna apareceu para falar sobre *As Aventuras de Abdi* – o quarto da série de livros infantis. Ela disse a Baker que havia se inspirado em um de seus próprios livros infantis favoritos quando criança, *Ali Babá e os Quarenta Ladrões*.

Madonna parecia perfeitamente consciente da significância do cobiçado troféu, exultando: "Vou ser membro do clube Blue Peter!" E então, de repente, começou a cantar: "Tenho um distintivo, tenho um distintivo..."

Madonna estava claramente retrô no álbum *Confessions On A Dancefloor*, usando pantalonas de veludo ao estilo Abba e uma jaqueta com detalhes de pele em uma ida ao cinema com Lourdes para assistir à estreia de *Harry Potter e o Cálice de Fogo* (página anterior). Mais ousado esse visual de couro e colante (à esquerda) que levou a uma indelicada, caso idônea, comparação ao "travesti cantor" de Sasha Baron Cohen na MTV Europe Awards de 2005.

Novamente, ela estava vestida para públicos jovens, parecendo casual em um conjunto de duas peças cor de laranja com acabamento branco, formado por cardigã e vestido. Seus cabelos, repartidos no meio, caíam suaves sobre seus ombros enquanto a maquiagem estava sutil e sofisticada e, condizente a uma diretora de colégio, revelou um pouco mais sobre si mesma além de gostar de comprar sapatos.

Houve mais premiações em janeiro, desta vez da BBC Radio 1, que pediu a seus ouvintes para votar no maior single Número Um de todos os tempos para celebrar a milésima canção no topo das paradas da estação. Houve 26.072 votos, e Madonna emergiu como a artista feminina mais popular com "Like A Prayer" em quarto lugar, "Vogue" em quinto e "Music" na 21ª posição.

Foi também no começo do ano que os segredos de Madonna com os cuidados com o cabelo foram revelados com a publicação de um livro de edição limitada, de 48 páginas, de Julien D'Ys, que havia criado os cabelos da turnê Re-Invention e das fotos de Steven Klein que apareciam no programa da turnê.

Madonna fez outra aparição de grande visibilidade quando se juntou a um elenco de estrelas da música e do cinema para fazer parte do teleton da NBC, televisionado ao vivo, em 15 de janeiro. Ela usava um vestido preto simples para cantar "Imagine" como parte de uma apresentação beneficente para as vítimas do tsunami que eram estimadas em cerca de 5.300 vidas na Tailândia, no dia depois do Natal de 2004. Ela a seguir doaria um cinto cravejado para um leilão em prol da causa.

As semanas passaram, e Madonna enfrentou o frio em Nova York e na Inglaterra com uma vistosa seleção de peles e acessórios, frequentemente usados com uma parca, e ela assumiu brevemente a moda das peças tipo pijama sob seus grossos casacos e cachecóis de inverno, inspiran-

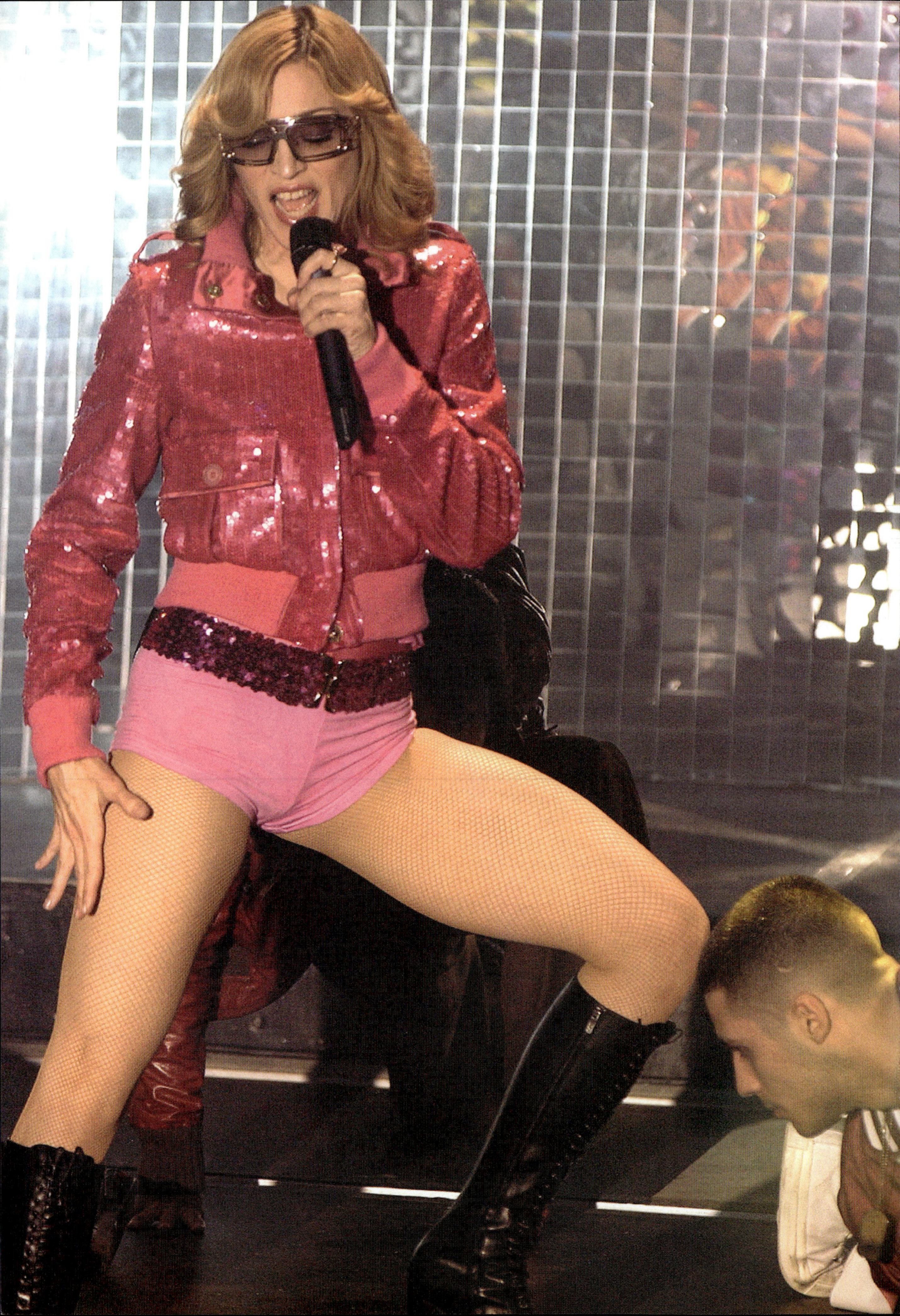

Após anos de boatos sobre aparência G.A.Y., Jeremy Joseph finalmente assumiu triunfalmente em 2005, decorando o Astoria com bolas espelhadas para anunciar a chegada da "líder gloriosa" dos homens gays. Uma foto de fã do evento iria eventualmente ser capa do single "Sorry".

atacada pelo astro neorromântico dos anos 1980 Boy George que a declarou hipócrita, alegando que a Cabala considerava a homossexualidade como doença. Liz Rosenberg, batendo de volta, reiterou a "longa paixão, amor, comprometimento e devoção à comunidade gay" de Madonna. De fato, poucas semanas depois, ela apoiaria a Caminhada Pela Aids de Nova York permitindo que uma foto sua fosse usada na propaganda do evento.

Madonna e Guy demonstraram um senso de humor nem sempre associado à Cabala no fim de do uma manchete do *Evening Standard:* "Pijamas... enlouqueceram?"

Ela também pisou no universo dos *reality shows,* fazendo uma aparição-surpresa como convidada para dividir conselhos de negócios musicais com os aterrados finalistas de um programa americano chamado *The Road To Stardom With Missy Elliott.*

E então chegou a primavera, trazendo problemas para Madonna, que foi processada por mais de meio milhão de dólares por uma firma de produção e companhias de TV que cobriram a turnê mundial Re-Invention. Ela também foi

"Temos *que* celebrar"

março, quando ambos compareceram às celebrações de Purim, em Londres, disfarçados respectivamente como uma freira e o Papa. E apenas semanas depois, em outra diversão perversa, ela foi imortalizada por Jean Paul Gaultier – como vidro de perfume! Seu frasco de edição limitada de *eau de toilette* foi modelado na forma do espartilho dourado com bojo de cone da turnê Blond Ambition.

O mês de maio trouxe más notícias sobre Kylie Minogue, favorita de Madonna, que havia sido diagnosticada com câncer de mama. Madge imediatamente enviou uma mensagem de amor e apoio, e certamente respirou aliviada quando Kylie recebeu alta da doença em 2006. Nessa época Madonna também cedeu sua imagem para uma campanha em Londres pelo Comércio Justo, permitindo a artistas transformarem seu rosto, digitalmente, na face de um comerciante de café africano, e ela anunciou seu envolvimento em benefício do UNICEF em Nova York.

No entanto, seu empreendimento de caridade de maior visibilidade no ano aconteceria em 2 de julho, no show *Live 8*, no Hyde Park de Londres, transmitido ao vivo para milhões. Vinte anos depois do Live Aid, o show foi um dos dez negociados internacionalmente por Bob Geldof para pressionar os líderes mundiais que compareceriam na próxima semana no encontro do G8, na Escócia, para "eliminar a pobreza para sempre".

Madonna foi uma das maiores sensações do evento, aparecendo em um terno branco de três peças e uma corrente com um M parecido com seu E. No palco, no momento mais memorável do dia, ela encontrou e abraçou Birhan Woldu, a mulher etíope que, no filme do Live Aid de 1985, aparecia como uma vítima da fome infantil à beira da morte. Segurando a mão de Birhan, Madonna cantou "Like A Prayer" com assistência de um coro. Ela então fez uma apresentação de 15 minutos com "Ray Of Light" e "Music", rodeada por sua banda, cantores e dançarinos, todos igualmente vestidos de branco.

Birhan diria mais tarde: "Faz vinte anos que minha mãe e minha irmã morreram. Sabia que eu devia ser forte por elas, mas quando andei senti meu corpo tremendo. Então Madonna pegou-me pela mão e olhou-me nos olhos. A multidão gritava e dei conta de que o mundo queria salvar meu continente. Senti que eu crescia mais forte".

Fotografias de Madonna e Birhan juntas foram exaltadas nas primeiras páginas, anunciando matérias e suplementos especiais em jornais e revistas de toda a Europa para marcar a imagem persistente do *Live 8*. Como resultado direto de sua apresentação, as vendas do álbum de sucessos de Madonna, *The Immaculate Collection*, aumentou 200%. O fato de Madonna ter falado palavrões durante seu show – "Vocês estão prontos para o show, porra?" – foi rapidamente esquecido.

O *Live 8* também espalhou uma nova onda de interesse na aparência jovem de Madonna, com revistas de estilo de vida e fofocas preocupadas em explicar sua vitalidade. Wendy Rigg da *Reveal* entusiasma-se: "O traje da Madonna no *Live 8* era fabuloso. O colete branco mostrou o lindo decote e a beliscou na cintura. Ela combinou com calças de cintura baixa, que não mostravam o abdome além da conta, o que pareceria um pouco vulgar. Branco é ótimo, reflete a luz fazendo com que a pele brilhe".

A maquiadora Caroline Fazer decidiu que "a maquiagem de Madonna é muito bem balanceada, o que cria o mesmo efeito do foco leve nas câmeras – faz com que ela pareça bonita e vital. O *gloss* labial que ela usava refletia a luz, iluminando seu rosto e dando a ela um brilho juvenil".

Daniel Galvin, cabeleireiro de celebridades, disse: "Ela está ótima no momento. O tom dourado de seu cabelo dá a ela um aspecto de brilho suave, que a torna muito mais jovem..."

Reveal ainda conseguiu achar alguém com o trabalho fantástico de "guru de sobrancelhas", que declarou que, "as sobrancelhas de Madonna emolduram sua apresentação perfeitamente. Elas são depiladas bastante finas, o que ajuda a tornar seus olhos maiores e menos caídos. A cor de suas sobrancelhas é mais escura que seus cabelos, definindo seus olhos e tornando-os o ponto focal de sua face".

Outros especialistas deliberaram sobre o rosto e o corpo de Madonna. Sua boa forma física era atribuída à ioga. Uma nutricionista disse que sua pele clara era resultado de uma dieta

Um pouco depois, em fevereiro, houve muitos comentários sobre o fato de Ritchie não ter comparecido ao Grammy em Los Angeles com Madonna, que ela o tinha "arrastado" para o Brit Awards em Londres em outra daquelas demonstrações de unidade matrimonial. Ela então ela "esqueceu" de agradecer a Guy em seu discurso de aceitação do prêmio, enquanto se lembrou de prestar tributo a Stuart Price e outros membros de sua gangue. Foi dito que Guy parecia "mal-humorado" e Madonna "desconfortável".

Uma história particularmente divertida publicada no *Mirror* dizia que os Ritchies tinham recebido uma oferta de aconselhamento para casais – de Elton John.

Fotografada ao lado de Guy no restaurante Mayfair Cecconi, Madonna foi citada pelo *The Sun* dizendo: "Guy não é um marido e eu não sou uma esposa típica. Então você pode imaginar, temos nossos atritos. Mas sempre estamos atentos – este é nosso casamento. Nossa união, as coisas que criamos juntos são maiores que nossas briguinhas".

Essa era a fonte maravilhosa dos jornalistas e colunistas de fofocas, que informavam solenemente seus leitores que Madonna estava tomando medidas para consertar seu casamento impondo o horário de 23 horas para Guy voltar para casa e insistindo que ele deveria passar três noites por semana em casa e nunca tomar mais que três canecas de cerveja por noite.

Em março, a família foi para Los Angeles onde Madonna preparava-se para a próxima turnê mundial. Lá a estrela foi fotografada montada em um cavalo pela primeira vez desde o acidente (descontando a ocasião, apenas dois meses depois de sua queda, na qual ela cavalgou pelas ruas de Nova York como chamariz publicitário para o programa de tevê de David Letterman). Ela também foi fotografada várias vezes abraçada a Guy. Os problemas poderiam ter se tornado página virada se não fosse pelo *Daily Mirror*, que estava perseguindo um "furo" com determinação de perdigueiro. No começo de abril foi dito que Madonna estava possessa com a obsessão de seu marido pelas artes marciais e havia dito a ele que parasse. Uma semana depois, em 11 de abril, o tabloide publicou uma matéria citando o pai de Guy, John Ritchie. Ele teria dito que o casal "permaneceria unido" para o bem de Lourdes e Rocco.

Ele declarou: "São as crianças que os mantêm unidos. As crianças são tudo para eles". Deixando no ar que havia problemas, ele acrescentou: "Los Angeles parece tê-los ajudado. É mais fácil porque não há tanta pressão por lá. Eles parecem ter deixado para trás os problemas que tiveram aqui. Nunca se sabe se essas coisas irão dar certo, mas eles parecem estar melhor entre si".

Em duas semanas, outra história sensacional explodiu, com a modelo Jenny Shimizu escolhendo bem seu momento de se aproveitar dos tabloides. A manchete "Madonna Usou-Me Como Escrava Sexual Lésbica" estampava o *News Of The World,* com Jenny dizendo que tinha desfrutado simultaneamente de loucuras com Madonna e Angelina Jolie.

Em 6 de maio, o irmão de Madonna, Christopher Ciccone, falou sobre o casamento dos Ritchies, e embora ele tenha dito apenas que seria difícil para qualquer homem lidar com a intensidade da pressão da fama da estrela, e que ele achava que Guy estava saindo-se bem, o *Mirror* continuou a falar de "crise no casamento" e a dar manchetes agressivas: "Madonna perdeu o controle sobre Guy?"

Mais tarde, em maio, o *Sunday Mirror* publicou uma fotografia de Madonna sem seu anel de casamento. E o *The Sun* seguiu em julho com uma história ambientada em Nova York: "Ciumento, Guy Ritchie empurrou Madonna para fora da pista enfurecido – depois de vê-la dançando com o ex-namorado Lenny Kravitz. Ele dizia raivoso: 'Hora de ir para casa', em frente aos amigos embaraçados".

Os boatos e especulações continuaram. Mas até a publicação deste livro, Madonna e Guy continuavam juntos e tinham acabado de expandir a família – controversamente – adotando um bebê africano chamado Davie.

Madonna e Guy no aeroporto de Heathrow, em fevereiro de 2006 (abaixo). A recente chegada de uma terceira criança adotada na casa dos Ritchie, David Banda, do Maláui, parece desmentir os boatos da mídia sobre uma tensão no casamento.

"Disse *que* varreria o *chão por* onde ele fosse passar."

Madonna sobre o encontro com Ricky Gervais

O que não vestir? A inspiração dos anos 1970 provou ser um sucesso de toque e perdeu-se como fica claro por esse vestido disforme – usado na estreia de Chelsea de *I'm Going To Tell You A Secret* em novembro de 2005 – e um modelo igualmente prateado usado no Children In Need. Muito mais elegante era o casaco simples usado na loja de Stella McCartney, em Londres, um dia antes, ao lado dos astros do Little Britain, David Williams e Matt Lucas (página seguinte).

A *Rolling Stone* também publicou uma matéria de capa com a manchete de primeira página "Como ela recuperou seu *groove*".

A *Billboard* concordou: "O sacudido, empolgante e ótimo do começo ao fim *Confessions On A Dance Floor* é o cabaré da alegria incessante de Madonna".

A revista *US People* louvou o mix contínuo, com o mesmo entusiasmo: ela não age como uma *hippie*, não fala sobre Pilates, não assume uma posição de militante. Ela simplesmente entra no *groove*..."

A revista *Time*, descrevendo o álbum como "irresistível", predisse que, "faz com que você se sinta tolo pelos motivos certos".

A maioria das críticas deu o mesmo crédito a Stuart Price, o coprodutor de Madonna e parceiro na maioria das faixas do álbum. Mirwais, no entanto, não estava redundante. Ele havia colaborado em algumas das canções com outros, incluindo a dupla ganhadora do Grammy, Bloodshy e Avant.

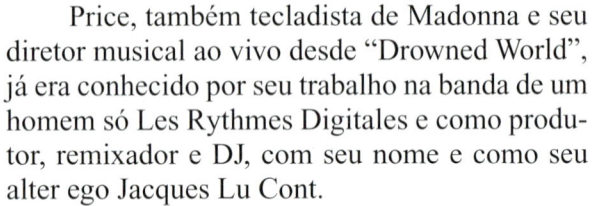

Price, também tecladista de Madonna e seu diretor musical ao vivo desde "Drowned World", já era conhecido por seu trabalho na banda de um homem só Les Rythmes Digitales e como produtor, remixador e DJ, com seu nome e como seu alter ego Jacques Lu Cont.

A maior parte do trabalho do álbum foi criada no pequeno estúdio-loft de Price, em seu lar em Maida Vale, em Londres. Lá, ele e Madonna passaram horas escrevendo e gravando as músicas. Ela chamava o lugar de "este pequeno quarto branco com vários cabos" e disse ao *Observer Music Monthly*: "Não podia parar de pensar como era divertido trabalhar com Stuart".

E acrescentou: "Não poderia ter feito esse disco em nenhum outro lugar que não fosse lá (o loft)... Não quero saber o que se passa no restante do mundo. Quero que seja exatamente como foi quando escrevi minha primeira canção. Em um lugarzinho sem nada supérfluo..."

Madonna explicou que a grande febre provocada pelo álbum fez com que ela se livrasse das horas de edição retratadas em *I'm Going To Tell You A Secret* e da raiva que ela tinha sentido sobre a política, Bush e a guerra do Iraque. "Que tudo se foda, vamos dançar", ela proclamou.

Madonna revelou como Price, durante seu trabalho como DJ pelo mundo, havia testado versões dub das canções em casas noturnas, sem revelar sua identidade, para medir a reação do público. Caso não entrassem no clima, a faixa seria descartada ou retrabalhada até que fosse conseguida a resposta certa.

Price falou a *Uncut* sobre sua parceria com Madonna: "É a primeira vez que encontrei um colaborador para trabalhar comigo que está sendo muito satisfatório. Madonna é muito humilde e de pés-no-chão... Ela é muito boa em não ligar sobre como e onde as coisas estão sendo feitas".

Houve quem suspeitasse que Madonna e Stuart Price podem ter se sentido confortáveis

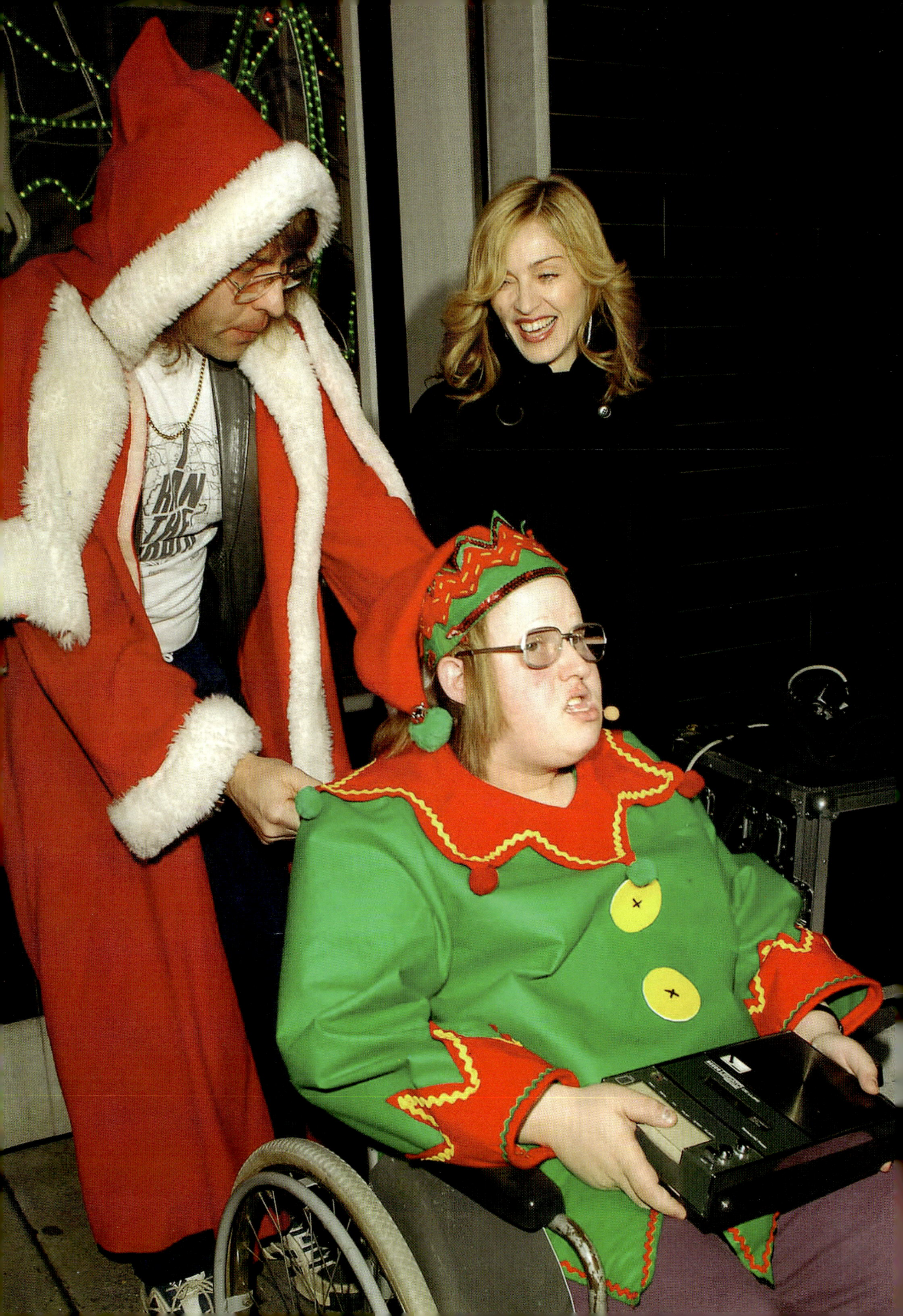

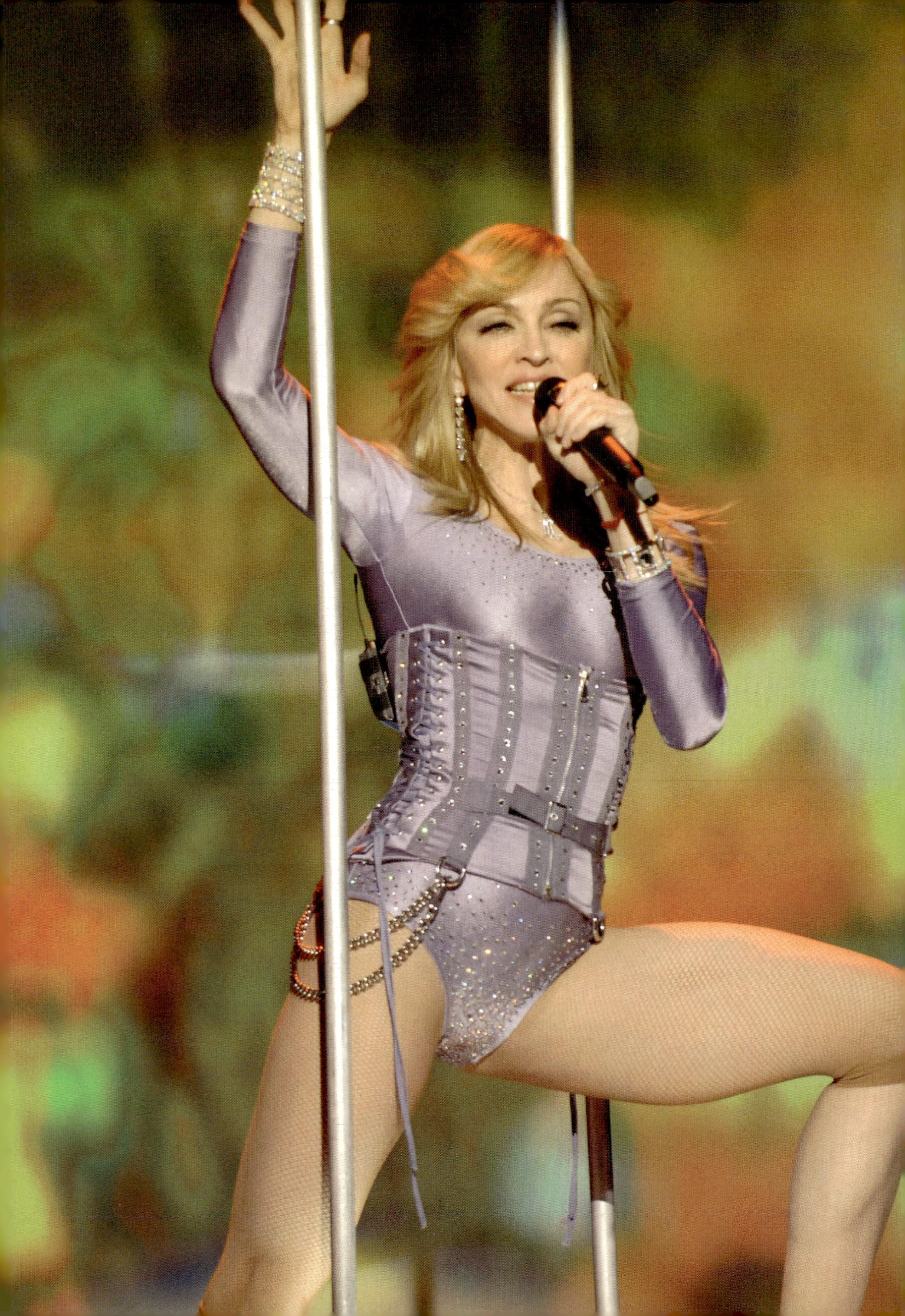

"Em lugar de projetar feminilidade, o que tem sido feito a cada artista desde Judy Garland, ela na verdade projeta uma imagem de fêmea, o que é mais forte e direto, mais essencial, e por isso, sou grata."

Germaine Greer

demais na pequena sala branca com muitos cabos, embora nada tenha sido dito ou escrito sobre isso até mais tarde.

Madonna estava fazendo novas amizades no mundo da comédia contemporânea. Ela já havia esbarrado em Stephen Merchant e Ricky Gervais no show *Live 8* onde, ela lembrou-se: "Disse que varreria o chão por onde ele fosse passar (Gervais) caso ele me empregasse". Eles apertaram as mãos e ele respondeu: "Você sabe que este é um contrato verbal". Apesar de um começo tão otimista, Madonna nunca apareceu em *Extras*. Foi dito depois que ela queria fazer um personagem que não fosse ela própria, o que não cabia no espírito da série.

Em 28 de novembro, ela encontrou-se com outra grande dupla de comediantes, Matt Lucas e David Williams – que fazem os personagens Lou e Andy – quando os três foram à festa de Natal da loja de Londres de Stella McCartney. Madonna, em outro casaco preto, deu uma grande gargalhada com Williams, que estava vestido de Papai-Noel, embora Lucas mantivesse sua usual expressão neutra como o cadeirante Andy.

A próxima noite trouxe a estreia londrina de *I'm Going To Tell You A Secret* no Chelsea Cinema, dois dias antes de sua exibição nacional no Channel 4. Apesar de o filme já ter sido visto em Nova York e transmitido pela MTV, um grande número de celebridades apareceu no cinema da King's Road. Stella e Gwyneth estavam lá, é claro. E também Stuart Price, Guy Oseary (agora seu gerente junto com Angela Becker), Sharleen Spiteri, Tracey Emin, Jo Whiley, Mel C e Donna Air.

Madonna chegou com o diretor Jonas Akerlund em desastroso vestido envelope de chiffon preto Dolce & Gabbana com detalhes em prata metálica. Era ainda pior que a peça horrorosa que ela tinha usado na França e no Children In Need, e conspirava duramente contra sua pequena figura. Foi outro erro incomum em um ano no qual Madonna foi vista tão elegante como sempre. Surpreendentemente, ela brincou dizendo que o vestido tinha custado mais que o filme.

Dentro do teatro ela ocupou seu lugar ao lado de Guy nas filas de trás. Lá, eles tomaram champanhe e cerveja enquanto o restante do público ficou com os saquinhos com pipoca, salgadinhos, doces, chocolates e água que haviam sido deixados sobre

---

Aparecendo com o Gorillaz no 48th Grammy Awards em Los Angeles, em fevereiro de 2006, Madonna usou outro colante de lycra em conjunto com um espartilho. Uma lembrança do passado, mas onde estão aqueles famosos seios? Mais tarde, usando um colante na turnê Confessions, ela abandonaria os espartilhos.

O visual de Madonna estava definitivamente mais feminino no Brit Awards, em fevereiro de 2006, embora sua estada tenha sido breve e a atmosfera entre ela e Guy parecesse tensa, para dizer o mínimo. Sua chegada após a tradicional festa da Vanity Fair depois do Oscar um mês depois (próxima página) estava perfeitamente glamorosa.

cada assento. Nada recomendável para uma dieta saudável.

Em um mês, Madonna foi vista em outro documentário – *A Different Story*, de George Michael – em um clipe de 1989 da MTV Video Music Awards em que ela, memoravelmente, e com um infalível radar gay, tinha saudado o então enrustido Georgie como "uma verdadeira diva".

Dolce & Gabbana não estavam acertando com Madonna nessa fase. Ela chegou ao Japão em dezembro para entrevistas e apresentações promocionais em casas noturnas usando um espalhafatoso casaco de couro castanho-escuro com detalhes em caramelo, o cabelo preso para trás e a parte de cima do rosto coberto por um enorme par de óculos escuros Dior. Não era seu melhor modelo. Ela não estivera no país por 12 anos, e disse aos jornalistas que adorava comida japonesa tanto quanto sentia saudades de seus assentos de toalete aquecidos.

Voltando à Inglaterra, ela usou jeans e o já familiar casaco roxo com felpa preta para uma ida à BBC, onde em 14 de dezembro ela seria convidada do show de rádio de Jo Whiley – um evento que também foi transmitido *online*. Na próxima noite, ela compareceu a um show do Coldplay com Stuart Price, em outro casaco roxo, este para ouvir Chris Martin incorporar uma parte de "Hung Up" à apresentação da banda, como vinha sendo seu hábito à época.

Nem todos apreciavam tanto Madonna, embora tivesse sido um ano maravilhoso para ela. Ela tinha reestabelecido sua influência artística, comercial e criticamente, e ainda tinha ganhado a admiração da lendária e rabugenta Germaine Greer, que disse: "Em lugar de projetar feminilidade, o que tem sido feito a cada artista desde Judy Garland, ela na verdade projeta uma imagem de fêmea, o que é mais forte e direto, mais essencial, e por isso, sou grata".

Para cada Greer, no entanto, havia uma Sharon Osbourne, cuja visão sobre Madonna era a seguinte: "Um dia você está em uma droga

"Se vocês *não* gostam da minha atitude, então vão se fuder!"

de roupa do exército, então, você se veste com roupas de montaria, daí você usa uma roupa de uma droga de sapatão, para em seguida vestir-se de puta; então, você bota um vestido florido e lê poesia infantil parecendo uma droga de uma bibliotecária – e então você volta a se parecer com uma puta velha outra vez. Não dá para ser várias coisas para as pessoas e ser verdadeira consigo mesma. Não ligo para quem você é."

Dez anos antes, Cher havia insultado de forma mais sucinta: "Madonna poderia conseguir ser um pouco mais magnânima e um pouco menos babaca."

Mas Madonna estava pouco ligando para as opiniões de seus pares quando encomendou 150 litros de cerveja Folly Ale fermentada em Yorkshire de uma cervejaria em Skipton para um Natal farto em família, em Ashcombe.

Outro ano, outro abrigo de ginástica, e Madonna foi fotografada fora de casa, indo para uma aula de Pilates em Londres, em janeiro, usando um de fundo azul, uma parca com um enorme capuz de pele e um grande cachecol cinza e preto. A parca e o cachecol estiveram pregados em seu guarda-roupa fora de casa durante os próximos dois meses, com um par de óculos de sol de aviador e vários chapéus espetaculares. Por essa fase, ao menos aparentemente, ela havia desistido dos bonés, embora os suéteres com estampa de losângulos tenham feito uma reaparição.

Foi um começo de ano bastante descontraído o de 2006. Madonna foi fotografada em um jantar com Guy, Brad Pitt e Jamie Oliver. Ela foi ao desfile de Jean Paul Gaultier em Paris, segurando o começo do espetáculo por chegar uma hora atrasada, vestida de preto com botas e bolsa combinando. Também em Paris, a Dolce & Gabbana mostrou uma nova coleção de camisetas estampadas com a foto da capa de *Confessions*.

Madonna e Guy compraram a casa vizinha à sua mansão em Londres, em Mayfair, dizendo que ela criaria mais espaço para seus escritórios e empregados. Ela tornou-se a artista feminina de mais vendas de todos os tempos, vindo em quarto lugar depois dos Beatles, de Michael Jackson e Elvis Presley em uma lista oficial lançada pela Federação Internacional da Indústria Fonográfica.

O único projeto profissional mais importante do qual ela ocupou-se em janeiro foi o vídeo

Estilo Madonna

"Vai ser *um* grande clube disco *onde* quer que formos!"

Para a turnê Confessions Madonna adotou um notável visual equestre, emprestando muito dos guarda-roupas de Grace Jones e Alison Goldfrapp e zombando de sua queda recente de um cavalo. Menos jocosa era sua rendição em "Live To Tell", pendurada em uma cruz de espelhos com uma coroa de espinhos (no verso da próxima página). Embora alguns tenham apreciado a controvérsia que se seguiu, estes eram velhos truques de Madonna, que usou pela primeira vez uma coroa de espinhos com os seios nus em uma capa de Empire, em 1993. E a cruz é também uma proposição familiar, prova de que não há nada de novo sob o sol.

de seu próximo single "Sorry", filmado em dois dias, em Londres. Uma sequência do vídeo de "Hung Up", deu a Madonna – usando seus cílios postiços de vison e diamantes – uma oportunidade para mostrar vários colantes altamente decorados em verde, branco/prateado e lilás, um que se tornaria sinônimo dessa fase de sua carreira. Em várias cenas, Madonna dança em uma danceteria de patins e em uma gaiola, onde também faz difíceis posições de yoga. Outra parte do vídeo acontece em uma van customizada pela MTV britânica como parte do programa Pimp My Ride, um dos favoritos de Madonna. O episódio foi ao ar em fevereiro.

Ao mesmo tempo, a edição britânica de *Elle* chegou às bancas com Madonna na capa e em conteúdos excitantes na revista. Esta circulou em todo o mundo em diferentes edições da revista, algumas usando fotos alternativas na capa e na matéria interna. Com figurino de Arianne Phillips, Madonna foi vestida primeiramente em matizes de rosa, de acordo com o tema de seu *disco-diva* Confessions, e que convinha ao *glamour* da revista.

Na capa britânica, ela usou uma sensacional criação em cetim de Costello Tagliapietra em fúcsia – embora em outras edições, na mesma fotografia, o vestido apareça em laranja. Com o devido respeito aos departamentos de arte, a fúcsia parecia melhor. Sem mangas e largo em cima, com um decote em V e uma fenda atrás, era justo da cintura para baixo. Em duas das fotografias, ela usou um colante vintage de nylon e lycra de Danskin, do The Way We Wore, em rosa-claro. Este foi usado primeiro com um par de calças Etro de cetim, ainda mais claras, e um cinto de lantejoulas, e então um par de jeans Prada, boina e cinto vintage de crochê, ambos da Rellik (Lourdes usaria a mesma boina em uma reunião da Cabala). Em uma quarta página inteira, uma foto mostrava Madonna com uma perfeita cintura fina em um vestido de jersey azul-royal da Fendi com acabamento em couro.

Sua maquiadora, Gina Brooke, havia criado um visual suave e sofisticado, combinando iluminador branco de olhos com sombras de tons bege e marrom em volta das pálpebras e possivelmente os cílios postiços de vison novamente. As cores de batom foram do rosa médio ao cereja.

Andy LeCompte, da Solo Artists, arrumou o cabelo de Madonna na altura dos ombros uma vez mais ao estilo de Farrah Fawcett, e não foi coincidência que, em março, a Boots relatou 72% de crescimento na venda de enroladores de cabelo, uma ação que começara com o lançamento do vídeo de "Hung Up".

SSIONS

CONFE

SSIONS

> Apesar do preço dos ingressos alcançarem a marca de 200 libras, a turnê Confessions foi totalmente esgotada e marcou sua primeira apresentação na Rússia.

Em acréscimo a uma entrevista com Madonna, *Elle* incluiu uma breve sessão sobre seus cuidados com a pele, com o Dr. Fredric Brandt revelando que ela era uma grande fã de seus tratamentos de beleza anti-idade, incluindo o Lineless Eye Cream por 46 libras e o Poreless Cleanser – um ótimo produto contra cravos – por 26 libras.

Ela estava de volta ao colante lilás na abertura da apresentação no *Grammys* em Los Angeles, em 8 de fevereiro, em um triunfante espetáculo ao vivo e efeitos especiais soberbos com o Gorillaz, a banda ficcional de animação em 3D de Damon Albarn. O real e o virtual vieram juntos brilhantemente com uma saudação de abertura com "Feel Good Inc.", do Gorillaz e "Hung Up", de Madge. Nos bastidores, ela trocou de roupa por um vestido preto sem mangas com alças em preto e prata nos ombros, de cintura alta. Usava sapatos Miu Miu com cristais incrustados – os melhores para andar entre as rosas que formavam seu nome no chão.

Por volta dessa mesma época, ela anunciou pela primeira vez no programa de Ellen DeGeneres que logo começaria uma nova turnê.

Madonna voou de volta à Inglaterra para o espetáculo The Brits, no londrino Earl's Court, em 15 de fevereiro, depois de uma inacreditável operação de hérnia no Cedars Sinai Hospital, em Los Angeles, e uma recuperação ainda mais inacreditável. Ela aceitou seu prêmio de Artista Solo Feminina Internacional em um atrativo vestido vermelho com mangas curtas de babados, que era mais solto ao redor dos ombros e na saia, mas justo no peito e na barriga, que apesar da cirurgia parecia mais tonificada que nunca. Brincando sobre o trânsito congestionado, Madonna estava em seu melhor humor para o que aconteceria a seguir: ela ia voltar para a estrada.

O lançamento de "Sorry" deu-se no fim de fevereiro e descrita pelo *News Of The World* como "a melhor canção que Madge tinha feito neste século", era um sucesso substancial. Novamente escrita e produzida por Madonna e Stuart Price, foi lançada em todos os formatos usuais com uma variedade de edições e mixagens dos Pet Shop Boys, Paul Oakenfold, Man With Guitar e Green Velvet, atingindo o Número Um em todas as paradas *dance* dos Estados Unidos. Na Billboard Hot 100, no entanto, ficou no número 58.

Essa foi a primeira vez que Madonna tinha usado uma fotografia de fã como imagem de capa para um single. Sua administração tinha abordado um *website* de fã chamado Mad-Eyes Madonna, depois de ver as fotos do show G-A-Y postadas lá por Marcin Kokowski. Um *close-up* do rosto de Madonna, capturando perfeitamente a linha dos diamantes cintilando ao longo da base de seus cílios postiços de vison, o retrato foi tratado pelo *designer* Giovanni Bianco. Assim como tinha feito para a capa do álbum, ele tornou o cabelo dela vermelho.

Mas o verdadeiro evento do ano começou em 30 de abril, quando Madonna fez sua primeira aparição em festival na segunda de duas noites do Coachella Valley Music And Arts Festival em Indio, na Califórnia. Sua apresentação *dance* na tenda tipo Sahara, logo depois de Paul Oakenfold, durou apenas meia dúzia de músicas, mas Madonna não poupou esforços. Emergiu de uma esfera *disco* gigante e caiu direto em "Hung Up" e "Get Together", seguindo com "I Love New York" e "Ray Of Light", "Let It Will Be" e "Everybody" em frente a uma multidão de fãs que se apertava desconfortavelmente por conta do forte calor e que rugiu selvagem quando ela anunciou: "Se vocês não gostam da minha atitude, então vão

"*Por favor*, não julguem sem terem visto meu show."

Era quase a época do Prêmio da Academia, o evento mais ansiosamente esperado do ano em Hollywood por celebridades e estilistas de moda de primeiro time. Jamie Oliver comandou um jantar pré-Oscar no Soho House de Los Angeles para Guy e Madonna, em pretinho *sexy* e com o cabelo longo e liso. Na grande noite em si, em 5 de março, ela foi à cerimônia e depois à festa da Vanity Fair para a elite em um lindo vestido Versace em cetim lilás sem mangas, com um grande decote. Como acessório, um brilhante colar de diamantes.

Mais informal foi a roupa que ela usou em uma festa na casa de amigos não muito depois. Em fotos publicadas pelo *National Enquirer*, ela dançou a noite inteira em uma camiseta com os dizeres "Você não está na lista de convidados".

Em sua vida normal, comparecendo a reuniões da Cabala e coisas do tipo, era comum que Madonna – apesar de recentemente o hábito ter sido atribuído a Camila, duquesa de Cornwall – estivesse vestida com um abrigo Juicy Couture e uma touca.

Veio a festa à fantasia anual de Purim, e desta vez Madonna e Guy apresentaram-se como empregada francesa e índio norte-americano.

se fuder, vão para o Texas e lá poderão chupar o pau de George Bush".

Vestida com uma brilhante jaqueta de couro, calças escuras e botas altas, ela rapidamente despiu-se ficando de colante índigo, boá e meias arrastão, cantando, dançando e tocando guitarra enquanto seus dançarinos agitavam-se em uniformes brancos e chapéus brancos de aparência assustadora com uma malha cobrindo o rosto. Foi um entretenimento *sexy* e ousado, parecido com os shows que ela tinha feito na KoKo e na G-A-Y em Londres, e de acordo com um jornal local, "levou 30 minutos para a multidão conseguir retirar-se pelo campo depois do show".

Nessa época, fotografias começaram a aparecer de uma nova sessão que Madonna havia feito com Steven Klein para um portfólio fotográfico de 58 páginas ainda a ser publicado na edição de junho da *W*. Essas eram genuínas fotos espantosamente ousadas, tiradas em um estúdio de som de Hollywood com seis bons cavalos. Novamente com figurinos de Arianne Phillips e cabelo de Andy LeCompte e maquiagem de Gina Brooke, Madonna foi vestida alternativamente toda em couro com um chicote e chapéu de montaria e ca-

"Quero... dar *uma* vida *para* uma *criança* que não *a teria* de outra forma."

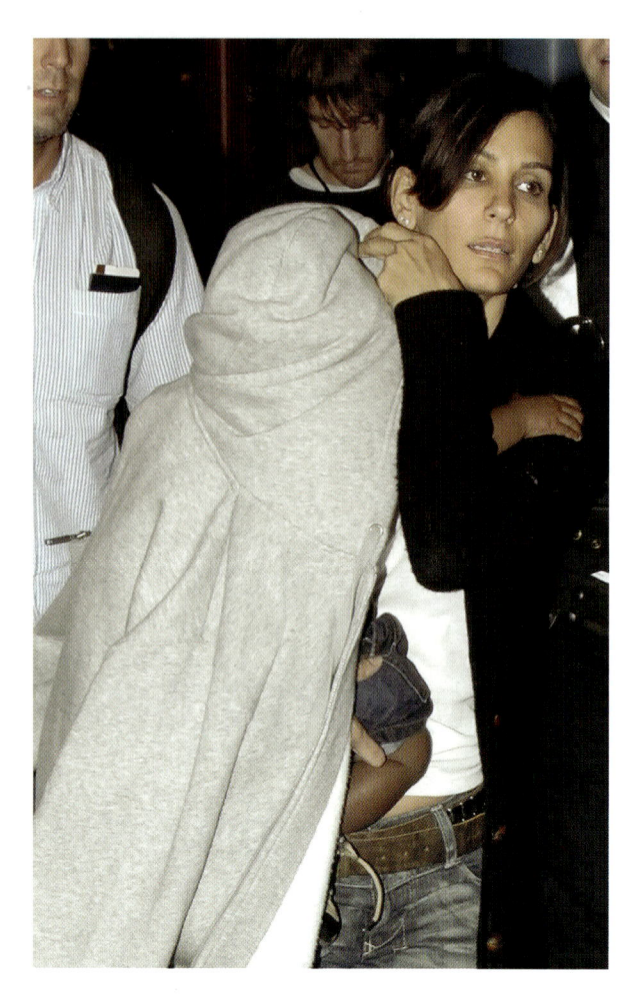

Enquanto 2006 chegava ao fim, Madonna novamente causou controvérsia com a adoção de uma criança malauiana, David Banda, visto aqui chegando na Inglaterra embrulhado em cobertores. A própria Madonna afirmou ter ficado surpresa com o *frenesi* da mídia e (página 290) fez uma aparição emocional no programa de tevê Oprah Winfrey Show em outubro para defender a adoção, seguindo com uma série de outras entrevistas de tevê. Modismo ou família? O tempo dirá.

belos puxados para trás, em *lingerie* fetichista, e quase nua – exceto pelo short em couro, luvas até os cotovelos e meias-arrastão. Audaciosamente, Madonna e Klein trabalharam em uma atmosfera bizarra e altamente carregada de erotismo, envolvendo os cavalos, com material promocional declarando que, "Como qualquer boa equitadora pode dizer, a relação entre a mulher e seu cavalo transcende as fronteiras do esporte..."

Parece que a ideia era lidar com o "animal interior".

A sessão proveria material de fundo para a seção equestre da turnê Confessions. Esta abriu em 21 de maio com três espetáculos no Fórum de Los Angeles e viajou pelos Estados Unidos antes de chegar à Europa para mais shows em Gales, Inglaterra, Itália, Alemanha, Dinamarca, França, Holanda, República Tcheca e Rússia. E terminou com quatro shows japoneses no Tokyo Dome em 16, 17, 20 e 21 de setembro.

Esta foi uma produção ainda mais extravagante e complexa que a turnê Re-Invention, empregando 22 dançarinos e três cantoras backing vocais, Donna DeLory, agora com Nicki Richards e, para algumas canções incluindo "Isaac", Yitzhak Sinwani. Às vezes uma plataforma giratória de mais de 12 metros movia-se no centro do palco principal e nela havia mais três palcos subsidiários com gaiolas e passarelas.

Novamente, Stuart Price ficou com o encargo de diretor musical e a coreografia, e trabalhos de palco eram supervisionados por Jamie King, com cinco assistentes. O produtor da turnê era Arthur Fogel.

Arianne Phillips supervisionou o guarda-roupa, que foi confiado quase todo a um estilista, o colaborador de Madge mais controverso, Jean Paul Gaultier. Ele criou 30 trajes diferentes para a estrela e seus dançarinos, totalizando 600 para todo o show. Estes incluíam sete roupas para Madonna, que requisitou a ajuda de quatro assistentes para cada troca de roupa entre as canções.

Ela usou oito pares de sapatos e botas por noite, a maioria de Yves St Laurent, assim como um par de meias Capezio profissional, um colar de diamante e ametista Chopard, um cinto Michael Schmidt – com 4 mil cristais Swarovski e pesando mais de 4 kg – e uma coroa de espinhos da Cotters Church Supply, de Los Angeles.

A produção via Madonna mostrar três cabelos diferentes, o primeiro um coque seguro por quatro grampos largos, o segundo uma cascata de "cachos de Jesus Menino" caindo da coroa de espinhos, e o terceiro, um visual longo e natural com um toque de Farrah Fawcett, porém com uma informalidade mais ventilada do que a original. Seu momento de glória era tratado todas as noites com Oleo Relax da Kerastase e água Evian.

Madonna usava um frasco de óleo de limpeza Shu Uemura Green Tea todas as semanas e um frasco de hidratante Yonka a cada três semanas, e trocava seus cílios postiços durante a apresentação, substituindo os seus de vison pelo luxuoso par com diamantes na seção *disco*.

A ansiedade pela turnê havia sido construída durante semanas, com Madonna dizendo à revista *Out*, em abril: "Vai haver um único grande clube *disco* onde formos". Jean Paul Gaultier começou a falar com a imprensa, dizendo a um jornalista de moda da *Women's Wear Weekly* que ele tinha tirado algumas de suas inspirações para os trajes do filme *Os Embalos de Sábado À Noite*, de Lou Reed, David Bowie, T Rex e Romy Schneider em *Ludwig*. Ele também revelou que vinha trabalhando com materiais como renda Chantilly, chiffon de seda, tafetá e cetim duquesa, e que Madonna era "bastante obsessiva quanto à qualidade dos tecidos".

Não haveria outros couros no show além das roupas de equitação de Hermès.

Seus colantes eram feitos sob encomenda por Bill Hargate Costumes em West Hollywood.

Quatro dias antes de a turnê começar, o hotel W Los Angeles Westwood abriu uma galeria Madonna, mostrando uma seleção de pinturas de edição limitada e fotografias emolduradas de Steven Klein, Herb Ritts e Jean Baptiste Mondino, ilustrando a carreira da estrela. A mostra também oferecia roupas à venda, especialmente vinhos etiquetados e outras mercadorias relacionadas à Madonna. Uma porcentagem dos ganhos foi designada para o UNICEF por Madonna, e A Galeria permaneceu aberta até ela terminar seus três shows em Los Angeles.

Enquanto isso, uma grande polêmica tinha se formado sobre o preço dos ingressos, que eram os mais altos já cobrados por um concerto pop. Muitos acharam que era indesculpável. Os fãs foram garfados em valores entre 80 e 160 libras por assento na Wembley Arena, mais 13 libras de taxa de reserva, embora os tickets fossem esgotados imediatamente e mais datas tivessem que ser programadas. Ao todo, Madonna vendeu oito noites no Wembley. E seu público inglês pôde ao menos consolar-se por não terem pagado o preço dos assentos de primeira fileira no Miami American Airlines Arena – a bagatela de 3.883 dólares.

Foi revelado mais tarde que Confessions arrecadou mais que 194,75 milhões de dólares – a maior arrecadação de turnê jamais feita por uma artista feminina, com um total de 1,21 milhão de ingressos pagos.

A maioria do que assistiram ao show insistiu que este valera cada centavo, com um número de velhos favoritos encaixados em uma ampla seleção de *Confessions On A Dance Floor*. Os visuais eram espetaculares, com Madonna descendo no palco em uma esfera de discoteca gigante encimada por 2 milhões de dólares em cristais Swarovski.

Como isso lançava a seção equestre, imagens massivas dos "cavalos" de Steve Klein apareciam nas telas, e Madonna aparecia vestida de acordo, equipada para montaria – uma mistura do estilo de equitação inglês com couros de dominatrix, segurando um chicote e com um uma cauda branca de cavalo saliente em sua cartola. Ela "montava" seus dançarinos que estavam vestidos de "cavalo", usando aparatos na cabeça, selas e arreios em um ombro, e que trotavam e eram controlados em seu caminho até "Future Lovers" (com um pedaço de "I Feel Love" de Donna Summer incluído na música). Assim como na coleção de fotos, a atmosfera era deliberadamente sexual.

A parte mais persuasiva do segmento aberto vinha com "Like a Virgin", que era cheia de significância autobiográfica. As telas mostravam imagens de raios X dos oito ossos quebrados de Madonna, consequência de seu acidente em Ashcombe, ao lado de cenas de cavalos em alta velocidade jogando fora seus cavaleiros. Madonna, removendo seu traje pesado, revela pura renda preta transparente, girando entusiasmadamente e fazendo a dança do poste no topo de um carrossel do tipo em que os cavalos sobem e descem, suspenso no teto.

Com todas as excitantes ginásticas e acrobacias anteriores, era a próxima parte do show que ficou com todas as manchetes. Apelidada de seção do "beduíno", começava com três dançarinos confessando detalhes sobre suas vidas antes de Madonna aparecer de repente em um crucifixo em clima *disco* decorado com pastilhas de vidro para cantar "Live To Tell" usando uma coroa de espinhos, uma blusa vermelha larga de mangas com babados e um par de calças de veludo escuras com botas. Enquanto ela canta a música, ainda na cruz, imagens desesperadas, mensagens e estatísticas sobre aids e pobreza na África e no Terceiro Mundo saltam nas telas.

Em outras partes do show, vocalmente e através de vídeo, Madonna condena a Guerra do Iraque, George W Bush, Tony Blair e uma variedade de tiranos impronunciáveis como Hitler, por mais que líderes católicos e jornalistas de tabloides se preocupassem, o grande ponto desta vez era o crucifixo. Blasfêmia estava de volta à sua agenda, e Madonna realmente teve o que pediu.

Mais tarde, antes de uma exibição do filme do show na NBC, ela emitiu um comunicado que defendeu sua posição e apelou para a compaixão, embora de uma forma bastante arrogante e presunçosa.

Este dizia: "Há um segmento em meu show em que três dos meus dançarinos 'confessam' ou compartilham experiências pungentes de suas infâncias que eles finalmente superaram. Segue-se minha 'confissão' e toma lugar em um crucifixo de que eu finalmente saí. Isto não é uma zombaria dirigida à igreja. Isto não é diferente de uma pessoa usando um crucifixo ou 'assumindo a cruz' como é dito na Bíblia. Minha *performance* não é cristã, sacrílega ou blasfema. Em lugar disso, é meu apelo ao público para encorajar a humanidade a ajudar uns aos outros a enxergar o mundo como um todo unificado. Acredito de coração que, se Jesus estivesse vivo hoje ele faria a mesma coisa.

Meu intento específico é chamar a atenção para os milhões de crianças na África que estão morrendo todos os dias, e estão vivendo sem cuidados, remédios e esperança. Estou pedindo às pessoas para abrirem seus corações e suas mentes para envolverem-se da forma que puderem. A música termina com um trecho do Livro de Mateus, da Bíblia: 'Eu tive fome e deste-me de comer. Eu estava nu e cobriste-me. Eu estava doente e cuidaste-me, e Deus respondeu: 'Por menos que faças aos meus irmãos... por mim o fizeste'.

Por favor, não julguem sem terem visto meu show".

Ela já tinha desfilado o famoso colante, talvez um pouco incongruentemente, perto do fim das travessuras de "Beduíno". A seguir, o elemento "rock" de Confessions encontrava Madonna com uma reluzente guitarra elétrica, uma preta, para combinar com seu gás-de-garota-rock-punkete e no geral impressionando com sua habilidade em canções como "I Love New York" e "Ray Of Light". Uma incendiária "Let It Will Be" era clara favorita no show, mas a parte mais popular da produção, e seu auge, era "Disco Travolta".

A música era introduzida com a agitação de efeitos visuais e de áudio que resumiam sua carreira até então, e as dançarinas explodiam no palco em um turbilhão de patins enquanto Madonna dançava como se sua vida dependesse disso em um terno branco de três peças. O "grande clube *disco*" que ela havia prometido tornava-se realidade, e depois de memoráveis releituras de "Erotica" e "La Isla Bonita", ela rompia em "Lucky Star" parecendo uma borboleta gigante, suas dançarinas envolvendo-a em um grande manto branco. Atrás, apareciam as palavras Dancing Queen, mas era o revestimento que atraía todas as atenções com seus enormes retângulos com lantejoulas rosas e roxas. Por baixo, ela usava um *catsuit* estampado de branco e roxo remetendo-se diretamente ao Abba.

Com o fim da música "Hung Up", durante a qual ela desfilava um colante roxo com uma jaqueta brilhante e óculos de sol, uma chuva de balões dourados caíam do alto, e Madonna os deixava querendo mais: não havia bis.

Reações à turnê eram geralmente muito favoráveis. Madonna estava em forma soberba, dando tudo de si até o limite no palco durante duas horas por noite, e presenteava seus fãs com um entretenimento cantado, dançado, com muita ação que transcendia a concepção de mero show pop.

Alguns comentaristas, porém, foram bastante mesquinhos e preconceituosos quanto à idade, em suas respostas, insistindo que era feio e indigno para Madonna, a essas alturas de sua vida (47), brincar no palco de tal maneira, e continuaram a comentar sobre sua musculosidade, que muitos achavam pouco feminina. Também houve críticas sobre a cena do crucifixo, com opositores resmungando que já que ela já havia blasfemado suficientemente por toda a sua vida, essa tinha vindo como um lance desastrado para ser novamente controversa.

Um jornalista do *The Sun* comentou: "Para mim, a coisa mais chocante que Madonna já fez foi usar uma roupinha floral e recitar, em sotaque inglês falso, páginas de seus livros infantis. Aquilo foi verdadeiramente pavoroso. Fingir ser Jesus não chega nem perto".

Liz Smith do *New York Post* publicou uma visão mais típica: "A despeito da controvérsia do crucifixo, este show contém algumas peças de várias fases de Madonna. A atuação de Madonna é... resultado de energia de ferro, perfeccionismo, amor a si mesmo e um padrão profissional que está fora de alcance até mesmo para os profissionais mais dedicados. (Na verdade há uma ética de trabalho compulsiva quase prussiana na personalidade de Madonna".)

O San Jose Mercury News achou que, "Madonna fez o que era esperado... e entregou um concerto multidimensional com saudáveis doses de choque e reverência".

Enquanto isso, foi constatado que o velho colante estava novamente rendendo bons negócios nas lojas, graças diretamente aos recentes vídeos de Madonna e da turnê Confessions. Novamente ela tinha impulsionado moda, embora uma de menor envergadura.

Em 6 de junho, apenas duas semanas depois do começo da turnê, foi anunciado pela H&M que haviam se juntado a Madonna para fornecer roupas para toda a sua troupe em turnê usar fora do palco, todas de sua nova coleção gigante 2006. Assim como com a Gap, essa campanha estava a anos-luz das que ela fazia usualmente para casas de alta-costura como a Versace.

A H&M afirmou: "A moda de primavera/verão traz romantismo inspirado pelos primeiros anos do século XX – cortes *clean* em cores neutras e o estilo de *glamour* da Riviera. Há ainda uma larga gama de clássicos renovados, incluindo tricôs, jeans, camisetas, moletons e acessórios para completar qualquer *look* individual".

Madonna comentou: "A parceria com a H&M é perfeita. Todos temos que nos expressar com nossos próprios meios individuais. Os dançarinos e eu estamos excitados para irmos juntos às compras".

Em outra parte da colaboração, a H&M lançou um abrigo especialmente desenhado (oh, não!) em três cores diferentes – as favoritas de Madge: branco, preto e roxo – colocadas à venda nas lojas em agosto, e Madonna e suas dançarinas fizeram um anúncio para revistas incluindo a *Vogue*. Uma série de enormes *banners* de propaganda que apresentavam Madonna no abrigo branco foram mais tarde colocados em e em torno de pontos de referência internacionais e estações, criando uma controvérsia particular em Milão onde uma imagem de 18 metros foi pendurada sobre andaimes no Duomo.

Alguns críticos e executivos de propaganda propuseram que Madonna (substituindo Kate Moss pelo surgimento do escândalo com a cocaína) era muito velha para representar uma companhia que vendia roupas para mulheres jovens, mas Liz Rosenberg bateu de volta: "Desafio qualquer garota de 18 anos a fazer um quarto do que Madonna faz no palco".

Em 19 de junho, o documentário *I'm Going To Tell You a Secret* da turnê Re-Invention foi lançado em DVD na Inglaterra, e em julho, como promoção cruzada, "Get Together" foi lançado como single – um mês depois de seu lançamento nos Estados Unidos. Escrito e produzido por Madonna, Stuart Price, Anders Bagge e Peer Astrom, alcançou o Número Um em oito países e Número Sete na Inglaterra, enquanto Madonna ainda estava na turnê Confessions. Nos Estados Unidos, falhou em entrar para a Hot 100, embora tenha chegado ao topo de várias paradas *dance* e tenha feito Madonna a nova campeã na parada Billboard Dance/Club Play, onde ela tinha marcado 36 Números Um. O single foi apoiado por uma variedade de remixes por Jacques Lu Cont (Price), Danny Howells, James Holden e Tiefschwarz.

O vídeo foi criado a partir de material filmado durante seu show promocional no KoKo Club de Londres, e efeitos de animação como dinossauros voadores e paisagens urbanas foram acrescentadas para representar a evolução do mundo. Dirigido e animado por Logan, o vídeo foi inspirado nos trabalhos eróticos do artista italiano Milo Manara.

A turnê Confessions chegou a Wembley em agosto, quando Madonna desfrutou da "grande honra" de desvelar uma placa de bronze da impressão de suas mãos, tornando-se assim a primeira estrela a ser reconhecida por uma placa na nova Praça da Fama do Arena. Ela usou seu abrigo branco da H&M. Ela também escolheu esse espaço para mostrar o novo colar de ouro branco e diamante para ser usado durante "Hung Up" feito para ela por Chopard. E foi no Arena que ela celebrou seu 48º aniversário em 16 de agosto, com o público cantando "Parabéns A Você", mais tarde restabelecendo-se no bar Lounge Lover, onde ela prolongou as celebrações, com uma blusa em preto e dourado, com Gwyneth Paltrow e Tracey Emin. Aí, ela supostamente teria falado sobre seu amor pelo marido: "Gosto de Guy profundamente e ele é o amor da minha vida. Ele mudou minha vida para melhor desde que o encontrei. Só posso agradecê-lo por todo o seu apoio".

Madonna não tinha sido negligente com suas várias causas. Em agosto, o *The Times* reportou que ela e Ritchie estavam fazendo *lobby* com a Downing Street, a Casa Branca e a British Nuclear Fuels, exigindo uma limpeza do lixo radioativo com um líquido especial da Cabala.

Também foi com a Cabala de volta que ela lançou seu "grande, grande projeto" para ajudar milhões de órfãos, muitos com aids, em Maláui – um problema que ela havia levantado na turnê Confessions.

Madonna começou a planejar sua campanha levantando o Malawi com o economista Jeffrey Sachs, tendo se comovido com seu livro *O Fim da Pobreza*. Em uma pausa entre seus concertos em Londres, ela disse: "Nos últimos anos – agora que tenho filhos e agora que tenho o que considero uma perspectiva melhor de vida – sinto-me responsável pelas crianças do mundo. Tenho feito algumas coisas a respeito e acho que estava em busca de um grande, grande projeto que possa abraçar... Um dos principais preceitos da Cabala é que somos colocados no mundo para ajudar as pessoas. E nosso trabalho é descobrir como ajudar..."

Ela e Guy voaram para a África em outubro, quando foi confirmado que eles estavam construindo uma creche de dois milhões de libras para órfãos e crianças de famílias atingidas pela pobreza, oferecendo comida e educação. Informações especulativas sugeriram que a creche cuidaria de algo entre mil e quatro mil crianças. Também foi dito que os Ritchies iriam fundar outros programas na região.

Controversamente, o casal aproveitou a oportunidade de finalizar sua adoção de uma criança de 13 meses de idade chamada David Banda, cuja mãe morreu um mês depois de ele ter nascido. Haviam circulado boatos durante algum tempo de que eles pretendiam adotar, embora esta tenha sido a primeira indicação de que os boatos eram verdadeiros e, mais que isso, de que o bebê seria africano. O pai de David Yohane teria colocado o filho em um orfanato dias depois da morte de sua mãe porque ele temia que o menino tivesse malária. De acordo com o *Daily Mirror*, foi requerido a Yohane inscrever o filho no orfanato, mas ele vivia na esperança de um dia tê-lo de volta. Vivendo em uma cabana de barro, ele ainda é muito pobre para cuidar de seu filho com a quantia insignificante que ganha como agricultor.

Madonna e Guy escolheram David entre as crianças do Centro de Cuidados Com Órfãos Home Of Hope, em Mchinji, entre tempestades de protesto de que a rápida adoção era imoral e fora da lei e que as boas intenções de Madonna haviam sido perdidas; que ela não deveria destacar uma criança para um novo estilo de vida rico há milhares de quilômetros de sua família, lar e cultura. Foi sugerido que ela teria feito mais por David ajudando seu pai financeiramente, habilitando-o a cuidar da criança. (Ela diz que ele recusou essa oferta). Madonna foi também acusada de pegar um trem de celebridades guiado por Angelina Jolie, que tinha recentemente dado à luz sua filha Shiloh na Namíbia, e que tem duas crianças adotadas – um deles o bebê Zahara, da Etiópia.

Depois de uma confusão com passaporte, medo de um sequestro, ameaças de interdição de grupos de caridade e de direitos humanos e objeções de membros da família Banda, o bebê David finalmente saiu do Maláui em um jato privado, em 16 de outubro. Ele viajou para Joanesburgo e de lá, em um voo programado, foi para Londres, onde se juntou aos seus parentes adotados.

Liz Rosenberg – que havia negado severamente a história da adoção – lançou um comunicado dizendo que Madonna e Guy tinham conseguido uma adoção temporária, dando a custódia temporária de 18 meses. Durante esse tempo, os Ritchies "seriam avaliados pelas cortes do Maláui de acordo com os costumes tribais do país".

Até a edição deste livro, Madonna estava se preparando para publicar *As Rosas Inglesas: Bom Demais para Ser Verdade*, uma sequência de seu primeiro livro infantil, e para lançar "Jump", música de Madonna, Stuart Price e Joe Henry, está na trilha sonora do filme *O Diabo Veste Prada* com "Vogue", e esperava-se que o single tivesse a composição de Madonna/Price "History". O vídeo, gravado no Japão por Jonas Akerlund, encontra Madonna usando uma peruca loira platinada chanel – um visual que enganou alguns jornalistas de tabloides, que assumiram que esse seria seu novo corte de cabelo.

Durante 2006, Madonna havia sido louvada como modelo e ícone de estilo por seus contemporâneos mais novos.

Em maio, a ex-Spice Girl Geri Halliwell deu à sua filha o nome Bluebell Madonna, explicando: "Também há uma boa razão para eu ter escolhido Madonna como segundo nome. Quando ela saiu da minha barriga, Bluebell tinha ambos os bracinhos abertos no ar como se estivesse anunciando ao mundo 'Oi, estou aqui!' Ela estava chorando com a cabeça para trás como se estivesse gritando 'Olá, Wembley!' Ninguém mais tem esse nome além da Virgem Madonna e da cantora que eu amo".

Robbie Williams gravou uma faixa do álbum *Rudebox* produzida pelos Pet Shop Boys, chamada "She's Madonna", comentando: "Não há nada de engraçadinho sobre essa música. Sempre gostei de Madonna." Jessica Simpson admitiu que sua música "A Public Affair" foi influenciada por "Holiday" de Madonna.

E Dita von Teese, possivelmente a mulher mais *cool* dos Estados Unidos, uma fabulosa dançarina e cara-metade de Marilyn Manson, disse: "As mulheres cujo estilo admiro são Madonna e Marlene Dietrich. Há muitas mulheres que sempre parecem maravilhosas, mas acho que há poucas celebridades que realmente assinam um estilo pessoal. A maioria delas usa o que seus estilistas recomendam. Marlene Dietrich foi alguém que quebrou barreiras por meio dos trajes que usava, e ela mostrou às mulheres como ser glamorosa de calças. E Madonna é o único ícone de estilo de nosso tempo, e como uma das poucas mulheres no mundo do entretenimento, as pessoas vão lembrar-se dela daqui a cem anos".

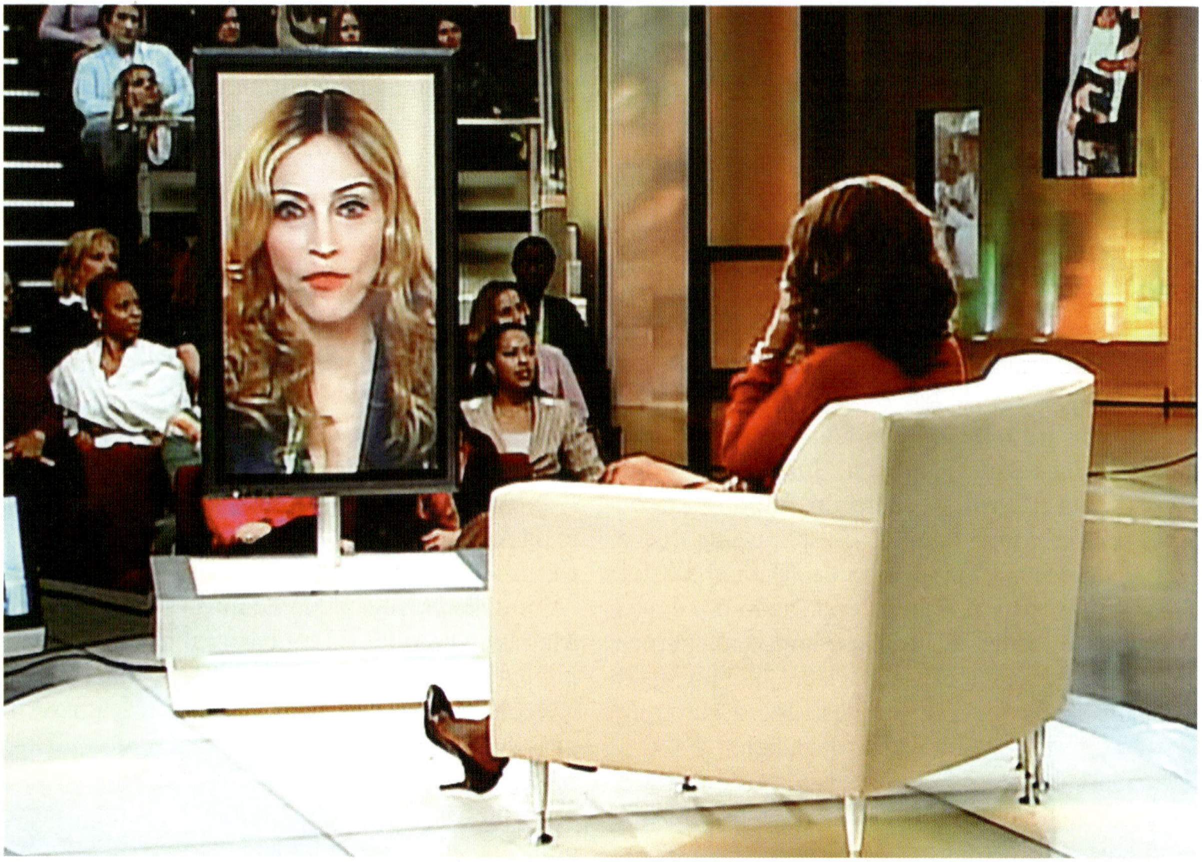

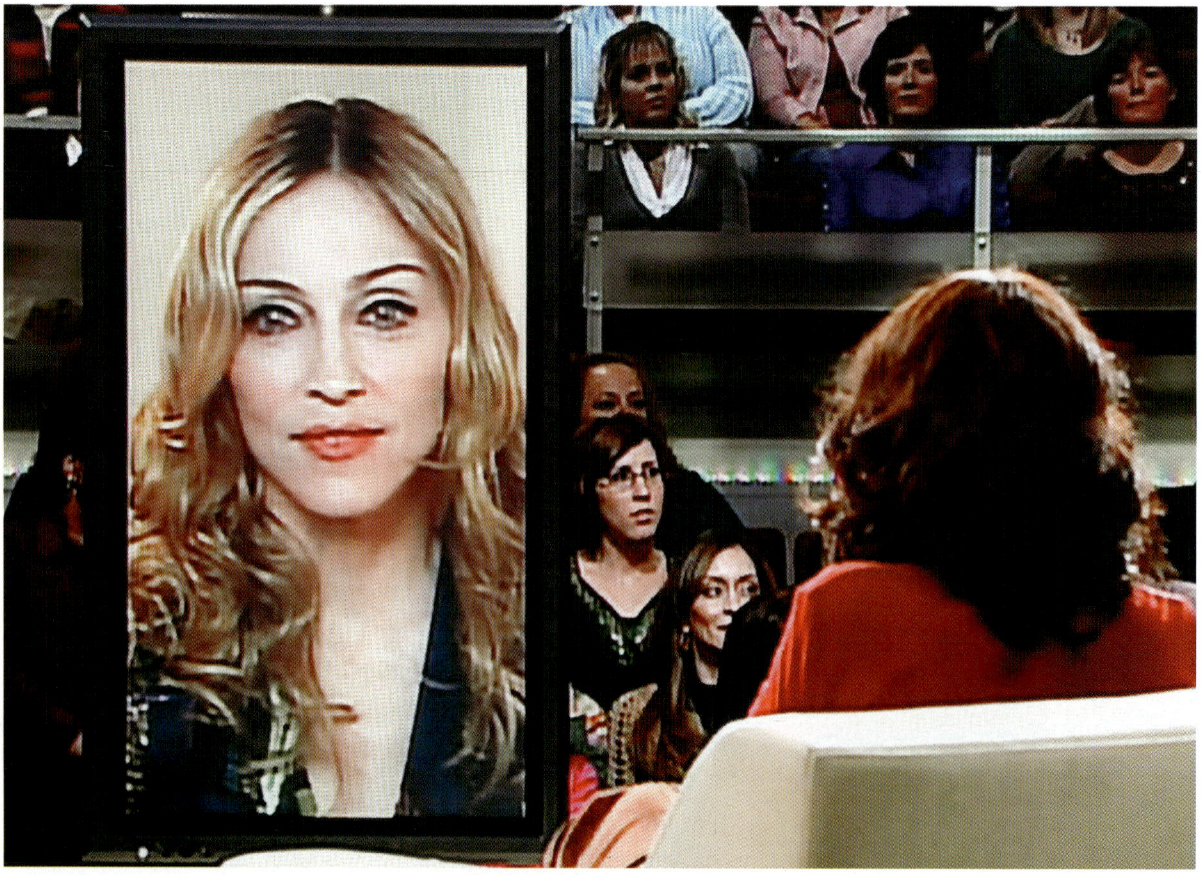

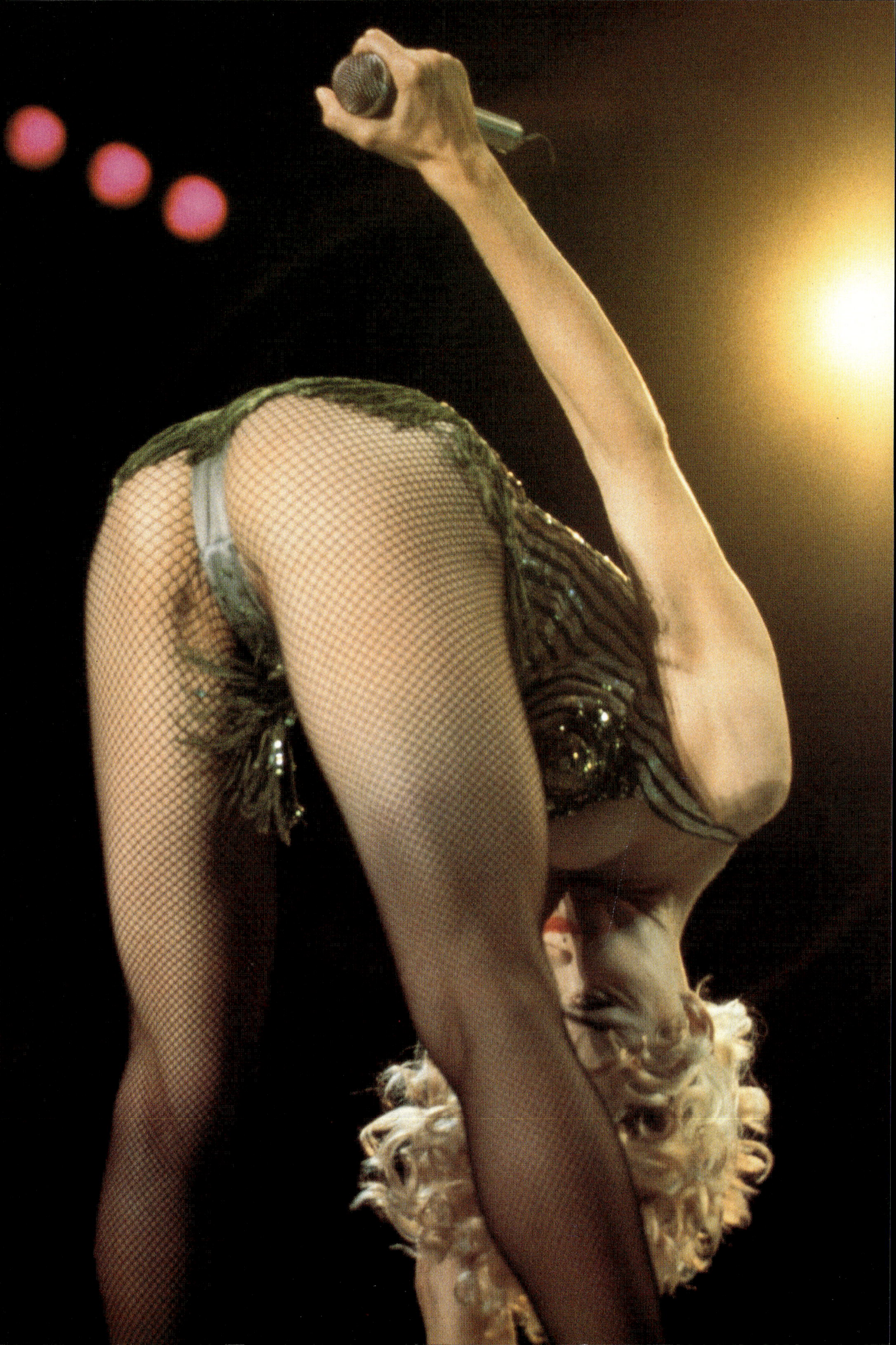

Leitura Recomendada

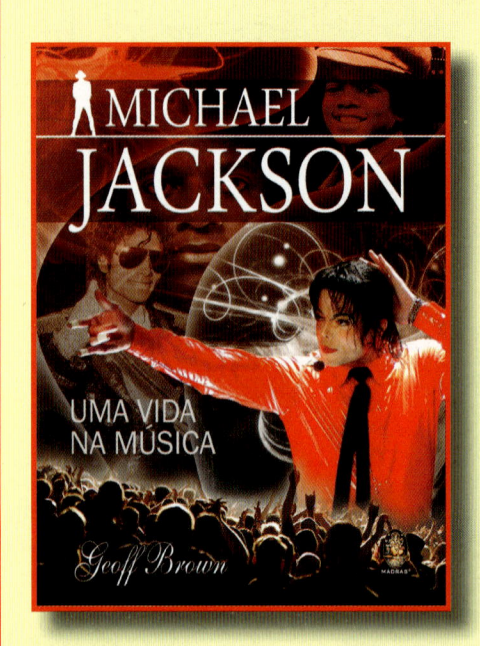

Michael Jackson
Uma Vida na Música
Geoff Brown

Além de um guia completo para fãs das músicas de Michael Jackson, este livro é uma visão geral e definitiva da carreira singular do inesquecível rei do pop. Álbum por álbum, faixa a faixa, ele examina cada canção lançada pelos Jackson 5, bem como o total dos lançamentos solo de Michael a partir de Off The Wall em 1979 até seu último álbum de material original, Invincible, em 2001. A obra ainda inclui: . Uma cronologia atualizada; . Análise detalhada álbum a álbum, faixa a faixa; . Uma parte sobre as coletâneas; . Páginas coloridas de uma linha do tempo; . Dezenas de citações de Michael Jackson. Esta é uma obra que mantém viva a memória de Michael Jackson, um ídolo de várias gerações.

Bob Dylan é o mais celebrado poeta, cantor e compositor da música popular – uma lenda, um dissidente e um super astro que poucas vezes deixou escapar algo sobre sua vida pessoal. Agora surge Dylan: 100 Canções e Fotos, um livro de coleção único sobre o Dylan, apresentando de forma completa as letras e partituras de suas canções mais importantes, além das histórias privadas por trás delas – todas acompanhadas por 100 fotos raras. Muitas das canções foram escolhidas por companheiros de shows famosos tais como Bruce Springsteen, Bono e Sir Paul MacCartney, e juntas com as fotos algumas vezes evocativas e cativantes, elas propiciam um olhar íntimo para a progressão de Dylan de um herói do folk de boné de veludo a roqueiro eletrificado impenitente. As canções escolhidas combinam cada estágio da odisséia pessoal e criativa de Dylan e algumas vezes parecem quase tão potentes na página impressa quanto soaram quando Dylan as executa no palco ou em gravações.

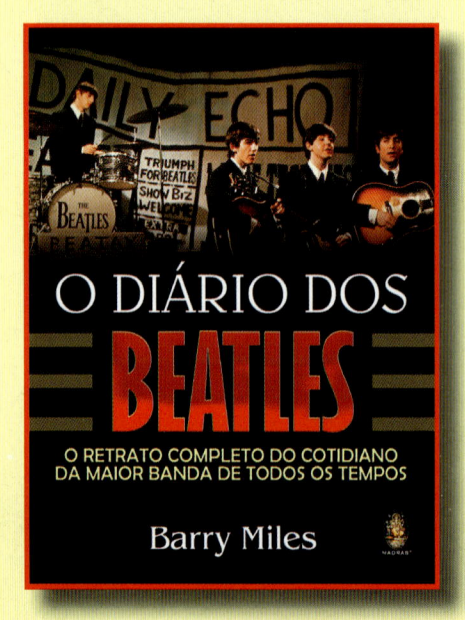

O Diário dos Beatles
O Retrato Completo do Cotidiano da Maior Banda de Todos os Tempos
Barry Miles

A mais famosa banda do mundo existiu oficialmente durante dez anos, e sua extraordinária história tem sido o tema de incontáveis livros, filmes e artigos. Esta é a mais completa crônica sobre os Beatles, escrita pelo notável Barry Miles, que fazia parte do círculo íntimo dos Beatles durante a década de 1960. Esta obra contém uma minuciosa cronologia dos shows, locais das apresentações, declarações dos membros da banda e datas memoráveis. Revela a história nua e crua dos quatro integrantes da banda e expõe não só as brigas, a vida de sexo e drogas como também suas vitórias pessoais.

www.madras.com.br

Leitura Recomendada

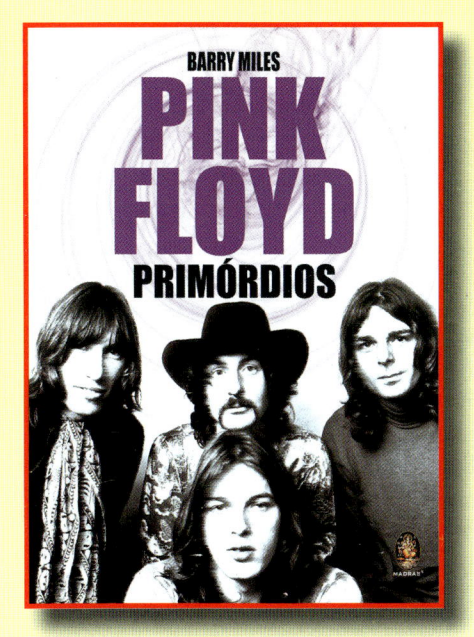

Pink Floyd
Primórdios
Barry Miles

Um relato revelador do início da carreira do Pink Floyd, de suas raízes em Cambridge ao status de culto na Londres dos anos 1960. Um retrato detalhado de um grupo lendário em sua ascensão. O autor, Barry Miles, viu a banda tocar quando eles ainda eram chamados The Pink Floyd Sound e escreveu o primeiro artigo feito sobre eles para um jornal alternativo de Nova York em 1966. Miles acompanhou o progresso deles, de uma banda de covers de R&B até se tornarem a força musical lendária que criaria um dos álbuns de maior sucesso de todos os tempos - The Dark Side of the Moon. Ele também conheceu socialmente os membros da banda, testemunhou o declínio rápido de Syd Barrett e se envolveu ativamente na organização de alguns dos shows mais importantes do grupo.

Lady Gaga
Brandon Hurst

O autor de celebridades Brandon Hurst traça a ascensão meteórica para a fama e o conjunto musical desta enfant terrible e nova queridinha dos tabloides. Da assinatura do acordo com a Streamline Records em 2007 ao ganho de dois Grammys até o momento, Lady Gaga abalou a cena do entretenimento mundial com seu estilo inimitável e capturou a imaginação de milhões de pessoas. Esta é uma biografia sem censuras, completa, com 30 das melhores e mais extravagantes fotos da estrela.

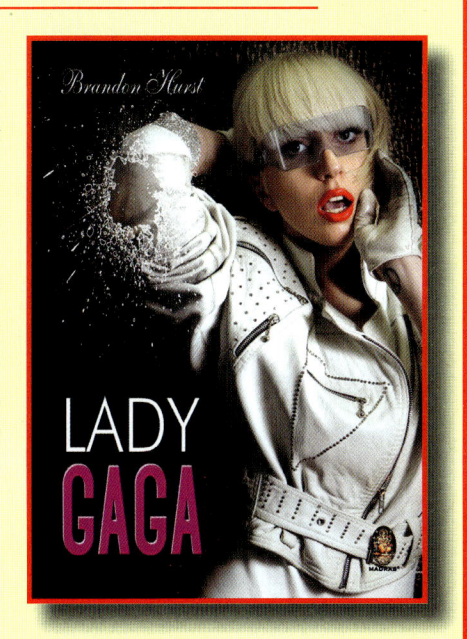

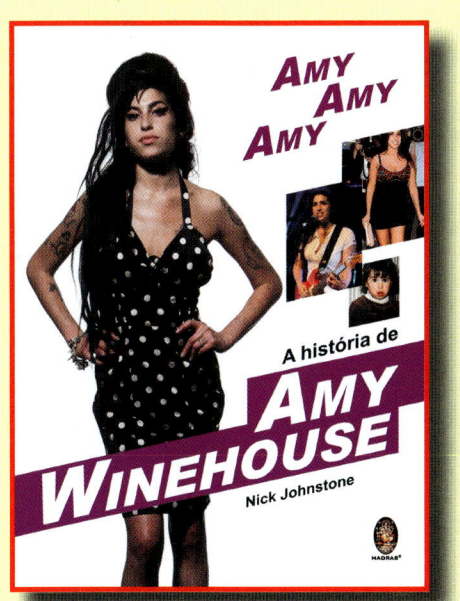

Amy Amy Amy
A história de Amy Winehouse
Nick Johnstone

Nick Johnstone desvenda a vida e a carreira de uma das estrelas britânicas mais brilhantes e problemáticas. Amy, Amy, Amy percorre a jornada errática de Amy Winehouse para a fama, desde seu lar judaico familiar em North London, detalhando sua subida meteórica ao estrelato e os dois álbuns que a elevaram para o topo. Seus problemas bastante divulgados com álcool e drogas, anorexia, bulimia e suspeita de autoflagelo a mantêm nas manchetes e ameaçam obscurecer seu talento como cantora. Amy, Amy, Amy restabelece o equilíbrio, atribuindo a medida real ao talento de Winehouse enquanto oferece um relato honesto de suas múltiplas crises pessoais.

www.madras.com.br

Leitura Recomendada

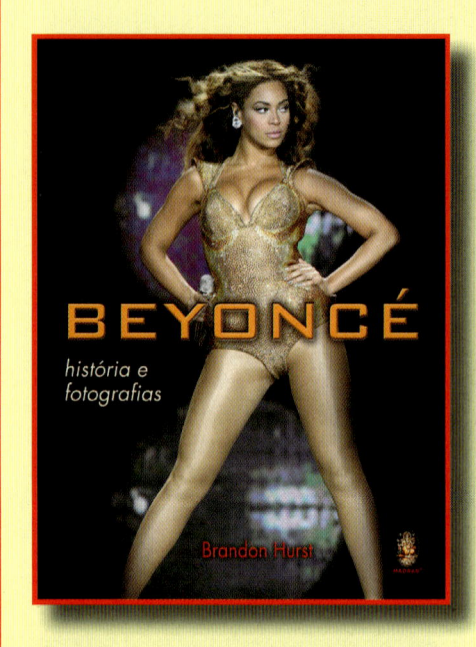

Beyoncé
história e fotografias

Brandon Hurst

Brandon Hurst é um dos autores de celebridades mais conhecidos internacionalmente. Scarlett Johansson, Angelina Jolie, Kate Moss, Gwen Stefani e Will Smith são algumas das estrelas que tiveram suas biografias traçadas por Hurst. A Madras Editora, que publicou um dos trabalhos de Hurst, a biografia de Lady Gaga, agora traz ao leitor de língua portuguesa sua mais recente obra, Beyoncé, um livro que retrata a trajetória desta que é uma das celebridades mais famosas da atualidade. Beyoncé ficou no topo das paradas de sucesso – primeiro como parte do grupo de garotas Destinys Child e depois como uma artista solo -, passou por Hollywood e deixou sua marca no mundo da moda. Apesar de tudo isso, ela permanece uma pessoa que se aferra à sua privacidade, mantendo seu trabalho e vida pessoal o mais separado possível. Aqui, Hurst lança o olhar sobre uma estrela cujo personagem no palco é muito diferente da mulher que seus amigos e família veem. O livro é todo ilustrado e contém belas fotos coloridas.

Reckless Road Guns N' Roses
e o Making Of do Álbum Appetite for Destruction

Marc Canter

Quando o adolescente e fotógrafo amador Marc Canter começou a documentar a ascensão de seu melhor amigo Saul Hudson como um guitarrista de rock em 1982, ele não imaginava que na verdade estava documentando a gênese da próxima banda de rock da era. Seu amigo tornou-se o legendário guitarrista Slash, e o sr. Canter se viu na frente e no centro, testemunhando a criação do Guns N´Roses e a produção de seu álbum lendário Apetite for Destruction. O sr. Canter, com a ajuda de Jack Lue, fotografou cada show feito pela banda, desde seu primeiro show juntos, em 6 de junho de 1985, no Troubadour, até sua última performance no Sunset Strip, em 1987, antes de sua turnê internacional como novos artistas da Geffen Records. Essas fotografias capturam suas performances cruas, sangue-suor-e-lágrimas, bem como seus momentos íntimos. Definitivamente, Reckless Road – Guns N'Roses e o Making Off do Álbum Appetite for Destruction é a crônica do início de uma banda que se tornou conhecida como a banda mais perigosa do mundo e revela a jornada musical de cinco músicos que se reuniram para mudar a atitude do rock n´roll.

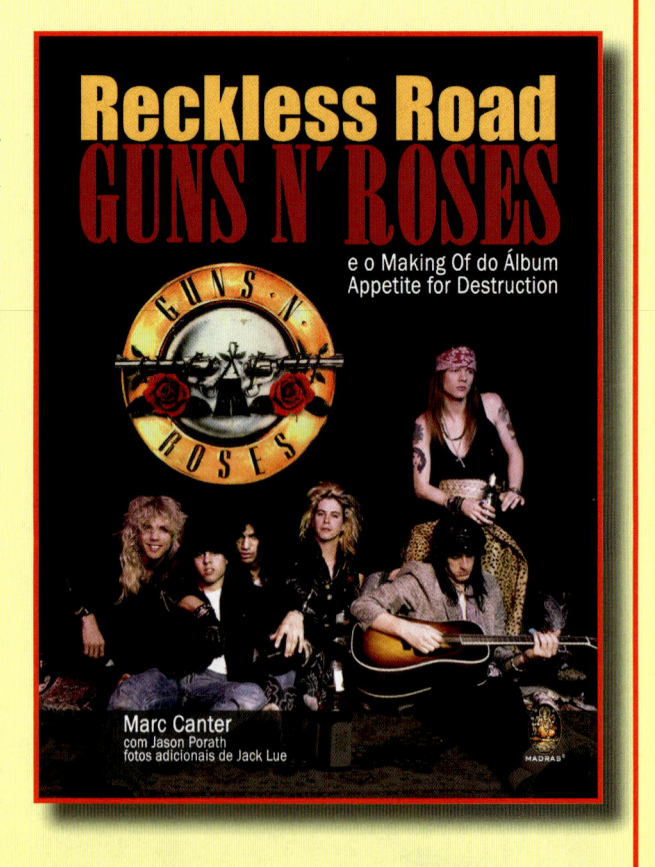

www.madras.com.br

MADRAS Editora

CADASTRO/MALA DIRETA

Envie este cadastro preenchido e passará a receber informações dos nossos lançamentos, nas áreas que determinar.

Nome _____
RG _____ CPF _____
Endereço Residencial _____
Bairro _____ Cidade _____ Estado _____
CEP _____ Fone _____
E-mail _____
Sexo ❏ Fem. ❏ Masc.   Nascimento _____
Profissão _____ Escolaridade (Nível/Curso) _____

Você compra livros:
❏ livrarias ❏ feiras ❏ telefone ❏ Sedex livro (reembolso postal mais rápido)
❏ outros: _____

Quais os tipos de literatura que você lê:
❏ Jurídicos   ❏ Pedagogia   ❏ Business   ❏ Romances/espíritas
❏ Esoterismo   ❏ Psicologia ❏ Saúde   ❏ Espíritas/doutrinas
❏ Bruxaria   ❏ Autoajuda   ❏ Maçonaria ❏ Outros:

Qual a sua opinião a respeito desta obra? _____
_____

Indique amigos que gostariam de receber MALA DIRETA:
Nome _____
Endereço Residencial _____
Bairro _____ Cidade _____ CEP _____

Nome do livro adquirido: ***Estilo Madonna***

Para receber catálogos, lista de preços e outras informações, escreva para:

MADRAS EDITORA LTDA.
Rua Paulo Gonçalves, 88 – Santana – 02403-020 – São Paulo/SP
Caixa Postal 12183 – CEP 02013-970 – SP
Tel.: (11) 2281-5555 – Fax.:(11) 2959-3090
www.madras.com.br

Este livro foi composto em Times New Roman, corpo 11,5/13.
Papel Couche 115g
Impressão e Acabamento
Neo Graf Gráfica e Editora— Rua Javaés, 689 — Bom Retiro — São Paulo/SP
CEP 01130-010 — Tel.: (011) 3333-2474 — Fax: (011)3333-4221